Südumbrien
Seiten 100–143

VIS-À-VIS

UMBRIEN

VIS-À-VIS

UMBRIEN

Hauptautoren **Giovanni Francesio, Marina Gragoni**

DK

London • New York • München
Melbourne • Delhi

www.dorlingkindersley.de

Produktion
Fabio Ratti Editoria Srl, Mailand, Italien

Texte
Giovanni Francesio, Marina Dragoni, Patrizia Masnini

Fotografien
Ghigo Roli

Illustrationen
Elisabetta Mancini

Kartografie Laura Belletti

Redaktion und Gestaltung
Fabio Ratti Editoria, Mailand: Mattia Goffetti, Silvia Riboldi, Marina Beretta, Modi Artistici, Tiziano Perotto
Dorling Kindersley Ltd., London: Douglas Amrine, Fay Franklin, Kate Poole, Marisa Renzullo, Emily Hatchwell, Jeffrey Kennedy, Leonie Loudon, Sarah Dodd

Titel der englischen Originalausgabe:
Eyewitness Travel Guide *Umbria*
Zuerst erschienen 2004 in Großbritannien
bei Dorling Kindersley Ltd., London
A Penguin Random House Company

Für die deutsche Ausgabe:

Aktualisierte Neuauflage 2016/2017

Programmleitung Dr. Jörg Theilacker, DK Verlag
Projektleitung Stefanie Franz, DK Verlag
Projektassistenz Antonia Knittel, DK Verlag
Übersetzung Dr. Benjamin Schwarz, Berlin
Redaktion Dr. Elfi Ledig, München
Schlussredaktion Philip Anton, Köln
Umschlaggestaltung Ute Berretz, München
Satz und Produktion DK Verlag
Druck Leo Paper Products Ltd., China

ISBN 978-3-7342-0094-6
2 3 4 5 18 17 16 15

Dieser Reiseführer wird regelmäßig aktualisiert. Angaben wie Telefonnummern, Öffnungszeiten, Adressen, Preise und Fahrpläne können sich jedoch ändern. Der Verlag kann für fehlerhafte oder veraltete Angaben nicht haftbar gemacht werden. Für Hinweise, Verbesserungsvorschläge und Korrekturen ist der Verlag dankbar. Bitte richten Sie Ihr Schreiben an:

Dorling Kindersley Verlag GmbH
Redaktion Reiseführer
Arnulfstraße 124 • 80636 München
travel@dk-germany.de

Inhalt

Jesus unter den Schriftgelehrten, **Cappella Baglioni, Spello *(siehe S. 104)***

Umbrien stellt sich vor

Piazza del Comune im Zentrum von Assisi *(siehe S. 72 – 84)*

◀ **Assisi *(siehe S. 72 – 84)* mit der beeindruckenden Festungsruine Rocca Maggiore *(siehe S. 83)***
◀◀ **Umschlag: Typisch für Umbrien – fruchtbares, seit Urzeiten besiedeltes Hügelland**

Orvieto *(siehe S. 138–143)* steht auf einer imposanten Plattform aus Tuff

Die Regionen Umbriens

Mosaik von Solsternus am Duomo von Spoleto *(siehe S. 117)*

Zu Gast in Umbrien

Grundinformationen

Gotisches Portal des Duomo in Perugia *(siehe S. 93)*

Basilica di San Francesco in Assisi *(siehe S. 76f)*

Benutzerhinweise

Dieser Reiseführer präsentiert die vielen Facetten Umbriens – zur Einstimmung auf Ihre Reise, als Wegbegleiter vor Ort und zum Schmökern nach der Rückkehr. Das Kapitel *Umbrien stellt sich vor* beschreibt die Region in ihren historischen und geografischen Zusammenhängen. Zwei Regionalkapitel präsentieren die Sehenswürdigkeiten mit Karten, Illustrationen und Fotos. Infos zu Hotels, Restaurants und Shopping gibt es im Kapitel *Zu Gast in Umbrien*. Die *Grundinformationen* helfen bei der Reiseplanung und später vor Ort.

Die Regionen Umbriens

In diesem Buch ist Umbrien in zwei Regionen mit unterschiedlichem Farbcode unterteilt worden. Jeder Region ist ein eigenes Kapitel gewidmet, das mit einer *Regionalkarte* und einer Übersicht der Sehenswürdigkeiten beginnt. Eine *Straßenkarte* finden Sie auf den hinteren Umschlaginnenseiten, die Liste der verwendeten Piktogramme auf der hinteren Umschlagklappe.

1 Einführung
Hier werden Landschaft, Geschichte und Charakter jeder Region beschrieben. Die Einführung gibt einen kurzen Abriss zur Entwicklung des Gebiets und wie es sich heute präsentiert.

Die Orientierungskarte mit entsprechendem Farbcode zeigt die Lage des behandelten Gebiets innerhalb der Gesamtregion.

Jede Region hat ihre eigene Farbcodierung.

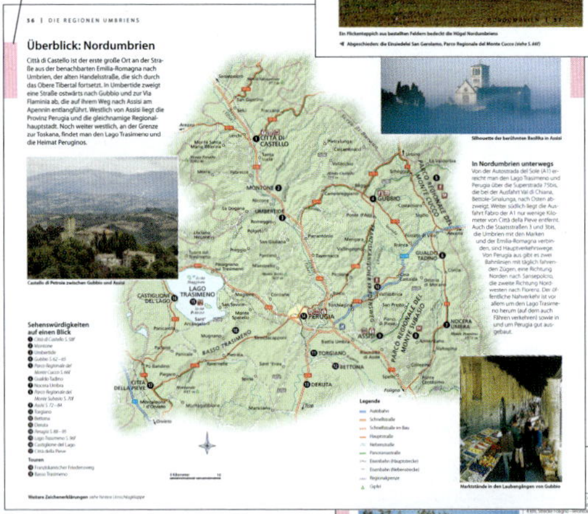

2 Regionalkarte
Die Karte zeigt das Straßennetz und eine Übersicht der Region. Alle Sehenswürdigkeiten sind nummeriert. Hier finden Sie auch Tipps für die Erkundung des Gebiets mit Auto, Bus oder Bahn.

Textkästen beleuchten besondere Aspekte der Region oder versorgen Sie mit Hintergrundinformationen zu einer Sehenswürdigkeit.

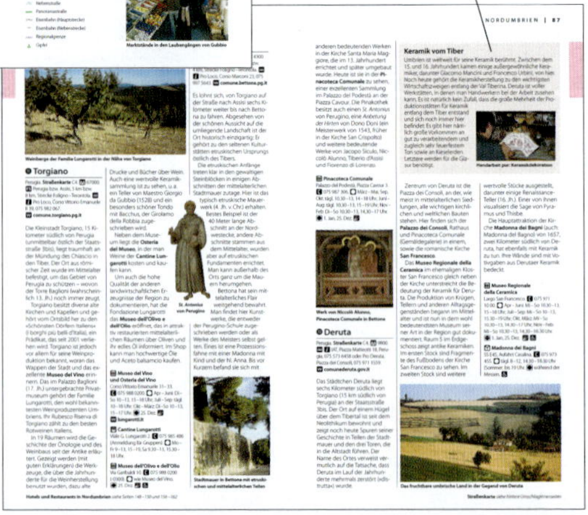

3 Detaillierte Informationen
Alle wichtigen Orte werden einzeln beschrieben. Die Reihenfolge entspricht der Nummerierung auf der *Regionalkarte*. Zu jedem Ort gibt es genaue Informationen über die Sehenswürdigkeiten.

4 Städte Umbriens

Alle größeren Orte werden einzeln beschrieben. Jeder Eintrag enthält weitere Detailinformationen zu Hauptsehenswürdigkeiten. Eine *Zentrumskarte* zeigt ihre genaue Lage.

Die Infobox enthält praktische Infos, die für einen Besuch hilfreich sind.

Die Zentrumskarte zeigt alle wichtigen Sehenswürdigkeiten sowie Bahnhöfe, Busstationen, Parkplätze, Kirchen und Informationsbüros.

5 Hauptsehenswürdigkeiten

Den Highlights Umbriens sind zwei oder mehr Seiten gewidmet. Historische Gebäude werden perspektivisch und teilweise von innen gezeigt. Zu Museen finden Sie farbige Grundrisse.

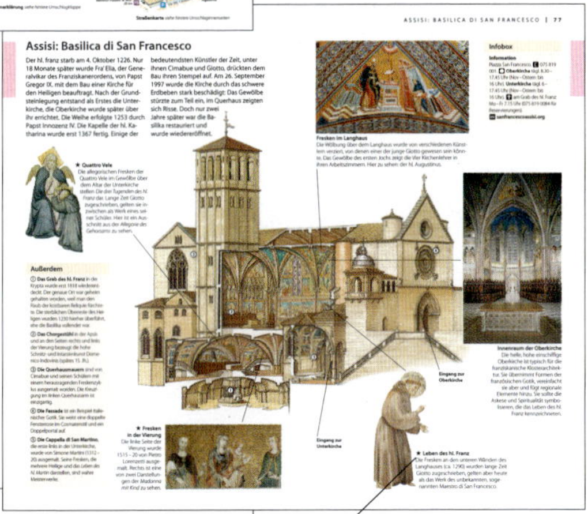

Sterne markieren alles, was Sie auf keinen Fall versäumen sollten.

6 Grüne Karten

Parks und Naturschutzgebiete werden anhand einer Lagekarte und mit Fotos detailliert beschrieben. Zu sehen sind Straßen und landschaftlich besonders schöne Routen sowie Picknick- und Campingplätze.

Der Maßstab ermöglicht das Abschätzen von Entfernungen. Der Kompass zeigt nach Norden.

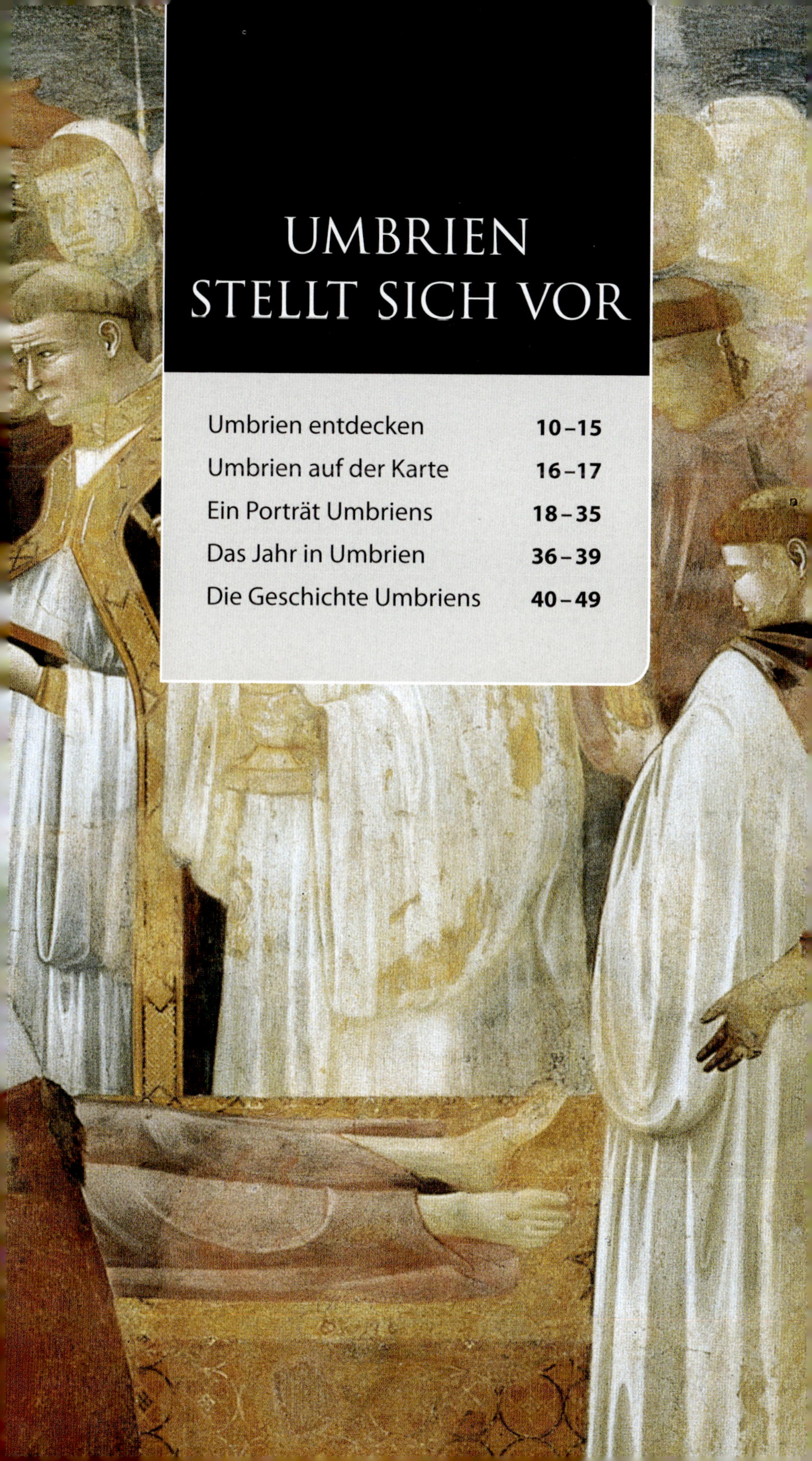

UMBRIEN STELLT SICH VOR

Umbrien entdecken

Die folgenden Touren sind so konzipiert, dass Sie möglichst viele Sehenswürdigkeiten sehen, ohne allzu weite Wege zurücklegen zu müssen. Der erste Vorschlag führt Sie zwei Tage nach Perugia, anschließend erkunden Sie fünf Tage lang Nordumbrien. Sie können beide Touren in Form einer Sieben-Tage-Tour kombinieren oder etwa nur einen Kurzurlaub in Perugia machen. Beim zweiten Vorschlag verbringen Sie zwei Tage in Terni und Umgebung, dann führt eine Tour fünf Tage lang durch Südumbrien – kombiniert ergibt sich wieder eine Sieben-Tage-Tour. Die Tipps zur Verlängerung sind für Besucher gedacht, die mehr Zeit haben. Suchen Sie sich die Ihnen genehme Tour aus, kombinieren Sie, folgen Sie Ihrem eigenen Weg, oder tauchen Sie einfach in diese faszinierende Region ein.

Lago Trasimeno
Der Trasimenische See liegt idyllisch von Hügeln und Zypressenhainen umgeben. Am viertgrößten See Italiens schlug Hannibal 217 v. Chr. im Zweiten Punischen Krieg die römische Armee vernichtend.

Fünf Tage in Nordumbrien

- Kirchen und Fresken – lassen Sie sich vom UNESCO-Welterbe **Assisi**, dem Geburtsort des hl. Franz, faszinieren.
- Bewundern Sie die Landschaft des **Parco Regionale del Monte Subasio**.
- Gubbios **Via Gabrielli** säumen gut erhaltene mittelalterliche Häuser.
- Die **Pinacoteca Comunale** von **Città di Castello** gehört zum Umbriens besten Gemäldegalerien.
- Entspannend: die Bootsfahrt von Castiglione del Lago am **Lago Trasimeno** zur Isola Maggiore und Isola Polvese.
- Wandern Sie auf dem **Franziskanischen Friedensweg** von Assisi nach Gubbio.

Assisi
Das malerische mittelalterliche Stadtbild von Assisi mit Stadtmauer und Rocca Maggiore ist gut erhalten und gehört seit dem Jahr 2000 zum UNESCO-Welterbe.

◀ ***Hieronymus überprüft die Wundmale*, Detail, Oberkirche der Basilica di San Francesco, Assisi *(siehe S. 80f)***

Amelia
Der im 17. Jahrhundert im Barockstil neu errichtete Duomo birgt bedeutende Kunstwerke, etwa eine *Madonna mit Kind*, die Antoniazzo Romano zugeschrieben wird.

Fünf Tage in Südumbrien

- Einen Besuch wert: die Rocca, die gewaltige Festung oberhalb von **Narni**.
- Staunen Sie über **Amelias** Mura Poligonali (Zyklopenmauer) aus der Zeit der Umbrer.
- Ästhetisch: die weiß-graue **Piazza del Duomo** in **Orvieto**.
- Orvietos **Pozzo di San Patrizio** ist ein Brunnen mit zwei raffinierten Spiraltreppen.
- Besterhaltene mittelalterliche Architektur: **Palazzo dei Priori**, **Palazzo del Popolo** und **Palazzo del Capitano** in Todi.
- Genießen Sie ein Abendessen in einem der Restaurants an der quirligen **Piazza del Mercato** in **Spoleto**.

Narni
Fast noch genau wie im Mittelalter: die Via del Campanile in Narni.

Todi
Die Stadt auf einem Hügel mit dem Palazzo del Popolo und dem Duomo hat ihr mittelalterliches Zentrum bewahrt.

Zwei Tage in Perugia

Die größte Stadt Umbriens ist für ihre romanischen Kirchen, die Museen und das Musikfestival Umbria Jazz bekannt.

- **Anreise** Täglich gibt es internationale und Inlandsflüge zum Aeroporto Internazionale dell'Umbria – Perugia. Der Flughafen liegt zwischen Perugia und Assisi (ca. 12 km). Vor dem Terminal warten Busse und Taxis.
- **Nahverkehr** Die Hauptsehenswürdigkeiten kann man zu Fuß besichtigen. Busse fahren im Zentrum und weiter in die Vororte.

Erster Tag

Vormittags Ein guter Startpunkt für **Perugia** *(S. 88–95)* ist die **Piazzale Partigiani** *(S. 88)*, mit Busbahnhof und Parkplätzen. Nehmen Sie die Rolltreppe zur Piazza Italia, und folgen Sie dem eleganten Corso Vannucci zum **Palazzo dei Priori** *(S. 90f)*. Der Bau von 1293 beherbergt die **Galleria Nazionale dell'Umbria** *(S. 92f)*. Hier hängen Meisterwerke wie das *Polyptychon des hl. Antonius* und Fra Angelicos *Altarbild aus San Domenico*. Ein Muss: die Sala dei Notari mit ihren grandiosen Fresken. Gehen Sie dann die Stufen zur Piazza IV Novembre hinab, und bewundern Sie die Fontana Maggiore, den berühmtesten mittelalterlichen Brunnen Italiens.

Besucher vor dem Haupteingang zum Palazzo dei Priori

Nachmittags Mittagessen gibt es in einem Lokal an der Piazza IV Novembre. Dann geht es weiter zur Piazza Danti mit dem **Duomo** *(S. 93)*. Bestaunen Sie die technische Bravour des **Pozzo Etrusco** *(S. 94)* im Palazzo Bourbon-Sorbello. Das nächste Ziel ist der Palazzo del Capitano del Popolo an der **Piazza Matteotti** *(S. 94)* und die dortige Markthalle, von der aus man die alten Fundamente der Piazza sieht. Bummeln Sie durch die engen Straßen des Viertels Porta Sole, bis Sie **San Severo** *(S. 94)* mit Raffaels Fresko *Dreifaltigkeit mit Heiligen* (1507/08) erreichen. Folgen Sie dem Corso Garibaldi zu **San Michele Arcangelo (Sant'Angelo)** *(S. 95)* aus dem 5. Jahrhundert.

Zweiter Tag

Vormittags Die Anfänge der Benediktinerkirche **San Pietro** *(S. 89)* stammen aus frühchristlicher Zeit (6. Jh.). Bewundern Sie den Stilmix aus Romanik und Renaissance. Auf dem Corso Cavour erreichen Sie die riesige Kirche **San Domenico** *(S. 89)*. Im Innern kann man ein herrliches Bleiglasfenster bewundern, das zweitgrößte Italiens. Hinter der Kirche liegt das **Museo Archeologico Nazionale dell'Umbria** *(S. 88)*.

Nachmittags Nach dem Mittagessen am Corso Cavour kommen Sie auf einem kurzen Spaziergang zur **Rocca Paolina** *(S. 88)* und ihrer imposanten etruskischen Porta Marzia. Dann entspannen Sie sich in den Giardini Carducci und den Giardini del Campaccio. Folgen Sie der Stadtmauer zum **Oratorio di San Bernardino** *(S. 94f)*, das für seine Renaissance-Architektur bekannt ist. An der Piazza erhebt sich links die Kirche **San Francesco al Prato** *(S. 94)*.

Tipp zur Verlängerung
Besuchen Sie die etruskische Grabstätte Ipogeo dei Volumni bei **Perugia** sowie den neuen futuristischen Stadtteil Fontivegge.

Fünf Tage in Nordumbrien

- **Anreise** Assisi liegt nahe beim Aeroporto Internazionale dell'Umbria – Perugia.
- **Weiterreise** Assisis Attraktionen kann man zu Fuß besichtigen, ansonsten benötigt man ein Auto.

Erster Tag

Vormittags Assisi *(S. 72–84)* gehört zu den am besten erhaltenen mittelalterlichen Städten. Starten Sie am **Duomo (San Rufino)** *(S. 74f)*, wo der hl. Franz von Assisi getauft wurde. Schön sind Fassade (12. Jh.) und Fensterrosen. Spazieren Sie die Via San Rufino entlang zum Corso Mazzini – und zur **Basilica di Santa Chiara** *(S. 73)*, um die dortigen Fresken zu sehen. Vor dem Mittagessen auf der **Piazza del Comune** *(S. 75)* sollten Sie **Santa Maria Maggiore** *(S. 83)*, die erste Kirche der Stadt, besichtigen.

Fontana Maggiore, flankiert vom Palazzo dei Priori und vom Duomo

Infos zu Verkehrsmitteln in Umbrien *siehe S. 178f*

Grandioser Blick auf die Anlage der Basilica di San Francesco, Assisi

Nachmittags Die **Piazza del Comune** *(S. 75)* wird von Palazzi gesäumt. Blickpunkt ist der **Minervatempel** *(S. 75)*, der einst das Zentrum der Stadt war. Gehen Sie weiter zu **Basilica di San Francesco** *(S. 76f)*, eine Anlage aus dem 13. Jahrhundert zu Ehren des hl. Franz. Ihr Inneres ist mit Fresken geschmückt, hier befindet sich auch das Grab des Heiligen. Verbringen Sie die Nacht in **Assisi**.

Zweiter Tag

Vormittags Fahren Sie von **Assisi** *(S. 72–84)* nach **Nocera Umbra** *(S. 69)*. Ein kleiner Abstecher führt zum **Parco Regionale del Monte Subasio** *(S. 70f)* mit der Einsiedelei **Eremo delle Carceri** *(S. 70)*. Genießen Sie die schöne Landschaft. Von Nocera Umbra fahren Sie weiter nach **Gualdo Tadino** *(S. 68f)* mit seinen sehenswerten Kirchen und Palazzi.

Nachmittags Besuchen Sie die **Rocca Flea** *(S. 68)*, die Bergfestung von **Gualdo Tadino** *(S. 68f)*. Sie bietet ein kleines Museum und eine Keramik-Galerie. Dann nehmen Sie die Straße nach **Gubbio** *(S. 62–65)*, wo Sie übernachten. Die Straße führt durch den **Parco Regionale del Monte Cucco** *(S. 66f)*.

Dritter Tag

Vormittags Erkunden Sie **Gubbio** *(S. 62–65)* am Fuß des Monte Ingino – zunächst seine **römischen Ruinen** *(S. 62)*. Dann folgen Sie der Stadtmauer zum Porto Castello, dem Tor zur Altstadt. Die **Via Gabrielli** *(S. 63)* wird von herrlichen mittelalterlichen Gebäuden gesäumt. Hier liegen auch die Kirche **San Domenico** *(S. 63)* und der **Palazzo dei Consoli** *(S. 64)*, der das Museo Civico beherbergt.

Nachmittags Nach einem Mittagessen in der Altstadt gehen Sie zum **Duomo** *(S. 65)* und zum restaurierten **Palazzo Ducale** *(S. 65)* . Besichtigen Sie auch die archäologische Stätte im Untergrund – mit den Resten der alten Piazza. Weitere Attraktionen sind die gotische **San Giovanni Battista** *(S. 62f)*, die mittelalterliche Porta Romana und der von Läden gesäumte **Corso Garibaldi** *(S. 65)*.

Vierter Tag

Vormittags Von **Gubbio** *(S. 62–65)* aus fahren Sie nach **Città di Castello** *(S. 58f)*. Man kann die landschaftlich schöne Hauptstraße oder die Schnellstraße nehmen. Beide führen durch die atmosphärischen Städtchen **Montone** *(S. 60)* und **Umbertide** *(S. 61)* .

Nachmittags Erkunden Sie **Città di Castello** *(S. 58f)* mit seinem **Duomo** *(S. 58)* aus dem 11. Jahrhundert, seinem Museum und dem **Palazzo Comunale** *(S. 58)*, dem Rathaus. Die **Pinacoteca Comunale** *(S. 59)* dürfte Sie bis zum Abend faszinieren. Zu Abend essen Sie im allmählich zum Leben erwachenden Città di Castello.

Detail des Freskos *Madonna della Quercia*, San Giovanni Battista

Fünfter Tag

Vormittags Von Città di Castello brechen Sie via Perugia oder über die Bergstraße zum **Lago Trasimeno** *(S. 96f)* auf. Umfahren Sie den See bis **Castiglione del Lago** *(S. 98)*, von wo aus Sie bei einer entspannten Bootsfahrt zur **Isola Maggoire** *(S. 96)* und **Isola Polvese** *(S. 97)* Ihre Tour durch Nordumbrien zu einem erinnerungswürdigen Abschluss bringen können.

Tipp zur Verlängerung
Erkunden Sie die hübschen Städtchen **Torgiano** *(S. 86)*, **Bettona** *(S. 86f)* und **Deruta** *(S. 87)*, oder wandern Sie auf dem Franziskanischen Friedensweg in zwei Tagen von Assisi nach Gubbio.

Leuchtende Fresken über dem Eingang des Duomo Santa Maria Assunta

Zwei Tage in Terni

Terni, die einstige Römerstadt, bietet viele Attraktionen, darunter römische Ruinen, Kirchen und Museen.

- **Anreise** Terni liegt beim Aeroporto Internazionale dell'Umbria – Perugia. A1 und S204 sowie eine Bahnlinie verbinden Perugia und Terni.
- **Nahverkehr** Die Hauptsehenswürdigkeiten von Terni kann man gut zu Fuß besichtigen. In die Umgebung kommt man mit dem Auto, aber auch mit Bussen.

Erster Tag

Vormittags Ihren Besuch in **Terni** *(S. 122f)* beginnen Sie mit der Besichtigung der Piazza Duomo, die vom **Duomo (Santa Maria Assunta)** *(S. 122f)* aus dem 17. Jahrhundert dominiert wird. Sehenswert: die Tierreliefs des Hauptportals. Ganz in der Nähe liegt das **Amphitheater** *(S. 123)*. Dann gehen Sie weiter zur romanischen Kirche **Sant'Alò** *(S. 122)* und zu **San Salvatore** *(S. 123)* an der Piazza Europa. Gönnen Sie sich hier einen Kaffee und ein *pan nociato*, ein süßes Gebäck mit Pecorino, Rosinen und Walnüssen.

Nachmittags Gehen Sie zur mit Fresken geschmückten Kirche **San Pietro** *(S. 123)* aus dem 14. Jahrhundert. Anschließend spazieren Sie zum **CAOS – Centro Arti Opifico Siri** *(S. 122)*, wo Sie Werke von Picasso und Chagall sehen können. Wer Fossilien liebt, ist in der **Mostra Permanente di Paleontologia** *(S. 123)* richtig. Hier sind die Überreste von uralten Säugetieren in Umbrien zu sehen.

Zweiter Tag

Vormittags Früh am Morgen besichtigen Sie **San Francesco** *(S. 122)*. Dann fahren Sie ins acht Kilometer entfernte Marmore. Hier stürzen die dreiteiligen **Cascata delle Marmore** *(S. 126)* herab, die höchsten künstlichen Wasserfälle Europas. Der **Parco Fluviale del Nera** *(S. 126f)* verläuft entlang dem Tal des Nera. Fahren Sie die Straße weiter nach **Montefranco** *(S. 127)* und zum attraktiven **Ferentillo** *(S. 127)*. Dort gibt es Mittagessen. Von vielen der hübschen Lokale aus sieht man auf die Burg.

Nachmittags Die Benediktinerabtei **San Pietro in Valle** *(S. 119)*, etwa 20 Kilometer von **Ferentillo** *(S. 127)*, ist beeindruckend. Das einst mächtige Kloster besitzt Fresken, die mit zu den schönsten Italiens gehören. Besichtigen Sie den prunkvollen Sarkophag von Faroaldo II. Zu Abend essen Sie in Terni.

Tipp zur Verlängerung
Der **Parco Fluviale del Nera** *(S. 126f)* bietet Rafting-Möglichkeiten, Naturpfade und Felsen für Kletterer.

Fünf Tage in Südumbrien

- **Anreise** Südumbrien ist am besten vom Aeroporto Internazionale dell'Umbria – Perugia aus zu erreichen.
- **Weiterreise** Für die meisten Sehenswürdigkeiten in der Region benötigen Sie ein Auto.

Erster Tag

Vormittags Die Tour durch Südumbrien beginnt im Bergstädtchen **Narni** *(S. 124f)*. Seine Hauptattraktionen, darunter der **Duomo** *(S. 124)*, sind dem Stadtheiligen San Giovenale geweiht und finden sich um die Via Garibaldi. Sehenswert ist die **Rocca**, die riesige Festung auf dem höchsten Punkt. Die Hauptstraße führt von Narni nach **Orvieto** *(S. 138–143)*, wo Sie übernachten. Auf dem Weg liegen mögliche Abstecher: **Visciano** *(S. 125)* mit einer freskenreichen Kirche, das von mittelalterlichen Mauern umschlossene **Lugnano in Teverina** *(S. 131)* oder **Amelia** *(S. 130f)* mit der **Mura Poligonali** *(S. 130)*.

Nachmittags In **Orvieto** *(S. 138–143)* dürfen Sie keine Zeit verlieren. Besichtigen Sie zunächst den grau-weißen **Duomo** *(S. 140f)*. Im Innern gibt es atemberaubende Gemälde und Fresken sowie die **Cappella della Madonna di San Brizio** *(S. 141)* zu sehen. Um die Piazza liegen diverse Museen: **Museo**

Archeologico Nazionale *(S. 138)*, **Museo dell'Opera del Duomo** *(S. 138f)*, **Palazzo Soliano mit Museo Emilio Greco** *(S. 139)* sowie **Palazzo Faina** *(S. 139)*, in dem das Museo Civico und das Museo Claudio Faina untergebracht sind.

Zweiter Tag

Vormittags Besichtigen Sie **Sant'Andrea** *(S. 142)*, eine der ältesten Kirchen in **Orvieto** *(S. 138–143)*. Ungewöhnlich ist ihr zwölfeckiger Turm. Auf der **Piazza dei Popolo** *(S. 142)* kommt man am **Torre del Moro** *(S. 142)* vorbei und schließlich zum **Pozzo di San Patrizio** *(S. 142f)*. Der tiefe Brunnen hat eine imposante doppelte Spiraltreppenkonstruktion. Bevor Sie Orvieto wieder verlassen, sollten Sie die **Rocca dell'Albornoz** *(S. 143)* sehen.

Nachmittags Durch den Parco Fluviale del Tevere geht es nach **Todi** *(S. 134–137)*. Schön ist die mittelalterliche Piazza del Popolo. Hier stehen drei Palazzi: **Palazzo dei Priori** *(S. 134)*, **Palazzo del Popolo** *(S. 134)* und **Palazzo del Capitano** *(S. 134f)* – alle bemerkenswert gut erhalten. Auch der gotische **Duomo** *(S. 135)* ist ein Schmuckstück. Schlendern Sie wie die Einheimischen den **Corso Cavour** *(S. 136)* entlang.

Dritter Tag

Vormittags Von **Todi** *(S. 134–137)* aus fahren Sie nach **Spoleto** *(S. 114–117)*. Unterwegs lohnt sich ein Abstecher nach **Acquasparta** *(S. 133)* und **San Gemini** *(S. 132)* oder zu den Ruinen der Römerstadt **Carsulae** *(S. 132f)*. In Spoleto starten Sie Ihre Tour an der Piazza Garibaldi mit der imposanten Kirche **San Gregorio Maggiore** *(S. 114)*, die Via dell'Anfiteatro führt ins historische Zentrum.

Nachmittags Um die erhöhte Piazza del Duomo in Spoleto liegen die Kirche **Santi Giovanni e Paolo** *(S. 115)* mit ihren berühmten Fresken, der **Palazzo Arcivescovile** *(S. 116)*, der die Stadtgeschichte präsentiert, und der **Duomo** *(S. 117)* mit

Corso Cavour – die steile Straße der Gewürzhändler in Todi

seinem üppigen Barockdekor. Nicht versäumen: die Fresken von Pinturicchio und La Rocca d'Albornoziana. Auf der **Piazza del Mercato** *(S. 116)* kann man gut zu Abend essen.

Vierter Tag

Vormittags Brechen Sie früh auf, um Spoletos restauriertes **Teatro Romano** *(S. 115)* aus dem 1. Jahrhundert n. Chr. zu sehen. Ein oder zwei Stunden sollten Sie im Museo Archeologico verbringen, bevor Sie zum Mittagessen nach **Trevi** *(S. 110)* fahren. Auf dem Weg liegen die **Fonti del Clitunno** *(S. 111)*, Bäche, die den See bilden, aus dem der Clitunno entsteht.

Nachmittags Trevis historisches Zentrum liegt auf einem Hügel, ganz oben liegen die Kathedrale **Sant'Emiliano** *(S. 110)* und das Zentrum **Palazzo Lucarini Contemporary** *(S. 110)*, das zeitgenössische italienische Malerei zeigt.

Fünfter Tag

Vormittags Auf dem Weg ins 16 Kilometer entfernte **Spello** *(S. 104f)* kommt man nach **Foligno** *(S. 106f)*, **Bevagna** *(S. 108)* und zum Weinort **Montefalco** *(S. 108f)*. In Spello erreichen Sie über die Via Centrale Umbria die archäologische Ausgrabungsstätte mit den Ruinen der einst wohlhabenden Römerstadt. In der Nähe liegen das Amphitheater und **San Claudio** *(S. 105)*, eine romanische Kirche.

Nachmittags Erkunden Sie den mittelalterlichen Teil von **Spello** *(S. 104f)*. Betreten Sie die Stadt durch das Römtertor **Porta dell'Arce** *(S. 105)*. Dann gehen Sie zur **Piazza della Repubblica** *(S. 104)* hinab. In Gehweite liegen die **Pinacoteca Civica** *(S. 104)* und die grandiose Kirche **Santa Maria Maggiore** *(S. 104)* mit Fresken von Pinturicchio. Beenden Sie Ihre Tour durch Südumbrien mit einem Abendessen im mittelalterlichen Zentrum von Spello.

Tipp zur Verlängerung
Sehenswert: der **Parco Nazionale dei Monti Sibillini** *(S. 112f)* und die mittelalterlichen Städte **Norcia** *(S. 120)* und **Cascia** *(S. 121)*.

Ruinen der Römerstadt Carsulae nahe San Gemini

Umbrien auf der Karte

Umbrien ist die einzige Region Italiens, die keinen Zugang zum Meer hat. Sie liegt zwischen der Toskana, Latium und den Marken. Das 8450 Quadratkilometer große Gebiet (ca. 900 000 Einwohner) gehört zu drei Vierteln zur Provinz Perugia und zu einem Viertel zur Provinz Terni. Ebenen machen knapp ein Zehntel der Gesamtfläche aus, der Rest ist hügelig oder bergig. Größter Fluss ist der Tiber *(Tevere)*, höchster Gipfel der Monte Vettore (2476 m). Der Trasimenische See *(Lago Trasimeno)* ist der größte Binnensee Mittelitaliens.

Europa
NORWEGEN
SCHWEDEN
ESTLAND
Nordsee
LETTLAND
DÄNEMARK
LITAUEN
RUSS.
IRLAND
GROSS-BRITANNIEN
NIEDER-LANDE
DEUTSCH-LAND
POLEN
BELGIEN
LUX.
TSCHECH. REPUBLIK
UKRAINE
SLOWAKEI
FRANK-REICH
SCHWEIZ
ÖSTERREICH
UNGARN
Atlantischer Ozean
SLOWENIEN
KROATIEN
RUMÄNIEN
ITALIEN
BIH
SERBIEN
Perugia
MNE
KSV
BUL-GARIEN
SPANIEN
Korsika
ALBA-NIEN
MAZE-DONIEN
PORTUGAL
Sardinien
Balearen
Mittelmeer
GRIECHEN-LAND
Sizilien
MAROKKO
ALGERIEN
TUNESIEN
ÖSTERREICH
Strengen
Prutz
Scuol
S40
A22
Brunico
Spondigna
Bressanone
Merano (Meran)
S38
Bolzano (Bozen)
Bormio
Canazei
S38
S48
S42
Cles
Predazzo
TRENTINO-ALTO ADIGE
Edolo
Trento
S47
Feltre
Darfo
Riva del Gardo
Rovereto
Bassano del Grappa
A22
Lago di Garda
Iseo
S12
A31
S53
Brescia
Vicenza
A4
Verona
A4
A57
Venezia (Venedig)
S236
VENETO
Padova (Padua)
S12
Mantova (Mantua)
S434
Chioggia
Ostiglia
Poreč
KROATIEN
A22
Rovigo
Rovinj
Mesola
A1
Ferrara
Pula
Reggio Emilia
A13
RA8
Modena
Comacchio
EMILIA-ROMAGNA
Bologna
S309
Alfonsine
Mare Adriatico (Adriatisches Meer)
A14
Ravenna
Imola
S9
Faenza
Pievepelago
S64
S65
S71
Forlì
A1
Cesena
S12
Rimini
Pistoia
S67
Lucca
Prato
S16
A11
Pesaro
S1
San Marino
Firenze (Florenz)
Fano
Cascina
S3b
A1
S73b
Urbino
A14
Livorno
S429
RA3
S73b
Sansepolcro
MARCHE
Kroatien, Griechenland
Certaldo
Cagli
S1
Ancona
Arezzo
Volterra
TOSCANA
S3
Città di Castello
S71
S76
Siena
S73
Cortona
Civitanova Marche
Macerata
S3b
RA6
S73
Sinalunga
Massa Marittima
A14
Castiglione del Lago
Perugia
S3
Porto San Giorgio
Lago Trasimeno
Tolentino
Roccastrada
S77
S75
S1
S223
Follonica
Foligno
S16
S2
S71
UMBRIA
Ascoli Piceno
Grosseto
Todi
Orvieto
Spoleto
Giulianova
S4
Teramo
S74
Lago di Bolsena
A1
S3b
S3
S2
Pineto
A24
Orbetello
Terni
S1
Viterbo
ABRUZZO
Pescara
Isola del Giglio
Vetralla
Civita Castellana
Rieti
A14
Tarquinia
L'Aquila
S17
Chieti
S4
A25
Mar Tirreno Tyrrhenisches Meer
S2
S3
LAZIO
Civitavecchia
A12
A24
Sulmona
ROMA (ROM)
S5
Avezzano
S17
S84
Sardinien, Sizilien

VENDE
T. 075.927.80.29
gabetti

Ein Porträt Umbriens

Das lange Zeit als »Schwester der Toskana« verkannte Umbrien ist mittlerweile aus dem Schatten seiner westlichen Nachbarregion hervorgetreten. Das »grüne Herz« Italiens hat zwar keinen Zugang zum Meer, doch bietet es grüne Täler sowie romantische Hügel- und Berglandschaften. Umbrien besitzt viele romanische Kirchen, Palazzi und andere Zeugnisse mittelalterlicher Architektur. Die malerischen Städte und Ortschaften, deren alte Zentren oft noch erhalten sind, ziehen immer mehr Besucher an.

Die mit 8450 Quadratkilometer und knapp 900 000 Einwohnern vergleichsweise kleine Region ist abwechslungsreich, grün und strahlt Ruhe aus. Umbrien ist ein Hotspot der Slow-Life-Bewegung. Doch nicht nur die Natur ist hier faszinierend, an jeder Ecke atmet man Geschichte. Das einstige Land der Umbrer, Etrusker und später der Römer besitzt einmalige Kunst- und Architekturschätze. Bedeutsam ist auch Umbriens spirituelles Erbe mit seinen vielen religiösen Feierlichkeiten. Hinzu kommen die kulinarischen Highlights der Region wie Trüffeln, Olivenöl, die Wurstwaren aus Norcia, Bergkäse und Spitzenweine. Kein Wunder, dass Umbrien seinen ganz eigenen Charakter entwickelt hat.

In den letzten Jahrzehnten hat sich hier eine stetig wachsende Gemeinde von »Neu-Umbriern« niedergelassen. Nicht selten stößt man auf den schönen Straßen und Nebenwegen der Region auf Amerikaner, die die Aussicht genießen, auf Mönche aus dem Norden Italiens oder italienische Geschäftsleute, die in dieser Idylle auf der Suche nach einem entspannteren Leben sind.

Landschaft

Die urwüchsige Schönheit Umbriens ist einzigartig. Die Landschaft wechselt von den grünen Hängen und Gipfeln der Monti Sibillini und den Bergketten westlich der Marken zu den sanften Hügeln

Das Dörfchen Castelluccio in den Monti Sibillini

◀ La Festa dei Ceri – der »Wachskerzenlauf« zu Ehren der Heiligen von Gubbio ***(siehe S. 62–65)***

Typisch umbrisches Stoffmuster

und Ebenen um Assisi und Perugia, von den wild rauschenden Wasserfällen der Cascata delle Marmore zur Schilflandschaft an den Ufern des Lago Trasimeno. Grün – die Farbe, die zum »Markenzeichen« der Region geworden ist – dominiert allerorts die Szenerie. Doch die landschaftliche Schönheit erklärt nicht allein die Aura Umbriens. Die Felder, Olivenhaine, Buchen-, Steineichen- und Kastanienwälder verweisen auch immer auf Langvergangenes – das große (kultur-)geschichtliche Erbe Umbriens ist unterschwellig präsent.

Umbrischer Töpfer bei der Arbeit

Architektur und Kunst

Ob als Stadt, Dorf oder mittelalterliches Kloster, als uraltes Bauernhaus, Trockenmauer oder Kirchenruine – Architektur prägt die Region. Das architektonische Erbe, sei es nun herrschaftlich oder bäuerlich, vermittelt ein Gefühl der Zeitlosigkeit, das typisch umbrisch ist. Es beschwört eine Symbiose von Mensch und Natur, die seit den Tagen der Umbrer und Etrusker und später der Römer bis hin zu den Italienern von heute wirksam geblieben ist.

Umbriens Städte und Dörfer zählen zu den schönsten Italiens. Perugia, Assisi, Gubbio, Orvieto, Spoleto, Todi – diese Namen sind Synonyme der Vollkommenheit mittelalterlicher Bergstädte. Sie sind zugänglich, menschlich im Maßstab und bieten zugleich hochrangige Architektur und Kunst im umbrischen Stil. Hier finden sich einige der schönsten Palazzi und Bürgerhäuser Italiens sowie einige der prächtigsten Kirchen. Umbrische Maler, etwa Perugino in der Zeit der Hochrenaissance, setzten Maßstäbe.

Die Region auf halbem Weg zwischen Rom und Florenz zieren die Werke vieler großer Künstler, darunter Cimabue, Giotto, Piero della Francesca, Simone Martini, Fra Angelico, Filippo Lippi, Luca Signorelli, Ghirlandaio, Raffael und Gian Lorenzo Bernini. Auch traditionelles Kunsthandwerk, vor allem Töpferei und Textilherstellung, ist hier seit Jahrhunderten heimisch.

Nicht zu übersehen sind die Überbleibsel der Antike. Überall in Umbrien haben die Römer grandiose Tore, Türme, Brücken und mehrere, selbst heute noch bespielbare Theater hinterlassen. Museen und Sammlungen präsentieren die reichhaltigen Funde aus etruskischer Zeit.

Basilica di San Francesco in Assisi

Alltagsszene in Assisi, das alljährlich Millionen von Urlaubern besuchen

Ein Beobachter des italienischen Lebens schrieb einmal: »Mit ihrer Jahrtausende währenden Infiltration hat die Kunst das Innerste des Landes durchdrungen – jedermann hier lebt Kunst, ob er's weiß oder nicht.« Diese Feststellung ist nirgendwo wahrer als in Umbrien.

Ort der Spiritualität

Viele fasziniert das religiöse Erbe Umbriens. Die Universität von Perugia war die Bildungsstätte vieler Päpste. Das Geburtsland des hl. Franz von Assisi, des hl. Benedikt von Norcia, des hl. Valentin, der hl. Klara und Jacopone da Todis ist zur Heimstatt vieler geistlicher Zentren geworden, die alle von der spirituellen Kraft der Region angezogen wurden. Die Basilica di San Francesco in Assisi ist UNESCO-Welterbe. Der Franziskanische Friedensweg zeichnet die Reise nach, auf der der hl. Franz seine Bekehrung erlebte.

Die Marcia per la Pace (Friedensmarsch) von Perugia nach Assisi, die jeden zweiten Herbst stattfindet, ist eine Demonstration der Friedensbewegung. Viele geistliche Führer der Welt haben hier ihre Lehren vorgestellt, unter ihnen der Dalai Lama.

Kulinarik und Gastlichkeit

Umbrien hat sich zur Gourmet-Region entwickelt und ist mittlerweile eine Bastion von Slow Food. Der fruchtbare Boden, die Eichenwälder und Flüsse bringen Delikatessen wie Oliven, Forellen, Wildpilze, Trüffeln, Wildschweine *(cinghiale)* und hervorragende Weine hervor. Bekannt sind die Schokoladenkreationen aus Perugia, die Linsen aus Castelluccio und die Wurstwaren aus Norcia.

In Umbrien wird Gastlichkeit zelebriert. Jeder Ort, ob groß oder klein, konkurriert mit seinen Nachbarn bei Festivals, einfachen Dorffesten oder Events mit gastronomischen Spezialitäten. Auf dem Land ist *agriturismo* (Wohnen auf dem Bauernhof) eine Alternative zur Übernachtung im Hotel geworden, denn hier kommt man dem umbrischen Alltagsleben nahe.

Zwar haben Jahrzehnte der Modernisierung auch in dieser traditionsreichen Region ihre Spuren hinterlassen, das katastrophale Erdbeben von 1997 hat zudem vielerorts massive Schäden angerichtet, doch die große Faszination Umbriens besteht nach wie vor.

Die Erscheinung in Arles, Oberkirche, Assisi

Landschaften

Die Berge Umbriens sind geologisch jung. Da sich die Topografie der Region relativ spät entwickelte, sind immer noch mächtige tektonische Kräfte wirksam. In Umbrien besteht daher ein erhöhtes Erdbebenrisiko. Die einst bis in große Höhen urbar gemachten Berghänge haben die Bauern inzwischen weitgehend verlassen. Sanfte Hügel mit fruchtbarem, aber oft unsicherem Land umgeben die höheren Gipfel. Die jahrhundertelange Kultivierung hat ihnen ihre heutige Gestalt gegeben. Im Südwesten Umbriens, rund um Orvieto, ist das Land vulkanischen Ursprungs. Der Lago Trasimeno im Nordwesten ist der größte See Mittelitaliens.

Sonnenblumen werden in Umbrien großflächig angebaut

Berge

Durchschnittlich liegt Umbrien ca. 1000 Meter ü. d. M., der höchste Gipfel des Umbrischen Apennins misst 2476 Meter. Die Berge sind großteils karstig und von Höhlen und unterirdischen Flüssen durchzogen. Zur typischen Vegetation gehören Buchenwälder und Almen. Hier ist der Lebensraum von Raubvögeln, Wildkatzen und vereinzelt Wölfen.

Wölfe wurden in Umbrien im 18. Jahrhundert ausgerottet, haben sich aber in den geschützten Monti Sibillini wieder angesiedelt. Im Winter, wenn sie in die Täler herunterkommen, bekommt man sie eventuell zu sehen.

Das Apenninen-Edelweiß gedeiht wie das Alpenedelweiß auf kalkigen Triften. Von Letzterem unterscheidet es sich durch seine spatelförmigen Blätter.

Hügel

Im Hügelland ist das Klima milder als in größeren Höhen, die Umweltverschmutzung geringer als in den Ebenen. Wegen der angenehmen Bedingungen sind die Hügel seit Urzeiten besiedelt und kultiviert. In Gebieten, die nicht zu Ackerland und Olivenhainen geworden sind, wachsen Eichen und Steineichen, weiter unten Mischwälder und Macchia.

Eicheln

Das Wildschwein ist eines der häufigsten Wildtiere, sein Fleisch wird geschätzt.

Oliven sind eines der wichtigsten landwirtschaftlichen Produkte Umbriens. Die Oliven aus der Gegend um Trevi *(siehe S. 110)* gelten als besonders delikat.

Ackerbau in den Ebenen

Die wenigen Ebenen in Umbrien liegen an Flussläufen: die Valle Umbra (zwischen Assisi und Spoleto), die Valle del Paglia (im Südwesten) und die Ebenen von Terni und Gubbio. Hier siedelten schon seit Urzeiten Menschen. Nach dem Zweiten Weltkrieg wurden die Gebiete urbar gemacht. Es entstand fruchtbares Land, das heute in industriellem Maßstab landwirtschaftlich bestellt wird. Die Vegetation ist dementsprechend von den angebauten Kulturpflanzen bestimmt.

Kiebitze sieht man im Winter in Schwärmen auf den bestellten Feldern und Viehweiden.

Die Kornrade *(Agrostemma githago)* war früher auf Ackerland weitverbreitet. Durch den Einsatz von Pestiziden wurde sie fast ausgerottet. Die Pflanze ist übrigens giftig.

Ebenen

Die Ebenen Umbriens erstrecken sich meist auf trockengelegten Seen oder Sümpfen und sind daher besonders fruchtbar. Sie werden heute überwiegend landwirtschaftlich genutzt – zunehmend im großen Stil mit modernen, rentablen Treibhauskulturen. Wildtiere sind daher selten, abgesehen von Nagern oder kleinen Raubtieren wie Füchsen.

Getreide wurde früher als Tierfutter angebaut, heute dagegen wird es zunehmend in industriellen Mengen produziert.

Der Fuchs ist ein höchst anpassungsfähiges Tier, das in allen Regionen überleben kann. Auf bestellten Feldern finden Füchse in den Rainhecken Schutz.

Seen, Flüsse und Sümpfe

Der Lago Trasimeno besitzt eine faszinierende Geschichte und eine Fischereitradition, die bis in die Antike zurückreicht. Flüsse in Umbrien sind der Tiber *(Tevere)*, der Velino und der Nera, Letzterer mit der spektakulären künstlich angelegten Cascata delle Marmore und der landschaftlich schönen Valnerina. Süßwasserfische gedeihen natürlich und in Fischzuchten.

Die Bachforelle passt ihre Färbung dem Gewässeruntergrund an und ist dadurch gut getarnt.

Der Süßwasserkrebs lebt im Schilf und ist fast nur nachts aktiv. Sein Auftreten ist ein Indikator für gute Wasserqualität.

Naturschutzgebiete

Obwohl die Natur eine wichtige Rolle für die Region spielt, hat Umbrien erst spät Naturschutzgebiete eingerichtet. Die Ausweisung solcher Gebiete stieß oft auf lokalen Widerstand (die Bewohner sind leidenschaftliche Anhänger der Jagd) und wurde weitgehend dadurch erreicht, dass der Naturschutz mit den Forderungen von Wirtschaft und Tourismus in Einklang gebracht wurde.

Zusammen mit dem umbrischen Anteil am Parco Nazionale dei Monti Sibillini (Teil einer Reihe von Schutzgebieten in den Apenninen, zu denen die wichtigsten Massive der Gebirgskette gehören) nehmen die Parks heute etwa sieben Prozent der Fläche Umbriens ein. Sie können in zwei Kategorien unterteilt werden: »Bergparks«, die entlang der Grenze zu den Marken liegen, und »Wasserparks«, die sich um die Seen und Wasserläufe der Region konzentrieren.

Der Parco Regionale del Lago Trasimeno *(siehe S. 96f)* ist 13 200 Hektar groß und umfasst die Seeufer – wodurch Wasser und Ufer geschützt sind –, nicht aber die Ferienorte rings um den See. Der Trasimenische See hat einen Umfang von etwa 60 Kilometer.

Der Lago di Alviano *(siehe S. 131)* ist ein Biotop, das zahlreichen Wasservogelarten als Brutgebiet dient. Für Kraniche, Wildgänse und Fischadler ist es eine wichtige Nahrungsquelle.

Der Parco Fluviale del Tevere *(siehe S. 137)* erstreckt sich entlang den Ufern des längsten Flusses Mittelitaliens, des Tibers, von Todi bis nach Alviano. Der Park ist etwa 7925 Hektar groß und hat eine Länge von 50 Kilometern.

Der Parco Regionale del Monte Subasio *(siehe S. 70f)* trennt und verbindet zugleich Assisi, Spello und Nocera Umbra. Er nimmt eine Fläche von 7440 Hektar ein. Jahrhundertelang war der Monte Subasio ein bevorzugtes Ziel von Mystikern und Einsiedlern. Der hl. Franz lebte hier mit seinen Glaubensbrüdern im Eremo delle Carceri im Schatten eines uralten Steineichenwalds.

Der Parco Regionale del Monte Cucco *(siehe S. 66f)* liegt im Nordosten der Provinz Perugia. Er erstreckt sich über mehr als 10 000 Hektar und wurde 1995 geschaffen, um u. a. den Berggipfel zu schützen, der durch das Höhlensystem der Grotta di Monte Cucco berühmt geworden ist. Die faszinierende Unterwelt liegt gut 920 Meter tief und erstreckt sich über viele Kilometer.

Der Parco Regionale di Colfiorito *(siehe S. 107)* liegt nicht weit von Foligno und Nocera Umbra entfernt. Er schützt eine Landschaft aus Hochebenen und -mooren. Das Areal besteht aus einer Reihe trockengelegter Senken, die einst Wasserflächen waren, sowie aus einem See, der zum Wasservogelhabitat erklärt wurde. Der See ist Heimat vieler Amphibien- und Vogelarten.

Der Parco Nazionale dei Monti Sibillini *(siehe S. 112f)* erstreckt sich über die Grenze zu den Marken hinweg über mehr als 70 000 Hektar. Die umbrische Seite des Parks ist eine typische Apenninenlandschaft mit hohen Gipfeln (der höchste ist mit 2476 Metern der Monte Vettore), großen Almen, Flusstälern und Buchenwäldern. Hier leben Wölfe, Wildkatzen und Stachelschweine, Steinadler und Wanderfalken kreisen in den Lüften.

Der Parco Fluviale del Nera *(siehe S. 126f)* ist durch seinen Wasserreichtum und die grandiose Cascata delle Marmore berühmt. Der Fluss Nera wird durch diesen 2120 Hektar großen Park 18 Kilometer lang von seinem Unterlauf bis zu dem berühmten Wasserfall geschützt.

Sport und Aktivurlaub

Die Naturschönheit Umbriens sollte bei jeder Reise in die Region von besonderem Interesse sein. Hinzu kommt ein großes Angebot an Outdoor-Aktivitäten. So wie die Pilger aus allen Teilen der Welt nach Assisi strömen, begegnet man auch einer internationalen Klientel etwa in einer Clique von Kajakfahrern, die den Nera oder Tiber hinunterrauschen, oder in der Drachenfliegergemeinde, die vom Monte Cucco oder von den Hochplateaus der Monti Sibillini abhebt.

Doch auch weniger abenteuerlichen Aktivitäten kann man hier nachgehen, um diese schöne Region näher kennenzulernen: beispielsweise bei einer entspannten Radtour über die Hügel, vorbei an Bauernhöfen und alten Klöstern, oder bei einem behaglichen Ritt durch eine der grünsten, faszinierendsten und erholsamsten Landschaften Italiens.

Reiter außerhalb des historischen Städtchens Spello

Reiten

In Umbrien gibt es viele Reitställe und Bauernhöfe, die Urlauber aufnehmen *(agriturismo)*. Sie organisieren Ausritte. Neben dem sportlichen Aspekt bietet das Reiten einen genaueren und umweltschonenderen Blick auf die Schönheit der Region als eine Fahrt mit den konventionellen Verkehrsmitteln.

Viele umbrische Reitställe gehören nationalen Verbänden wie ANTE (Associazione Nazionale Turismo Equestre) an und bieten Touren in die schönsten Gegenden Umbriens, darunter in die Berge um Assisi, Città della Pieve und Bettona, an die Ufer des Lago Trasimeno, zum Monte Subasio und den steilen Saumpfaden der Valnerina. Ausritte über mehrere Tage oder länger kann man auch bei verschiedenen Reitclubs buchen. Sie können sich auch direkt an ANTE wenden.

Wandern und Fahrradfahren

Zum Wandern benötigt man keine Ausrüstung, sondern nur eine gute Aussicht, schönes Wetter, Wege und ein Ziel, sei es ein historisches Bauwerk oder die Natur selbst.

Der Nationalpark Monti Sibillini ist seit jeher eines der beliebtesten Ziele bei Wanderern in Umbrien (wie auch die benachbarten Parkteile in den nahen Marken). In den kälteren Jahreszeiten findet man auch tiefer gelegene Routen wie die Reitwege, die Städte und Dörfer miteinander verbinden.

Wanderer in einem der herrlichen Täler der Monti Sibillini

Die Wege zwischen Umbriens Städten und Dörfern sind bei Radfahrern ausgesprochen beliebt: Die Steigungen sind nicht allzu anstrengend, die Landschaft bietet viel Interessantes am Wegesrand. Eselspfade und Wege in größeren Höhen werden gern von Mountainbikern benutzt. Inzwischen gibt es mehr als 600 Kilometer Mountainbike-Wege in der Region. Prospekte und Informationen zum Wandern und Radeln in Umbrien sind bei den Tourismusbüros erhältlich.

Bergtouren, Höhlen und Schluchten

Vor gar nicht langer Zeit gab es für Kletterfans nur das Bergsteigen. Heute sind in ganz Italien verschiedene Klettersportarten populär, es gibt Wände aller Schwierigkeitsgrade. In Umbrien sind die Liebhaber dieses Sports in den Monti Sibillini und in dem Dorf Ferentillo am richtigen Ort, wo es zahlreiche Steilwände gibt: Klettern ist hier so beliebt, dass es sogar einen Führer speziell für diese Gegend gibt.

Umbrien ist auch bei Höhlenkundlern äußerst beliebt. Die größte Attraktion ist das Höhlensystem unterhalb des

Monte Cucco an der Grenze zu den Marken (nicht weit von den berühmtesten Höhlen der Region, den Grotte di Frasassi, entfernt). Eine Besichtigung wert sind auch die Höhlen in den Bergen nahe Terni.

Auch ein weiterer Sport, der sich aus der Höhlenkunde entwickelt hat (die Ausrüstung ist fast die gleiche), hat in Umbrien Fuß gefasst: der *torrentismo*, auch Canyoning genannt, bei dem steile Schluchten zu überwinden sind. Die berühmtesten und beliebtesten liegen in der Valnerina (Fosso di Rocca Gelli und Forra del Casco), am Monte Cucco (Forra di Riofreddo) und in den Bergen rund um den Lago Corbara (Gole di Prodo).

Man muss sich allerdings im Klaren sein, dass es sich hierbei um gefährliche Extremsportarten handelt. Jeder, der sie zum ersten Mal ausübt, sollte dies nur mit fachlicher Anleitung tun.

Umbriens Höhlensysteme sind faszinierend

Drachenfligen und Skilanglauf

Wind, grenzenloser Weitblick und große Höhenunterschiede machen den Reiz des Drachen- und Gleitschirmfliegens aus. Umbrien ist reich an allen dreien. Bekannte Orte für diesen aufregenden, aber waghalsigen Sport sind der Monte Cucco und die Monti Sibillini, wo das Dorf Castelluccio di Norcia heute eines der beliebtesten Ziele der Drachenflug-Fans aus aller Welt ist.

Drachenflieger an den Hängen des Monte Vettore

Die Topografie der umbrischen Berge ist nicht gerade ideal für Skiabfahrten: Wenige Hänge sind steil genug für Ski alpin, die Höhenlagen weiter unten eignen sich nicht zum kostenintensiven Bau von Liften oder von größeren Skiorten.

Zum Ausgleich bieten die herrlichen Hochplateaus des Apennin allerdings ein perfektes Langlaufgelände mit grandioser Kulisse. Die Läufer folgen entweder den vorgegebenen Pisten oder, besser noch, den verschneiten Saumpfaden und Fußwegen.

Kanute auf dem Nera

Kanufahren und Rafting

Im Frühling üben die vielen und fast immer reißenden Wasserläufe Umbriens eine unwiderstehliche Anziehung auf Kanuten aus ganz Europa aus. Bei steigenden Wasserständen und schwellenden Stromschnellen tauchen Kanus, Kajaks und Rafting-Boote wie aus dem Nichts an den Ufern der Flüsse Nera und Tiber auf.

Der Nera verspricht Spaß bei verschiedenen Schwierigkeitsgraden bis zur höchsten Stufe, die Können und Erfahrung erfordert. Hier blickt man auch auf die imposante Cascata delle Marmore *(siehe S. 126f)*, Hauptstartpunkt für Floßtrips. Der Tiber unterhalb von Todi ist eine der beliebtesten Routen für das Rafting und andere Exkursionen. Man kann auch schon weiter nördlich, bei Città di Castello, beginnen und so praktisch die ganze Region auf dem Tiber durchqueren.

Außer Konkurrenz findet jedes Jahr Ende April, Anfang Mai eine populäre Wettfahrt von Todi nach Rom statt, an der jeder teilnehmen kann. Auch von den Monti Sibillini bis zur Valnerina gibt es gute Rafting-Möglichkeiten.

Segeln

Der Lago Trasimeno ist im Binnenland Umbrien der am besten geeignete Ort zum Segeln und Windsurfen. Den Sportarten kann man mit eigenen oder am See ausgeliehenen Booten und Boards nachgehen. Auf dem See gibt es zahlreiche Regatten.

Weitere, zumindest teilweise zum Segeln, Windsurfen und für andere Wassersportarten geeignete Gewässer sind der Lago di Piediluco und der Lago di Corbara, beide im südlichen Umbrien.

Auf dem Lago Trasimeno kann man auch Wasserski fahren, dazu ist allerdings eine Genehmigung der Provinzverwaltung von Perugia nötig.

Segelboote auf dem Lago Trasimeno

Hl. Franz von Assisi

Franziskus (hl. Franz; Francesco) wurde 1181 oder 1182 in Assisi geboren und wuchs zu einem klugen, gebildeten, ja ehrgeizigen jungen Mann heran. Um in der Adelshierarchie aufzusteigen, wählte er die Militärlaufbahn und schloss sich dem Heer von Gualtiero di Brienne an, das einen Kreuzzug vorbereitete. Eine Krankheit zwang ihn zur Rückkehr nach Assisi, wo er seine Bekehrung erlebte und sich in den Dienst Gottes stellte. Die Geschichte seines Lebens, dargestellt in den Fresken der Oberkirche in Assisi, zeigt uns einen Menschen, der sich der Natur, der Nächstenliebe, der Armut und dem Gebet verschrieb. In vielen Orten Umbriens sind Erinnerungen an die Anwesenheit des Heiligen lebendig.

Franziskus fand Zuflucht bei der Familie Spadalonga in Gubbio, nachdem er sein Vaterhaus verlassen hatte. Einige Zeit verbrachte der Heilige auch in dem kleinen Kloster der Vittorina *(siehe S. 85)* an der Straße zwischen Gubbio und Assisi. Hier zähmte er nach Meinung der Chronisten einen Wolf.

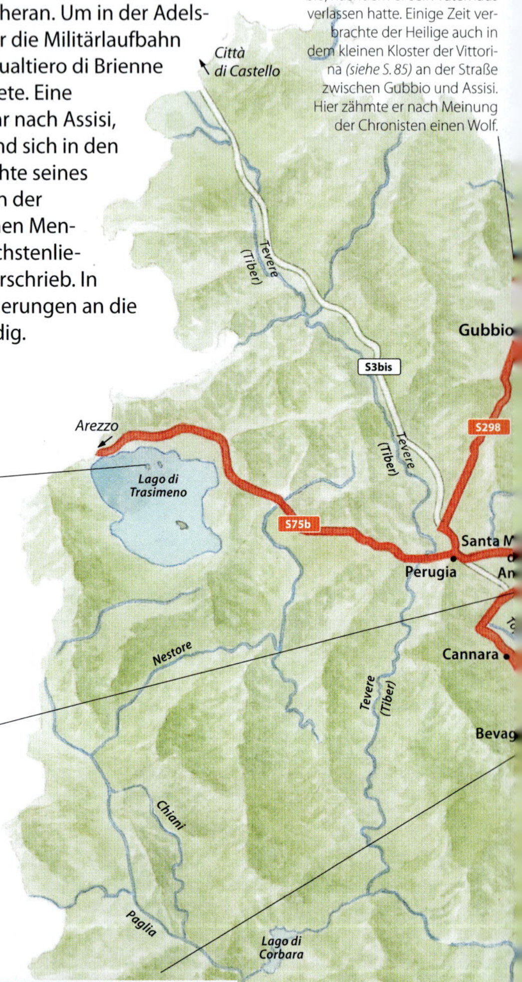

Auf der Isola Maggiore im Lago Trasimeno lebte Anfang des 13. Jahrhunderts eine der ersten Franziskanerbruderschaften. Der hl. Franziskus verbrachte hier eine lange Fastenzeit.

Santa Maria degli Angeli wurde im 15. Jahrhundert erbaut, um der alten Klause Porziuncola *(siehe S. 84)*, in deren Krankenstube Franziskus am 4. Oktober 1226 starb, einen angemessenen Rahmen zu geben. Was von der Stube erhalten ist, wird in der Cappella del Transito verwahrt.
Oben: *Die Klarissen betrauern den toten Heiligen.*

Eine der berühmtesten Episoden im Leben des Heiligen ist zweifellos seine Vogelpredigt. Der Stein, auf dem er dabei gestanden haben soll, befindet sich in der Kirche San Francesco in Bevagna *(siehe S. 108)*.
Rechts: *Franziskus predigt den Vögeln.*

Auf dem Monte Subasio *(siehe S. 70f)* wurde das von Steineichen umgebene Kloster Eremo delle Carceri um die kleine Kirche und die Höhlen herum errichtet, in denen Franziskus und seine Gefährten sich zum Gebet versammelten. Ein Pfad führt von der Eremitage durch den sie umgebenden Wald an mehreren dem Andenken gewidmeten Orten vorbei, wo der Heilige gebetet und meditiert haben soll.

Jede Kirche, jeder Winkel in Assisi bezeugt die Spuren des Heiligen. Er wurde in der Kathedrale San Rufino getauft, neben San Giorgio stand seine Schule. Die Chiesa Nuova wurde an der Stelle erbaut, wo der Legende nach Franziskus geboren wurde. Rechts: *Der hl. Franz schenkt einem Armen seinen Mantel* (im Hintergrund eine Darstellung der Stadt Assisi).

In Vecciano, nicht weit von Montefalco *(siehe S. 108f)* entfernt, steht die kleine Kirche San Rocco. Unter dem Namen Santa Maria della Selvetta war sie der erste Sitz des Franziskanerordens. Links: *Innozenz III. erkennt den Orden des Heiligen an.*

Das Kloster Sacro Speco *(siehe S. 125)* nahe Narni wurde 1213 vom hl. Franz gegründet. Man kann noch immer die kleine Höhle sehen, in der der Heilige zu beten pflegte.

Legende

- Weg des hl. Franz
- Andere Straße
- Fluss

Bei den Fonti del Clitunno *(S. 111)* gibt es in San Pietro di Bovara ein Kruzifix, das zum hl. Franz gesprochen hat. (Das berühmtere sprechende Kruzifix ist in der Basilica di Santa Chiara, *siehe S. 74*.) Oben: *Ekstase des hl. Franz.*

Kunst

In seiner heutigen Gestalt entstand Umbrien erst nach der Vereinigung Italiens 1861. In den Jahrhunderten davor gehörten die umbrischen Städte und Dörfer zu verschiedenen Herrschaftssphären. Umbrische Kunst war Teil eines Mosaiks, das sich ohne genaue Grenzen von der Toskana bis an die Adria erstreckte. Es gab viele Gelegenheiten zu Kontakt und Austausch mit anderen Regionen. Zwei Glanzpunkte ragen aus der Kunstgeschichte Umbriens hervor: der Bau der Basilica di San Francesco in Assisi – mit Beiträgen großer Künstler aus Umbrien und anderen Teilen Italiens – und das Goldene Zeitalter der Stadt Perugia. Teile von Assisi und Spoleto gehören heute zum UNESCO-Welterbe.

Abdruck einer umbrischen Steininschrift (2. Jh. v. Chr.)

Frühgeschichte

Umbrien war vom 6. Jahrtausend v. Chr. an besiedelt. Interessante Keramikfunde aus dieser Zeit wurden nahe Norcia und Parrano (bei Orvieto) entdeckt. Im Lauf der Jahrtausende entwickelte sich in den Bergen eine Hirtenkultur, die Teil dessen ist, was Forscher als Apenninkultur bezeichnen. Um das 16. Jahrhundert v. Chr. begann man hier, elegante Keramik mit geometrischen Mustern herzustellen. Das Gräberfeld in Monteleone di Spoleto geht auf diese frühen Siedler zurück. Archäologen fanden hier einen Bronzekarren, der jetzt im Metropolitan Museum in New York steht.

Während des 1. Jahrtausends v. Chr. wurde umbrisches Land zwischen zwei sehr unterschiedlichen Völkern aufgeteilt: den Etruskern, die sich am Westufer des Tibers mit den wichtigen Stützpunkten Perugia und Orvieto niederließen, und den Umbrern, über die noch immer wenig bekannt ist und die am Ostufer des Tibers und im Apennin siedelten.

Römische Statue (1. Jh. n. Chr.)

Römer

Die römische Eroberung Umbriens geschah langsam, aber unaufhaltsam. Sollte man ein symbolisches Datum für die Ankunft der Römer in Umbrien suchen, so wäre es das Jahr der Eröffnung der Via Flaminia 219 v. Chr. Diese Römerstraße wurde für Jahrhunderte zur Hauptverbindungsstraße durch die Region.

Die Römer übten einen starken Impuls auf den Städtebau und die Architektur aus: Theater, öffentliche Anlagen und Straßen wurden gebaut. An Skulpturen sind aus dieser Zeit viele Marmor- und einige Bronzestatuen erhalten. Zu Letzteren gehört die grandiose Statue des Germanicus, die in Amelia gefunden wurde und nach langem, strittigem Aufenthalt in Perugia erst kürzlich an ihren Ursprungsort zurückgekehrt ist *(siehe S. 130)*. Es gibt auch gut erhaltene römische Bauten wie das Amphitheater in Gubbio *(siehe S. 62)* und den Minervatempel in Assisi *(siehe S. 75)*.

Tempietto del Clitunno, Detail vom Giebel

Im 3. und 4. Jahrhundert wurde Umbrien christianisiert: Aus dieser Zeit sind insbesondere die Kirche San Salvatore in Spoleto *(siehe S. 119)* und der kleine Tempel bei den Fonti di Clitunno *(siehe S. 111)* interessant. Beide zeigen noch recht deutlich die Einflüsse römischer und klassischer Traditionen.

Eine bedeutende umbrische Kirche aus frühchristlicher Zeit ist San Michele Archangelo (oder Sant'Angelo) in Perugia *(siehe S. 95)*, die von byzantinischer Architektur beeinflusst ist.

Mittelalter

Umbrien war politisch zwischen Byzanz (am Westufer des Tibers) und Langobardenherrschaft (am Ostufer) geteilt und daher vielen Einflüssen ausgesetzt. Obwohl aus der zweiten Hälfte des 1. Jahrtausends nur wenige Kunstwerke überdauert haben und die erhaltenen Bauten oft erheblich umgebaut wurden, weiß man, dass das 9. Jahrhundert eine Epoche tief greifender Entwicklungen in Umbrien war. In der gesamten Region wurden Kathedralen errichtet und häufig mit grandiosen (heute meist verloren gegangenen) Bilderzyklen ausgemalt. Zentrum dieses Booms war die langobardische Hochburg Spoleto *(siehe S. 114–119)*, wo man noch die Reliefs an der Fassade von San Pietro und die Fresken in den Kirchen San Gregorio und San Paolo inter Vineas bewundern kann.

Der Kreuzgang des Klosters Sassovivo bei Foligno wurde aus römischen Säulen und Bogen errichtet.

Detail der Fassade von San Pietro in Spoleto

Assisi

1228, weniger als zwei Jahre nach dem Tod des hl. Franz und auf Wunsch von Fra' Elia (der den Leichnam des Heiligen versteckte), wurde der Bau der Basilica di San Francesco in Assisi *(siehe S. 76f)* begonnen. Eine Sternstunde, denn die Arbeit an dieser Basilika sollte die Kunst und Architektur Umbriens und der Nachbarregionen in den nächsten Jahrhunderten wesentlich beeinflussen. Noch heute ist die Basilika in Assisi eines der bedeutendsten Bauwerke des Abendlands.

Die ersten Fresken wurden 1254 bei einem anonymen umbrischen Künstler, dem Maestro di San Francesco, in Auftrag gegeben, der offenbar eine Werkstatt höchster Qualität betrieb. Am Ende des 13. Jahrhunderts wurden große Meister von außerhalb der Region engagiert – darunter Cimabue und Giotto –, um die Wände der Ober- und Unterkirche zu bemalen. Ihre Arbeit wurde zum Vorbild späterer umbrischer Maler. Die Arbeiten an den beiden Bauten dauerten über zwei Jahrhunderte. Weitere große Namen aus der Geschichte der italienischen Kunst hatten ihren Anteil daran, darunter Simone Martini und Pietro Lorenzetti.

Parallel zur Verbreitung der franziskanischen Tugenden wurde auch der in Assisi entstandene Malstil populär und in vielen neuen Franziskanerkirchen in ganz Italien imitiert und kopiert.

Am 26. September 1997 ging dieses Kulturdenkmal fast verloren. Der gesamte Komplex wurde durch ein heftiges Erdbeben schwer beschädigt, Teile der Decke in der Oberkirche stürzten ein. In unermüdlicher Arbeit haben Restauratoren Teile der Fresken gerettet und, soweit möglich, rekonstruiert, wobei viele Flächen allerdings leer blieben. Doch auch die beschädigte Basilika ist nach wie vor grandios.

Giotto

Vermutliches Selbstporträt

Der 1267 geborene Giotto di Bondone lernte wahrscheinlich in Cimabues Werkstatt. Man geht zwar von seiner Mitarbeit an den Fresken in der Basilica di San Francesco in Assisi aus, aber den Zyklus *Das Leben des hl. Franz* schreibt man heute großteils römischen Malern zu. Zu Giottos Hauptwerken zählen ein *Jüngstes Gericht* und *Szenen des Lebens Mariä und Christi* in der Cappella degli Scrovegni in Padua sowie der Glockenturm für den Dom in Florenz, ein Projekt, das er bis zu seinem Tod im Jahr 1337 leitete.

Bemaltes Kreuz (1272), Maestro di San Francesco

Evangelistenvierung von Cimabue (1240–1302), Basilica di Assisi

Perugino

***Anbetung der Könige* (1475–78), Detail**

Pietro Vannucci, genannt Perugino, wurde 1452 in Città della Pieve geboren und starb 1523 in Fontignano. Piero della Francesca und Verrocchio, in dessen Werkstatt er lernte, beeinflussten ihn. Zu seinen Werken in Rom gehört *Die Überreichung der Schlüssel an Petrus* in der Sixtinischen Kapelle (1481). In Florenz befinden sich eine *Beweinung Christi* (Palazzo Pitti, 1494) und eine *Kreuzigung* (Santa Maddalena de' Pazzi, 1493). Er malte auch Fresken in der Sala dell'Udienza des Collegio del Cambio in Perugia. Seine Werke findet man auch in mehreren kleineren Orten Umbriens, vor allem um den Lago Trasimeno *(siehe S. 99)*. Der junge Raffael ging bei ihm in die Lehre.

Ein Beispiel umbrischer Kunst des Maestro di Città di Castello

Perugias Goldenes Zeitalter

Die Lage Perugias an der Kreuzung von Via Flaminia und Via Amerina zwischen Rom und der Adria machte die Stadt für Eroberungen anfällig. Nach Einfällen der Goten und Langobarden markiert die Grundsteinlegung für die Kathedrale (um das 10. Jh.) den ersten Schritt zu Perugias kultureller Wiedergeburt im Mittelalter.

Etwa drei Jahrhunderte lang wuchsen Macht, Reichtum und Besitz der Kommune Perugia. Zeichen des damaligen Wohlstands sind die Mauern und Stadttore, vor allem aber der Aquädukt, der Wasser ins Stadtzentrum leitete und einer der ersten seiner Art war, die in Italien errichtet wurden. Um diese großartige Leistung zu feiern, wurde auf der Piazza IV Novembre ein Brunnen mit Skulpturen von Nicola und Giovanni Pisano errichtet *(siehe S. 91)*.

Perugia im 16. Jahrhundert

Gegen Mitte des 15. Jahrhunderts war Perugia reich und kosmopolitisch geworden. Die großen italienischen Maler der Zeit kamen hierher, darunter Piero della Francesca, Fra Angelico (der an der Ausmalung der Kathedrale in Orvieto beteiligt war), Filippo Lippi (der später in Spoleto die Apsis der Kathedrale mit Fresken schmückte) und Agostino di Duccio. Ein Freskenzyklus (1498–1500) von Perugino im Collegio del Cambio sollte großen Einfluss auf Maler wie Pinturicchio und den jungen Raffael ausüben, der sein Frühwerk zum Teil in Perugia schuf.

Zur gleichen Zeit begann – in Perugia wie auch in anderen Städten Umbriens – ein neuer Architekturstil das Gesicht der mittelalterlich geprägten Stadtkerne zu verändern. Für adlige Kaufmannsfamilien wurden Palazzi im Renaissance-Stil errichtet. Impulse in dieser Richtung kamen aus Rom und Urbino oder den großen Städten der nahen Toskana.

Umbrische Schule

Der Einfluss der wichtigen Künstler, die es in der zweiten Hälfte des 15. Jahrhunderts nach Umbrien zog, bewirkte die Entwicklung

Polyptychon von Niccolò di Liberatore, genannt l'Alunno, 1471

einer eigenen regionalen Malerschule, die sich von den gotischen Vorbildern befreite, welche die Kunst in den Jahrhunderten davor beeinflusst hatten. Von der Florentiner Renaissance lernten – neben Perugino – vor allem Künstler wie Niccolò Alunno, Antonio Mezzastris, Matteo da Gualdo aus der Gegend von Foligno und Benedetto Bonfigli aus Perugia. In der ersten Hälfte des 16. Jahrhunderts ist Giovanni di Pietro (oder Lo Spagna) ein Name mit Gewicht. Später verlor die umbrische Schule ihre Originalität und ging mit dem beginnenden Manierismus rasch unter.

***Krönung Mariä* (1511) von Lo Spagna**

Vorherrschaft Roms

Als die Macht der Kommunen *(siehe S. 46f)* der Papstherrschaft wich, wurden große Wehrbauten errichtet. Antonio da Sangallo d. J. baute Perugias Rocca Paolina *(siehe S. 88)* und den Pozzo di San Patrizio in Orvieto *(siehe S. 142f)*. Vignola arbeitete unter Papst Julius III. an der Castellina in Norcia *(siehe S. 120)*.

Gegen Ende des 16. Jahrhunderts wirkten alle wichtigeren Künstler der Zeit in Rom – nicht nur italienische, auch flämische Künstler wie van Mander, Stellaert und Loots. Die umbrischen Städte waren völlig von der Kirche abhängig. In Todi schuf der Bau von Santa Maria della Consolazione *(siehe S. 136f)*, an dem Baldassarre Peruzzi, Vignola und Ippolito Scalza mitarbeiteten, ein neues Konzept der Sakralarchitektur. Im Jahr 1569 wurde auf der Ebene unterhalb von Assisi mit dem Bau der großen Kirche Santa Maria degli Angeli *(siehe S. 84)* begonnen, die die Franziskanerkapelle Porziuncola in sich aufnehmen sollte. Der Bau von Galeazzo Alessi mit Vignola als Berater wurde erst 1679 vollendet.

Statue, Santa Maria della Consolazione

Die umbrischen Adelsfamilien, oft bedeutende Figuren in der Verwaltung und in der römischen Machthierarchie, bauten sich Palazzi und Villen in ihren Heimatstädten.

18./19. Jahrhundert

Die folgenden Jahrhunderte unter der Herrschaft der Päpste bis zur Einigung Italiens 1861 brachten in Umbrien eigentlich keine großen Kunstwerke mehr hervor. Der Einfluss Roms war dominierend, die Zeugnisse aus Barock und Rokoko in der Region sind nicht sehr bedeutend.

Kurzen Glanz bescherte der Region die grandiose Accademia di Belle Arti in Perugia, die sich für den Klassizismus starkmachte. Es ist sicherlich kein Zufall, dass der Bildhauer Canova, der in San Gemini (nahe Todi) lebte, mit den berühmten Familien in Perugia in Kontakt trat.

Im 19. Jahrhundert wurden die Ortschaften Umbriens Stationen auf den festgelegten Routen der Italienreisenden. Die große Bewunderung für die Kunst des Mittelalters wurde zum Kult der Zeit. Der *medievalismo* schlug in Perugia Wurzeln und führte zu einer bisweilen geradezu raffinierten Restaurierung alter Bauwerke.

Kunsthandwerk

Majolikakrug (16. Jh.)

Wie fast ganz Italien war Umbrien stets für seine Schätze an Malerei, Bildhauerei und Architektur berühmt. Es hat jedoch auch sehr viele vortreffliche Meister des Kunsthandwerks hervorgebracht. In den vielen alten und neuen Museen umbrischer Städte kann man Stücke von seltener Schönheit finden, vor allem handgearbeitete Keramiken und Textilien aus vielen Jahrhunderten, die auch heute noch hergestellt werden. Wer nach Umbrien reist, sollte sich die Besichtigung einer der vielen Kunsthandwerkstätten der Region keinesfalls entgehen lassen. Neben Keramiken, für die Deruta *(siehe S. 87)* besonders berühmt ist, und handgewebten Stoffen sollte man auch dem bestickten Tüll aus Panicale (nahe dem Lago Trasimeno), den zarten Spitzen aus Assisi sowie den bemalten Stuck- und Schnitzarbeiten Beachtung schenken.

Handgewebter Stoff aus Todi (14. Jh.)

Architektur

Die Epochen von Mittelalter und Renaissance übten zweifellos den größten Einfluss auf die Architektur der umbrischen Städte aus, doch findet man in der Region Denkmäler aus allen Epochen der Geschichte. Von der Zeit des etruskischen Stadtstaats bis zum Römischen Reich, vom Aufkommen der romanischen Architektur bis zum Klassizismus hat jede Vorherrschaft, jede Epoche, jeder Architekturstil und jede Kunstbewegung dank der großen Künstler der jeweiligen Zeit Spuren hinterlassen. Dauerhaft war der Einfluss der katholischen Kirche auf die Region.

Flachrelief – man sieht diese Reliefart oft an Kirchen und Palazzi

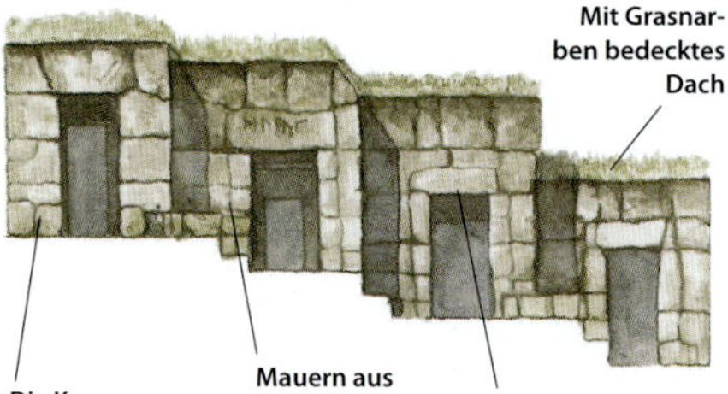

Die Nekropolen sind das Erbe der Etrusker in Umbrien. In der Regel bestanden sie aus einer Reihe von Grabkammern entlang einer Friedhofsstraße. In ihrem Inneren lag der Tote auf einer Leichenbank.

Antike

Die Umbrer hinterließen nur wenige Spuren ihrer Siedlungen, doch die imposanten polygonalen Stadtmauern von Amelia und Spoleto wurden von ihnen errichtet. Von den Etruskern sind Nekropolen und Gräber erhalten, z. B. diejenigen nahe Orvieto (Necropoli del Crocifisso del Tufo) oder das monumentale Grabmal des Ipogeo dei Volumni in Perugia. Es gibt imposante römische Denkmäler wie z. B. den Minervatempel in Assisi, die Theater in Gubbio, Spoleto und Terni, die großen Zisternen in Amelia und Todi sowie die Stadttore von Spello und Todi. Nicht zu vergessen die Via Flaminia, die Rom mit der Adria noch heute wie vor 2300 Jahren verbindet.

Mittelalter und Renaissance

Nach der byzantinischen und langobardischen Herrschaft erfuhr die Architektur durch den romanischen Stil eine Verjüngung. Es wurden Stadtplätze mit öffentlichen Gebäuden – ein Zeichen weltlicher und kommunaler Macht – angelegt. Der Bau von Kathedralen begann, ein starkes Symbol spiritueller Macht.

Die Errichtung von Handelsstädten mit Kontakt nach außen führte im 14. Jahrhundert zum Import der Gotik. Besonders schöne Beispiele dieses Stils sind die Kathedale von Orvieto *(siehe S. 140f)* und die Verzierung der Sala delle Arti Liberali e dei Pianeti im Palazzo Trinci in Foligno *(siehe S. 106)* vom Beginn des 15. Jahrhunderts.

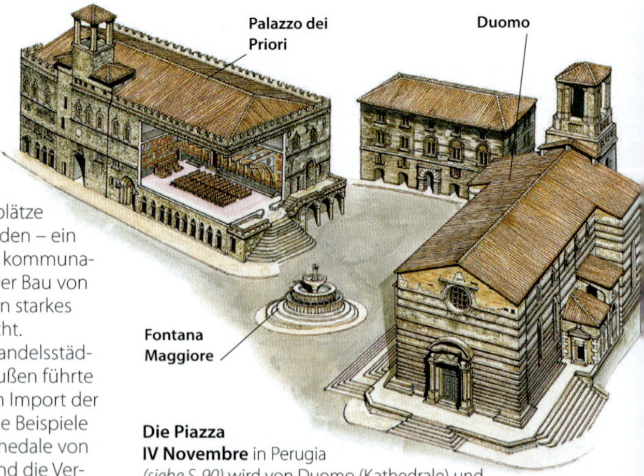

Die Piazza IV Novembre in Perugia *(siehe S. 90)* wird von Duomo (Kathedrale) und Palazzo dei Priori beherrscht, ein Zeichen der politischen Macht der mittelalterlichen Stadt. Dazwischen erhebt sich die Fontana Maggiore (1275/78) von Nicola Pisano und seinem Sohn Giovanni.

Die Rocca Maggiore in Assisi *(siehe S. 83)* wurde 1356 auf den Fundamenten einer Burg Friedrich Barbarossas errichtet. Ihr Wiederaufbau war das Werk von Kardinal Albornoz, dem päpstlichen Gesandten, der Mittelitalien mit diesen Bastionen des Glaubens überzog.

Epoche der Burgen

Die Eroberung der umbrischen Städte durch das Papsttum führte zu tief greifenden Veränderungen ihrer Anlage. Die neue Macht wollte die militärische Kontrolle erhöhen und zugleich die Bedeutung des Stadtplatzes als sozialen Raum verringern. Sie gab eine Reihe imposanter Burgen und Festungen in Auftrag, die praktisch intakt geblieben sind – auch wenn sie im Lauf der Jahrhunderte verändert wurden. Dazu gehören die Burgen von Orvieto (1364 begonnen, 1450 wiederaufgebaut), Narni (1367–78 erbaut), Assisi (1356 wiedererrichtet) und Spoleto (1359 erbaut).

Der Palazzo della Regione *(siehe S. 94)* im Fontivegge-Viertel von Perugia gehörte zur Stadtplanung des Architekten Aldo Rossi. Von 1982 bis 1989 baute er diesen Teil der Regionalhauptstadt postmodern mit klassischen Zitaten um.

Moderne Architektur

Außerhalb der Mauern der mittelalterlichen Städte Umbriens sind kleine und große moderne Vororte entstanden, gewöhnlich in der Ebene direkt unterhalb der Bergstädte. Ihr Baustil ist gegenüber der künstlerischen Schönheit der Altstädte nicht immer sehr respektvoll, doch es gibt auch gute Beispiele moderner Architektur wie das Viertel Fontivegge in Perugia. Auch das Umland musste Änderungen akzeptieren. Viele mittelalterliche Häusergruppen und Bauernhöfe sind für die heutige Nutzung umgebaut worden, beispielsweise zu Hotels.

Romanische Kirchen

Zu Beginn des 11. Jahrhunderts, als sich die mittelalterliche Gesellschaft entwickelte und die Kirche ihre Autonomie wiedererlangte, entstand ein sakraler Architekturstil, der mit einfachen linearen Formen eine direkte Verbindung zu regionalen Kulturen herzustellen versuchte. Im 19. Jahrhundert wurde dieser Stil nach seiner Herleitung von der christlichen Basilika römischer Zeit »romanisch« genannt. Die romanische Kirche besitzt dicke Mauern und zeigt eine harmonische Fassade mit Rundbogen und einer oder mehreren Fensterrosen. Durch die drei Portale gelangt man in das dreischiffige Innere, an dessen Ende der Chorraum liegt, erhöht, um für eine Krypta Platz zu lassen. Beispiele dieses Stils, wenn auch umgestaltet, sind San Lorenzo di Arari in Orvieto und die Kathedralen in Spoleto, Assisi und Todi.

San Michele (1195) in Bevagna besitzt ein schönes Portal, in dem romanische Elemente mit römischen Funden kombiniert sind.

Das Jahr in Umbrien

Das ganze Jahr über gibt es in Umbrien Feste, kirchliche oder andere Feiern, die mit dem bäuerlichen Kalender oder mit historischen Traditionen der alten Ortschaften verknüpft sind. Einige dieser Ereignisse sind weltberühmt, doch jedes Dorf in Umbrien hat seine eigene Feier oder aber ein Heiligenfest, das größere Bekanntheit verdiente. Außer den Festen, die es schon seit Jahrzehnten oder Jahrhunderten gibt, ist der Kalender voller Events wie dem Festival di Spoleto und Umbria Jazz, ganz zu schweigen von den vielen historischen Darbietungen und der Kino- und Theatersaison.

Frühling

Umbrien hat keine Küste, deshalb kann sein Frühlingsklima kühl und windig sein. In den höheren Bergarealen bleibt der Schnee manchmal bis März, April liegen, während auf den Hügeln und Hochebenen Frühlingsblumen sprießen. Die religiösen Hauptfeste in dieser Jahreszeit konzentrieren sich um Ostern, doch wichtige Festtage gibt es auch im Mai.

Frauen in mittelalterlicher Tracht beim Calendimaggio in Assisi *(Mai)*

März

Benediktinerfeiern *(3. Woche im März)*, Norcia. Mit Fackelumzug und Armbrustschießen.

April

Rassegna Antiquaria di Todi *(Mitte – Ende Apr)*, Todi. Messe im Palazzo delle Arti.
Weinwoche (Ostern), Montefalco. Handelsmesse für DOC-Weine.
La Desolata *(Karwoche)*, Perugia. Passionsspiele.
Lebende Bilder *(Karwoche)*, Città della Pieve. Nachstellung von Szenen aus der Passion.
Processione del Cristo Morto *(Karwoche)*, Prozessionen in Assisi, Tuoro sul Trasimeno und Norcia.
Via Crucis *(Karfreitag)*, Alviano und Amelia. Kreuzwegsprozessionen.
Processione della Rinchinata *(Ostern)*, Bastia Umbra und Cannara. Darstellung der Begegnung von Jesus und Maria.
Coloriamo i Cieli *(Ende Apr – Anfang Mai)*, Castiglione del Lago. Farbenfrohes Drachenfestival alle zwei Jahre.
Corsa all'Anello *(Ende Apr – Mitte Mai)*, Narni. Ringelstechen *(anello)* kostümierter Reiter.

Eröffnung der Corsa dell'Anello in Narni *(Apr)*

Mai

Cantamaggio *(Mai)*, Terni. Frühlingsfest mit Gesang und Theater. Festwagen mit allegorischen Szenen.
Festa del Calendimaggio *(1. Woche)*, Assisi. Dreitägiges Fest, u. a. mit Darstellungen mittelalterlicher Geschichten, in denen zwei Stadtviertel miteinander konkurrieren.
Festa dei Ceri *(15. Mai)*, Gubbio. Drei Gilden schleppen auf ihren Schultern im Wettlauf riesige Kerzenleuchter *(ceri)* zur Basilika Sant'Ubaldo hinauf.
Palio della Balestra *(letzter So)*, Gubbio. Pferderennen auf der Piazza della Signoria zwischen den Armbrustschützen aus Gubbio und Sansepolcro (Toskana).
Festa di Santa Rita *(21./22. Mai)*, Cascia. Fackelprozession zur Basilika Santa Rita sowie Umzug mit den Reliquien der Heiligen und der Darstellung von Szenen aus ihrem Leben.
Festa della Palombella *(Pfingsten)*, Orvieto. Ähnlich dem Scoppio del Carro in Florenz, bei dem eine künstliche Taube einen Wagen mit Feuerwerk entzündet.

Durchschnittliche tägliche Sonnenstunden

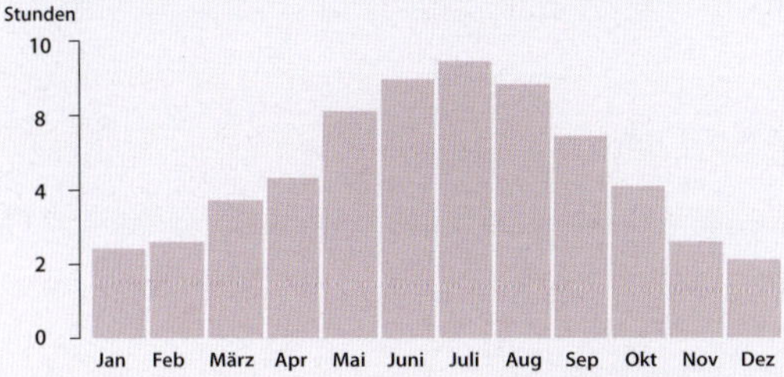

Sonnenschein
Im Sommer sind die Tage lang und sonnig, in den Städten kann es sehr heiß werden. Noch im September und Oktober sind die Tage sonnig und oft angenehm warm – wie auch im Frühling, der vielleicht besten Zeit für einen Besuch Umbriens.

Sommer

In Umbrien kann es im Juli und August sehr schwül sein, deshalb finden viele Sommerfestivitäten abends und im Freien auf Plätzen, in Parks und Gärten statt. Sie locken Einheimische und Besucher gleichermaßen an.

Juni

Festa della Fioritura, Castelluccio di Norcia. Uraltes Fest anlässlich des Almauftriebs der Schafherden.
Mercato delle Gaite *(2. Junihälfte)*, Bevagna. Mittelalterliche Kirmes mit prächtigen historischen Kostümen.
Infiorata *(Fronleichnam)*, Spello. Prozession über eine mit Blumen bestreute Route. Blumenteppich-Wettbewerb.
Processione *(Fronleichnam)*, Orvieto. Prozession in historischen Kostümen.
Festa del Voto *(22. Juni)*, Assisi. Darstellung der Vertreibung der Sarazenen.

Blumengeschmückte Straße bei der Infiorata in Spello ***(Juni)***

Umbria Jazz: Jazzfans auf der Piazza IV Novembre in Perugia ***(Juli)***

Rockin' Umbria *(letzte 10 Tage im Juni)*, Perugia und Umbertide. Rockfestival mit aufstrebenden Bands. Foto- und Comicausstellungen.
Biennale di Scultura, Gubbio. Alle zwei Jahre. Ausstellung mit den Werken zeitgenössischer italienischer Bildhauer.
Festa delle Acque *(Ende Juni)*, Piediluco und Cascata delle Marmore. Bootsprozessionen, Kanurennen und Feuerwerk.

Juli

Festival di Spoleto *(Ende Juni – Mitte Juli)*. Internationales Theater-, Tanz- und Musikfestival.
Umbria Jazz *(Mitte Juli)*, Perugia. Weltberühmte Jazzmusiker spielen in Theatern, Parks und auf Plätzen.
Gubbio Summer Festival *(Juli, Aug)*, Gubbio. Open-Air-Konzerte mit Kammermusik und symphonischer Musik.
Palio delle Barche *(letzte Woche im Juli)*, Passignano sul Trasimeno. Bootsrennen der Stadtviertel in mittelalterlichen Kostümen.

Historisches Kostüm

August

Palio dei Terzieri, Città della Pieve. Wettbewerb im Bogenschießen und verschiedene Events, etwa Straßenakrobaten und eine Prozession in Kostümen, die den Werken Peruginos entlehnt sind.
Palio dei Quartieri, Nocera Umbra. Darstellung historischer Szenen in entsprechenden Kostümen.
Palio di San Rufino, Assisi. Wettbewerb im Armbrustschießen.
Rassegna Internazionale del Folklore, Castiglione del Lago. Folklorefestival.
Festival delle Nazioni *(Ende Aug – Anfang Sep)*, Città di Castello. Kammermusikfestival.

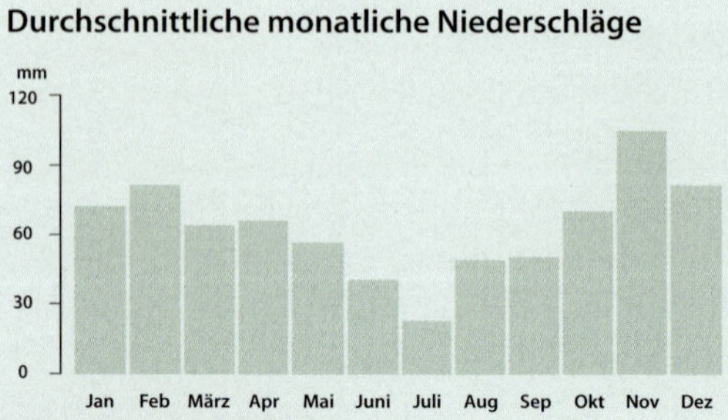

Niederschläge
Der Spätherbst ist die Jahreszeit mit den stärksten Regenfällen. Im Winter sind im Apennin heftige Schneefälle üblich, während im Frühling und Spätsommer Stürme auftreten können.

Reiter beim Turnier der Quintana in Foligno *(Sep)*

Herbst

Das Sommerende bringt die Weinlese, der die Olivenernte folgt. Dann werden auch Kultur und Brauchtum der Region besonders intensiv gepflegt. Die Sommerfestivals sind jetzt im Allgemeinen vorüber. Es beginnt die Saison der Feste und Feiern, die mit der Gastronomie und der Geschichte der Region verknüpft sind.

September

Cavalcata di Satriano *(1. So)*, Nocera Umbra. Reiter in mittelalterlichen Kostümen stellen noch einmal die letzte Reise des hl. Franz von Nocera nach Assisi nach.
Giostra della Quintana *(2. So)*, Foligno. Bei dem Turnier versuchen Reiter einen von einer Holzpuppe gehaltenen Ring zu treffen. Historische Umzüge.
Giochi delle Porte *(letzte Woche im Sep)*, Gualdo Tadino. Wettbewerbe in Bogen- und Katapultschießen, Esel- und Eselkarren-Rennen durch die Stadt sowie Darstellungen historischer Szenen.
Festa dell'Uva *(Ende Sep)*, Montefalco. Fest zur Weinlese.
Segni Barocchi *(Sep, Okt)*, Foligno. Musik- und Theateraufführungen mit Barockthematik.

Oktober

Giostra dell'Arme *(Ende Sep – Mitte Okt)*, San Gemini. Kostümierte Reiter aus zwei Stadtvierteln tragen ein Turnier aus.
I Primi d'Italia *(Ende Sep – Mitte Okt)*, Foligno. Kulinarisches Festival in der Altstadt, das dem ersten Gang (meist Pasta) gewidmet ist.
Palio dei Terzieri *(1. So im Okt)*, Trevi. Wagenrennen und historischer Umzug.
Festival Eurochocolate *(Mitte – Ende Okt)*, Perugia. Schokoladenstände und wunderschöne Schokoladenfiguren in der Altstadt.
Festa di San Francesco *(2. – 4. Okt)*, Assisi. Bedeutendes religiöses Fest zum Todestag des hl. Franz.
Marcia per la Pace *(zweijährig)*, von Perugia nach Assisi. Alle zwei Jahre nehmen Gruppen aus aller Welt an dem überregional bekannten Friedensmarsch teil.
Rassegna Antiquaria *(Ende Okt – Anfang Nov)*, Perugia. Antiquitätenmesse, auch mit antiken Stoffen.
Ottobre Trevano, Trevi. Kulinarisches Festival und Darstellungen in historischen Kostümen.
Mostra del Tartufo *(Ende Okt – Anfang Nov)*, Città di Castello. Proben von weißen Trüffeln und anderen Delikatessen aus den Wäldern Umbriens.

November

Fiera dei Cavalli *(3. So im Nov)*, Città di Castello. Viehmarkt sowie Messe rund um Pferde und Reitsport.
Banco d'Assaggio dei Vini *(Ende Nov)*, Torgiano. Weltberühmter Wettbewerb zwischen umbrischen und anderen italienischen Weinen.
Festa dei Ceramisti *(25. Nov)*, Deruta. Festival des Töpferhandwerks sowie Keramikausstellung. Es ist der hl. Katharina von Alexandrien gewidmet, der Schutzpatronin der Töpfer.
Rassegna Cinematografica di Assisi *(Okt – Dez)*, Assisi. Festival des italienischen Kinos.

Fahnenschwenker bei den Giochi delle Porte in Gualdo Tadino *(Sep)*

Durchschnittliche monatliche Temperaturen

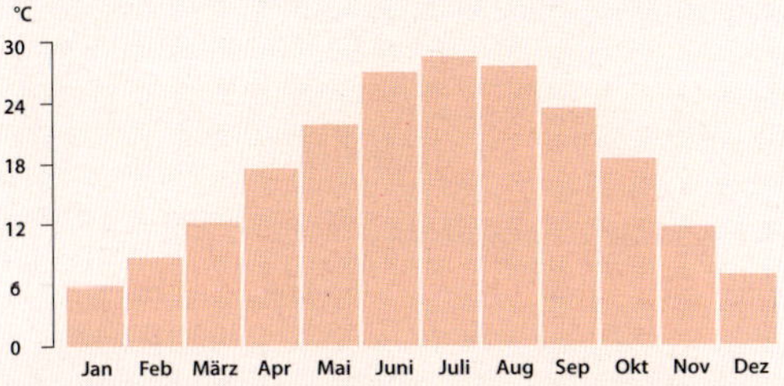

Temperaturen
Das Klima Umbriens ist mild, im Apennin sind die Temperaturen allerdings sehr viel niedriger. Herbst und Frühling mit ihren nicht allzu heißen Tagen sind die angenehmsten Jahreszeiten. Die Sommermonate sind heiß und feucht, vor allem in den Städten.

Die Krippen Umbriens sind berühmt – hier die Krippe von Città di Castello

Winter

Der Winter kann sehr kalt und windig sein, in höheren Lagen fällt oft Schnee. Feste gibt es etwa zur Kastanienernte, doch Höhepunkt der Jahreszeit ist Weihnachten. Dann wird in einigen Orten, einer mittelalterlichen Volkstradition folgend, in lebenden Weihnachtskrippen die Geburt Jesu nachgestellt.

Feiertage

Capodanno Neujahr *(1. Jan)*
Epifania Dreikönigstag *(6. Jan)*
Domenico di Pasqua und **Lunedì dell'Angelo** Ostern
Anniversario della Liberazione Tag der Befreiung *(25. Apr)*
Festa del Lavoro *(1. Mai)*
Festa della Repubblica *(2. Juni)*
Ferragosto Mariä Himmelfahrt *(15. Aug)*
Ognissanti Allerheiligen *(1. Nov)*
Immacolata Concezione Mariä Empfängnis *(8. Dez)*
Natale, Santo Stefano Weihnachten *(25., 26. Dez)*

Dezember

Ri Fauni oder Festa delle Campane *(9. Dez)*. Das Fest erinnert an die Überführung der Madonna von Nazareth nach Loreto (9. Dez 1921).
Größter Christbaum der Welt *(ab 7. Dez)*, Gubbio. Eine entsprechende Illumination verwandelt den Monte Ingino in einen riesigen Christbaum.
Lebende Krippen *(24. Dez)*, Attigliano, Alviano, Acquasparta, Calvi, Giove, Monteleone, Petrignano, Lugnano in Teverina, Perugia und Rocca Sant'Angelo.
Weihnacht in Assisi, Assisi. Konzerte und Feierlichkeiten in der Basilika und anderen Kirchen.
Monumentale Krippe *(Weihnachten – 6. Jan)*, Città della Pieve, Palazzo della Corgna.

Schwarze Trüffeln aus Norcia

Januar

Umbria Jazz Winter, Orvieto *(Ende Dez – Anfang Jan)*. Winterversion des Jazzfestivals von Perugia.

Februar

Carnevale *(Karneval)*. Umzüge und Events in ganz Umbrien.
Festa dell'Olivo und **Sagra della Bruschetta**, Spello *(vorletzter So im Karneval)*. Oliven- und Bruschetta-Feste mit Umzügen, Festen und Musik.
Mascherata *(1. So im Karneval)*, San Leo di Bastia. Maskenumzug durch den Ort.
Festa di San Valentino *(ganzer Feb)*, Terni. Höhepunkt ist der 14. Februar, an dem sich in der Basilika des hl. Valentin (im 3. Jh. n. Chr. Bischof von Terni und Märtyrer) Paare ihre Liebe schwören.
Sagra del Tartufo Nero e dei Prodotti Tipici della Valnerina *(Feb)*, Norcia. Proben und Verkauf von berühmten regionalen Produkten, u. a. von Trüffeln.

Gospelsänger beim Umbria Jazz Winter in der Kathedrale von Orvieto *(Jan)*

Die Geschichte Umbriens

Das zwischen mächtige Nachbarn wie die Toskana, die Marken und Latium (vor allem Rom) gedrängte Umbrien war jahrtausendelang bestimmt von Eroberungszügen, Durchgangsverkehr und Handel. Schon die Stämme der Völkerwanderung zogen durch Täler. Jahrhundertelang war die Region auch ein Außenposten der Macht des Papstes. Seine regionale Identität gewann Umbrien erst im vereinten Italien des 19. Jahrhunderts, die Städte und Dörfer Umbriens haben dennoch viele gemeinsame Merkmale.

Nach dem Neolithikum, aus dem Keramiken aus dem 6. und 5. Jahrtausend v. Chr. erhalten sind, erreichte die von Ackerbau und Viehzucht geprägte Apenninkultur die umbrischen Hügel und Berge. Sie hinterließ verzierte Vasen und Werkzeuge aus Stein, Knochen und Metall.

Das Goldene Zeitalter der Frühgeschichte in Mittelitalien fiel mit der Entwicklung der Villanovakultur im 9. und 8. Jahrhundert v. Chr. zusammen. Diese Menschen, die auch als Proto-Etrusker bezeichnet werden, benutzten Eisen zur Herstellung von Werkzeugen und Waffen. Sie hatten zudem komplexe Bestattungsrituale. Die Städte vieler italischer Völker entwickelten sich aus den Siedlungen dieser Epoche. Sie besaßen ein distanziertes Verhältnis zu den aufsteigenden Wirtschafts- und Militärmächten der Etrusker und Römer und konnten sich ihre Unabhängigkeit nur noch wenige Jahrhunderte erhalten.

Bis die Römer erschienen, war das umbrische Gebiet in zwei Herrschaftsbereiche unterteilt: Am westlichen Tiberufer lagen mehrere reiche etruskische Städte, während die Umbrer das Ostufer unter ihrer Kontrolle hatten. Das wenige, was über die Umbrer bekannt ist, entstammt den berühmten Iguvinischen Tafeln *(siehe S. 64)*. Die sieben schon im Jahr 1444 entdeckten Bronzetafeln stammen vermutlich aus dem 3. bis 1. Jahrhundert v. Chr. Die frühesten sind im umbrischen, die späteren im lateinischen Alphabet geschrieben. Der Text schildert religiöse Riten und das politische System von Gubbio. Andere von den Umbrern gegründete Städte sind u. a. Todi, Assisi, Spello und Gualdo Tadino.

Die Konfrontation zwischen Rom und den Etruskern erreichte 295 v. Chr. ihren Höhepunkt, als römische Legionen die Umbrer, Samniter, Gallier und Etrusker besiegten und mit der Eroberung des Gebiets begannen. Die Städte wechselten rasch die Seiten, die Fertigstellung der Via Flaminia von Rom an die Adria 219 festigte die Macht Roms.

Doch eine seiner bittersten Niederlagen erlitt Rom ebenfalls in Umbrien, am Ufer des Lago Trasimeno. Im Jahr 217 v. Chr. traf das römische Heer unter Gaius Flaminius westlich des Sees auf Hannibals Armee. Die Karthager lockten die Römer in einen Hinterhalt und vernichteten sie zu zwei Dritteln.

Grabbeigabe

8. Jh. v. Chr. Gründung der etruskischen Stadt Velzna (Orvieto)

672 v. Chr. Traditionell das Datum der Gründung von Terni

219 v. Chr. Eröffnung der Via Flaminia von Rom nach Fano und Rimini

1500 v. Chr. | **1000 v. Chr.** | **800 v. Chr.** | **600 v. Chr.** | **400 v. Chr.** | **200 v. Chr.**

16. Jh. v. Chr. Apenninkultur (geometrische Keramikmuster)

Inschrift in umbrischer Sprache aus dem 3. Jahrhundert v. Chr.

4. Jh. v. Chr. Bau der Stadtmauern von Spoleto

295 v. Chr. Römischer Sieg bei Sentinum gegen Samniter, Gallier, Umbrer und Etrusker

◀ **Detail aus *Prudentia und Justitia*, Perugino (1448–1523), Collegio del Cambio in Perugia *(siehe S. 90f)***

Römisches Umbrien

Nach der Niederlage der Etrusker und der mit den Umbrern verbündeten italischen Völker festigte Rom seine Herrschaft über Umbrien im 1. Jahrhundert v. Chr., als Kaiser Augustus die Region VI (Umbrien) schuf, die alle Städte und Orte am Ostufer des Tibers umfasste. Die Region VII (Etrurien) umschloss das Territorium und die Siedlungen am Westufer des Flusses. Die Römer, die große Architekten waren, begannen im 1. und 2. Jahrhundert n. Chr. eine Reihe von städtebaulichen Projekten, darunter Aquädukte, Zisternen, Theater und Stadtmauern, die im Leben der umbrischen Städte für Jahrhunderte eine Rolle spielen sollten. Die Via Flaminia und die Via Amerina waren lange Zeit die Hauptverbindungsstraßen der Region.

Der Lago Trasimeno war Schauplatz der Schlacht zwischen Römern und Karthagern *(siehe S. 97)*. Nur wenige Zeugnisse sind davon erhalten: die Namen eines Flusses und eines Hügels – Rio Sanguineto (Blutiger Fluss) und Monte Sanguigno (Blutgetränkter Berg) – und einige Gräben, in denen Hannibals tote Soldaten verbrannt wurden.

Die Villa di Plinio (Villa des Plinius) in San Giustino muss prächtig gewesen sein – wie die vielen hypothetischen Rekonstruktionen des Baus zeigen.

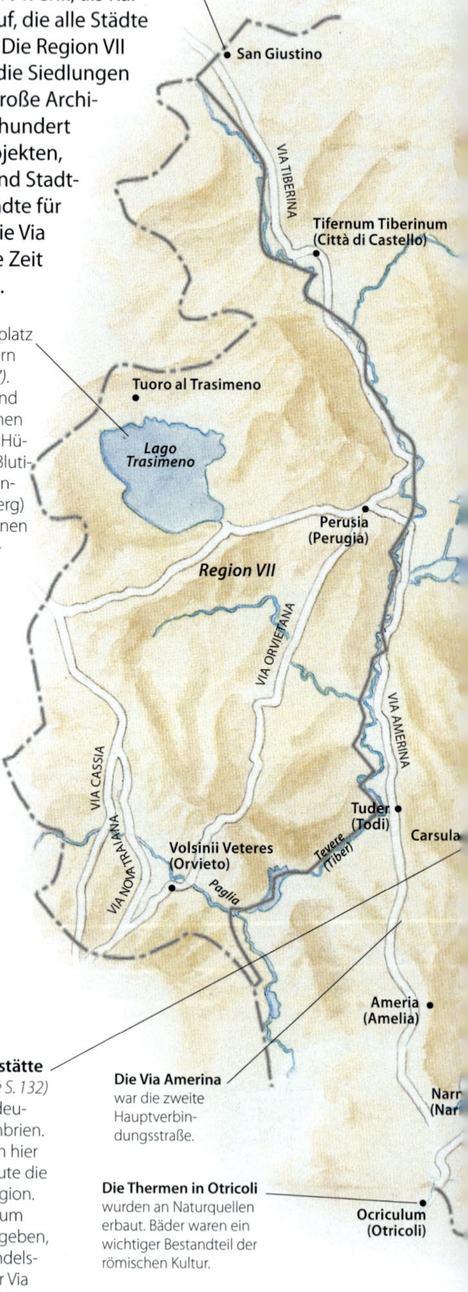

Umbrien unter den Römern

Diese Karte zeigt das Verwaltungsgebiet Umbrien unter den Römern sowie das verkehrsreiche Netz der im Lauf der Jahrhunderte geplanten und gebauten römischen Straßen. Die Via Flaminia war für Umbrien besonders bedeutsam. Ihr Bau begann gegen Ende des 3. Jahrhunderts v. Chr. Eine Reihe wichtiger Städte entstand an ihrem Verlauf, darunter Spoleto. Die Straße behielt ihre Bedeutung auch in den Jahrhunderten nach der römischen Herrschaft.

Die Grabungsstätte Carsulae *(siehe S. 132)* ist eine der bedeutendsten in Umbrien. Viele Funde von hier schmücken heute die Museen der Region. Der Ort wurde um 20 v. Chr. aufgegeben, als sich der Handelsverkehr von der Via Flaminia weiter nach Osten verlagerte.

Die Via Amerina war die zweite Hauptverbindungsstraße.

Die Thermen in Otricoli wurden an Naturquellen erbaut. Bäder waren ein wichtiger Bestandteil der römischen Kultur.

Das Mausoleum des Pomponio Grecino nahe Gubbio beweist, dass die Stadt zur Zeit der Region VI ein wichtiger Ort für Politik und Religion war.

Die Via Flaminia war die Hauptroute durch Umbrien, die entlang der Achse der Städte Narnia, Spoletium, Carsulae und Fulginiae verlief. Reste der originalen Pflasterung sind in vielen Orten zu sehen.

Der Minervatempel *(siehe S. 75)* in Assisi wurde im 1. Jahrhundert v. Chr. auf einer Podestanlage errichtet und stellte das Zentrum der römischen Stadt dar. Er diente im Lauf der Jahrhunderte verschiedenen Funktionen, bis daraus schließlich 1456 die Kirche Santa Maria sopra Minerva wurde.

Die Bronzestatue des Germanicus wurde bei Amelia gefunden und ist heute im Archäologischen Museum der Stadt zu sehen *(siehe S. 130)*. Lange Zeit stand sie im Museo Archeologico Nazionale dell'Umbria in Perugia *(siehe S. 88)*, das wegen seiner reichen und bedeutenden Sammlung römischer und etruskischer Kunst wohl das beste Museum Umbriens ist.

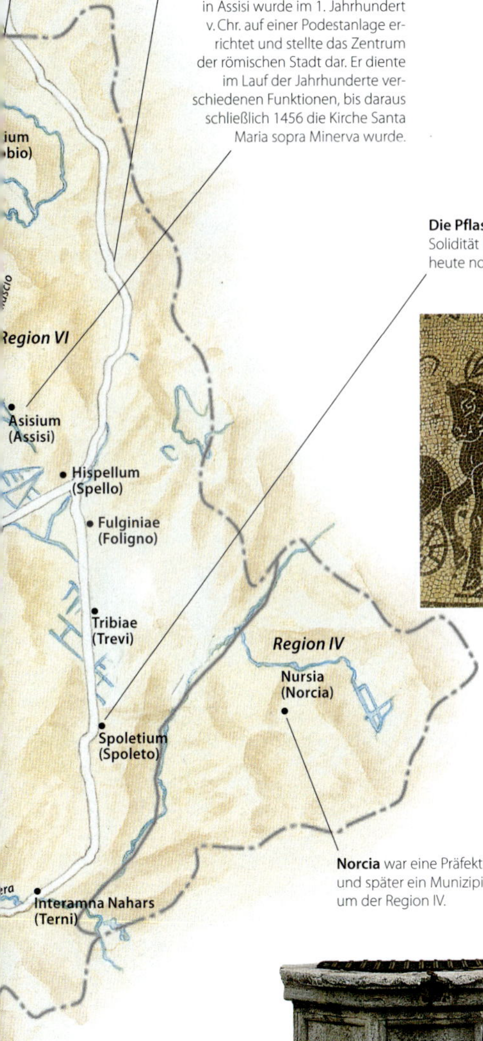

Die Pflasterung römischer Straßen war für ihre Solidität berühmt. Einige Streckenabschnitte sind heute noch sichtbar, so auch in Spoleto.

Theater und Amphitheater wurden von den Römern in vielen Gegenden Umbriens erbaut. Einige sind noch in gutem Zustand, z. B. das in Spoleto *(siehe S. 115)*, aus dem das obige Mosaik stammt. Das Theater wird jetzt für Veranstaltungen und Konzerte genutzt.

Norcia war eine Präfektur und später ein Munizipium der Region IV.

Zisternen waren große unterirdische Wasserreservoirs, die zusammen mit den Brunnen noch heute in einigen Orten zu sehen sind. Die Zisternen von Amelia sind besonders imposant: Sie bestehen aus zehn nebeneinanderliegenden Tanks mit einer Kapazität von viereinhalb Millionen Litern.

Legende

- Heutige Regionalgrenze
- Römische Grenze

Hochmittelalter

Das Ende der römischen Herrschaft in Umbrien war ein schwerer Schlag für eine Region, die von Handel und Ackerbau abhing. Die Straßen waren nicht mehr sicher, außer der von Rom über Amelia, Narni, Perugia nach Gubbio. Die Städter hatten sich während der *pax romana* Häuser in der Ebene gebaut (wie man noch heute in Gubbio sehen kann), kehrten aber zwangsweise auf die Berge zurück, um sich gegen die Goten und Hunnen aus dem Norden zu schützen. Die Städte waren überfüllt und ungesunde Orte, Pest und Hunger zerstörten viele Gebiete. Die Bevölkerungszahl sank beträchtlich, die großen Höfe aus der Römerzeit wurden in zahllose kleine Parzellen zerschlagen. Es war die Zeit von Feudalmächten (vor allem lokale Familien, die von Burgen aus kleine Gebiete regierten).

Friedrich Barbarossa zwischen seinen Söhnen Heinrich und Friedrich, Miniatur (12. Jh.)

Ein schmaler Streifen umbrischen Landes gelangte 553 in byzantinische Hände, doch viel bedeutungsvoller war das Eindringen der Langobarden. Sie gründeten ein Fürstentum, das einen Großteil Umbriens umfasste. Ab etwa 570 gewann das sogenannte Herzogtum Spoleto an politischem Gewicht. Sprachen Historiker oder Geografen in dieser Zeit (und noch Jahrhunderte später) von »Umbrien«, meinten sie gewöhnlich das Gebiet des Herzogtums Spoleto – also nur das Ostufer des Tibers. In den Jahrhunderten vor dem Jahr 1000 wurden in der ganzen Region kleine Klöster und Konvente gegründet, wenn auch weit verstreut und oft an nur schwer erreichbaren Orten. Unter den Langobarden, die viele Sitten und Gebräuche der Einheimischen annahmen, blühten Kunst und Architektur.

Langobardischer Schwertgriff

Gegen Ende des ersten Jahrtausends stockte der Bau von Bergfestungen. In dieser Phase, als der Handel immer mehr an Bedeutung gewann, wurden allmählich wieder die Niederungen besiedelt. Neue Orte (die in ihren Namen manchmal römische Elemente wie Villa nova, Castrum novum oder Villa francorum behielten) wurden errichtet und von Kleinbauern bevölkert, die jetzt von ihren Feudalpflichten

4. Jh. n. Chr. Bau der Basilika Santo Salvatore in Spoleto

553 Ende des Kriegs gegen die Goten: ein Teil Umbriens kommt unter byzantinische Herrschaft

756 Pippin der Kurze gibt Perugia und das Herzogtum Spoleto an Papst Stephan II.

300 n. Chr. | **400** | **500** | **600** | **700** | **800**

um 480 Geburt des hl. Benedikt (San Benedetto) in Norcia

Hl. Benedikt auf einer Miniatur

6./7. Jh. Einfall der Langobarden; das Herzogtum Spoleto umfasst Terni, Foligno, Spello und Assisi

befreit waren. Das führte zu Frühformen einer Selbstverwaltung, aus der sich später die Kommunen des 11. und 12. Jahrhunderts entwickeln sollten.

Auf Wunsch des Papstes vertrieben die Franken (unter Pippin dem Kurzen und später Karl dem Großen) die Langobarden und Byzantiner aus Umbrien. Karl der Große erhielt vom Papst im Tausch gegen Gebiete als erster westlicher Herrscher seit der Antike die Kaiserwürde. Doch das Bündnis zwischen Papst und Kaisern hatte keinen Bestand. Als Kaiser Barbarossa um 1150 nach Italien kam, zerstörte er Spoleto und eine Reihe anderer Städte.

Handwerker und Bauern bei der Arbeit, Epoche der Kommunen

Epoche der Kommunen

Ökonomischer Fortschritt und Bevölkerungswachstum erzwangen die Erweiterung der Städte, die in ihren alten Befestigungsmauern allzu eingeengt waren. In Todi begann man 1244 eine neue Mauer zu errichten, in Spoleto 1296. Ehrgeizige öffentliche Bauten wie Rathäuser und Kathedralen zeugen von der Aufbruchsstimmung der Stadtbevölkerung. Das neue Selbstverständis führte im 11. und 12. Jahrhundert zu Frühformen der Selbstverwaltung, die zur Entstehung der Kommunen beitrugen *(siehe S. 46f)*. 1111 klagte Papst Paschalis II. darüber, dass die umbrischen Städte die Autorität der Kirche nicht mehr respektierten. In Umbrien erblühten vielmehr die Kommunen: der Palazzo dei Priori in Perugia, die Kathedrale in Orvieto und die Basilika in Assisi stammen aus dieser Zeit. Von Assisi aus breitete sich der franziskanische Einfluss aus, der bei Kirchenneubauten den gotischen Stil propagierte. Das Goldene Zeitalter der autonomen Städte war allerdings auch bestimmt von ständigen Kämpfen um die regionale Macht. Seuchen und Erdbeben suchten Umbrien schwer heim. Das Ende der Epoche der Kommunen fiel mit den Bemühungen des Papsttums zusammen, die Kontrolle zurückzugewinnen. Zwischen 1350 und 1370 war Egidio Albornoz der gefürchtetste Mann in Umbrien. Der Kardinal und päpstliche Gesandte war Erbauer der mächtigen Burgen, die in den nächsten fünf Jahrhunderten die umbrischen Städte im Namen Roms zu überwachen hatten.

Montefalco, Beispiel einer befestigten Stadtkommune auf einem Gemälde von Benozzo Gozzoli (1420–1497)

Papst Paschalis II. (1099 –1118)

900 | **1000** | **1100** | **1200** | **1300**

11./12. Jh. Zeit der umbrischen Kommunen: 1111 erkennt Paschalis II., dass keine der umbrischen Städte die Autorität des Papstes respektiert

1155 Friedrich Barbarossa zerstört Spoleto

1226 Am 4. Oktober stirbt der hl. Franz von Assisi

1277 Cimabue beginnt die Fresken in der Basilika von Assisi

1290 Orvieto: Nikolaus IV. segnet den ersten Stein zum Bau der Kathedrale

1354 Beginn der päpstlichen Kampagne zur Rückeroberung Umbriens

Epoche der Kommunen

Die Kommunen *(comuni)*, die unabhängigen Stadtstaaten und ihre Organisationsstrukturen, breiteten sich im 11. und 12. Jahrhundert schnell in ganz Mittelitalien aus. Sie entwickelten sich zu einer Zeit, als die Zentralmacht schwächelte. Die Konkurrenz unter den Kommunen war groß. Trotz Gegenreaktionen des Papsttums und des Heiligen Römischen Reichs ist das 12. Jahrhundert durch den Aufstieg der Kommunen gekennzeichnet, die ihren Anspruch auf Selbstverwaltung geltend machten und Künste und Wirtschaft gedeihen ließen. Politischer Führer war nicht mehr der Feudalherr, sondern die städtische Oberschicht, die durch Industrie und Handel zu Reichtum kam. Das Textilhandwerk blühte, die ersten Banken (aus denen später die großen italienischen Banken hervorgingen) wurden gegründet. Kaufleute aus den Kommunen schlossen Handelsbeziehungen mit dem Rest Europas und dem Mittelmeerraum und, dank der Kreuzzüge, sogar mit dem Fernen Osten.

Eines der ersten Anzeichen des Erstarkens kommunaler Kultur war das Bevölkerungswachstum, das die Städte veranlasste, Wohnraum zu schaffen. Die Stadtmauern aller wichtigen Städte Umbriens wurden erweitert und umgebaut, so auch in Spello *(oben)*.

Palazzi Comunali (Rathäuser), Symbol der Kommunen, wurden im 13. und 14. Jahrhundert in Umbrien errichtet. In vielen Orten sind sie noch heute der Sitz der Gemeindeverwaltung.

Die Torre del Popolo ist und bleibt ein Wahrzeichen der Piazza del Comune in Assisi.

Der hl. Franz war Thema eines Buchs von St. Bonaventura aus demselben Jahrhundert, in dem der Heilige starb.

Der Minervatempel, der heute noch an der Piazza del Comune in Assisi zu sehen ist, ist selbst auf dieser stilisierten Wiedergabe klar erkennbar.

Zunehmend imposantere Kathedralen *(links diejenige von Foligno)* wurden oft gegenüber den Zentren der weltlichen Macht errichtet. Nach Jahrhunderten befestigter Städte mit engen Gassen bauten die Kommunen Piazzas, die als Plätze der Begegnung wie als Zentren kommunaler Macht fungierten.

Durch das Bevölkerungswachstum mussten sich die Stadtzentren nach oben und nach außen erweitern. So entstanden mehrstöckige Häuser und Säulenvorbauten.

Der Stadtbrunnen war Zeichen des Wohlstands einer Stadt – die Blütejahre der Kommunen brachten vielen umbrischen Städten wieder Wasser. Nach jahrhundertelanger Vernachlässigung wurden alte Aquädukte repariert. Links ist die berühmte Fontana Maggiore in Perugia zu sehen *(siehe S. 91)*.

Ehrung eines einfachen Mannes

St. Bonaventura, ein Franziskanermönch aus dem 13. Jahrhundert, erzählt, dass der hl. Franz eines Tages in Assisi »einem einfachen Mann« begegnete, der seinen Mantel vor dem Heiligen auf den Boden legte. Mit dieser Episode beginnt auch die Lebensgeschichte des hl. Franz im Freskenzyklus der Basilika in Assisi. Der Künstler schuf darin ein äußerst detailliertes Abbild des mittelalterlichen Zentrums von Assisi gegen Ende des 13. Jahrhunderts – ein Bild, das sich gar nicht so sehr von dem unterscheidet, das die Piazza del Comune noch heute bietet.

Zusammenstöße und Kämpfe zwischen den umbrischen Kommunen gab es ständig. Einige Städte hatten Soldaten, die sich, etwa wie die Armbrustschützen, zu exklusiven Verbänden zusammenschlossen. Ihrer wird heute in zahlreichen historischen Umzügen gedacht.

Von den Bürgern in der Epoche der Kommunen wurde erwartet, dass sie sich auf öffentlichen Plätzen würdig benahmen. Das Schwert durfte man niemals aus der Scheide ziehen. An so einem Platz begangene Verbrechen wurden hart bestraft.

Eindrucksvolle Festungen wie diejenige in Spoleto *(rechts)* beherrschten umbrische Städte. Sie wurden ab dem Ende des 14. Jahrhunderts von den Päpsten initiiert, um die Macht der Kirche zu festigen. Der Bau dieser Burgen, oft unter dem wachsamen Auge von Kardinal Albornoz, kündigte das Ende der kommunalen Macht an.

Darstellung Perugias (Mitte 15. Jh.) auf einem Fresko von Benedetto Bonfigli

Jahrhunderte des Niedergangs

Die Eroberung Umbriens durch das Papsttum fiel in die Zeit der großen Pest, die Europa 1348 heimgesucht hatte.

Ende des 15. Jahrhunderts begann der Begriff »Umbrien« in den Werken von Gelehrten aufzutauchen: Der Kleriker Innocenzo Malvasia bezeichnete in seiner für Papst Sixtus V. verfassten *Italia Illustrata* Umbrien als das Land des Herzogtums Spoleto und beschrieb den Rest der Region als Teil Etruriens. Gualdo und Gubbio sah er als Schutzgebiete des Herzogtums Urbino.

Nach mehreren ereignisreichen Jahrhunderten sah sich Umbrien im 16. Jahrhundert in einer vertrackten Lage. Die Städte, periphere Herschaftsgebiete des um Rom kreisenden Staates, verfielen, Handwerk und Industrie nahmen an Zahl und Qualität ab. Die Häupter der großen Adelsfamilien verließen die Städte und kehrten aufs Land und zur Landwirtschaft zurück.

Stadt und Land

Ein wichtiges Instrument bei der Entwicklung der neuen umbrischen Wirtschaft war die *mezzadria* genannte Halbpacht und die allmähliche Besiedelung der Hügel und Ebenen auf teilweise urbar gemachtem Land. Eine sehr auffällige Auswirkung der wieder aufblühenden Landwirtschaft war die langsame Entvölkerung der Städte. Der Historiker Cipriano Piccolpasso schrieb über Assisi: »… es ist in sich schlecht angelegt, mit vielen baufälligen und unbewohnten Häusern neben bewohnten, sodass es eher dem Rest einer Stadt als einer ganzen Stadt gleicht …« Der Umzug aufs Land war nicht das Einzige, was das Äußere der Städte veränderte: Im 16. und 17. Jahrhundert investierte der Adel Teile des Gewinns seiner Höfe in Stadtprojekte.

Politisch brachte das 17. Jahrhundert wichtige neue Entwicklungen: 1624 trat die einflussreiche Familie della Rovere das Herzogtum Urbino an den Papst ab. Im Jahr darauf unterstellte Papst Urban VIII. die Universität Perugia bischöflicher Kontrolle.

Papst Urban VIII. (1623–44)

Von der Papstherrschaft zur Einigung Italiens

Umbrien, das inzwischen zu einer fast rein ländlichen Ackerbauregion geworden war, entwickelte sich zu einer der Kornkammern Roms und wurde ein wichtiger Erzeuger von Olivenöl. Die Ölmühlen vermehrten sich ebenso wie die ländlichen Märkte, die

1416–24 Braccio da Montone ist Signore di Perugia

1472 In Foligno werden 300 Exemplare der *Divina Commedia* gedruckt, des ersten italienischsprachige Buchs in Italien

Papst Paul III. (1534–49)

1400 | 1500 | 1600 | 1700

1444 Die Iguvinischen Tafeln werden entdeckt

1508 Beginn des Baus von Santa Maria della Consolazione nahe Todi

1540 Perugia kommt unter die Herrschaft Papst Pauls III.

1656–1701 Die Bevölkerungszahl Umbriens sinkt von 317 000 auf 280 000

Die am 14. September 1860 zerstörte Rocca Paolina in Perugia

in der Wirtschaft der Region den Stadtmärkten den Rang abliefen.

Ende des 18. Jahrhunderts überrollte die napoleonische Welle das Land. Als Teil der 1798 geschaffenen Römischen Republik wurde Umbrien in die Departments Trasimeno und Clitunno geteilt. In der Kaiserzeit wurde die Teilung aufgehoben und Umbrien mit Spoleto als Hauptstadt wiedervereinigt. Die Bestätigung dieser gemeinsamen Identität erfolgte ohne wesentliche Änderungen nach 1860 im vereinten Italien.

Die europäische Strömung der Romantik weckte auch hier das Interesse am Mittelalter. Die Entdeckung der sterblichen Reste des hl. Franz (1818) und der hl. Klara (1850) waren eine Sensation. 1859 endete ein Volksaufstand gegen päpstliche Truppen in Perugia mit einem Massaker und brutalen Repressionen und Plünderungen, den »Stragi di Perugia«. Im September 1860 besetzten piemontesische Truppen die Stadt. Die Bevölkerung machte sich sofot daran, die Festung Rocca Paolina, das verhasste Symbol der Kirchenmacht, zu zerstören.

Santa Chiara in Assisi birgt die sterblichen Reste der hl. Klara

Modernes Umbrien

Aufgrund eines Plebiszits wurde 1861 die Provinz Umbrien als Teil des vereinten Königreichs Italien geschaffen. Sie umfasste alle heutigen Provinzen (plus Rieti) und hatte 500 000 Einwohner. Doch die wirtschaftliche Lage in den letzten Jahrzehnten des 19. Jahrhunderts war kläglich: Die Landwirtschaft siechte dahin, die Bauern waren immer öfter gezwungen, in der Maremma und in der Gegend um Rom als saisonale Wanderarbeiter zu schuften. Dennoch machte die industrielle Revolution keinen Bogen um Umbrien: 1866 war die Eisenbahnstrecke zwischen Rom, Terni und Foligno fertig, zwischen 1875 und 1887 wurden Waffenfabriken und die Stahlwerke in Terni gegründet (der erste – und einzige – große Arbeitgeber in der Region). 1881 zählte Umbrien 611 000 Einwohner, 1911 waren es 767 000.

Im Zweiten Weltkrieg wurden die umbrischen Industrieanlagen bombardiert, wovon sie sich nur langsam erholten. Die Entwicklung der Leicht- und Heimindustrie und vor allem des Tourismus hat die Region gestärkt, doch die immer wieder auftretenden Erdbeben haben einige Gebiete Umbriens schwer getroffen. Das schlimmste ereignete sich 1979 in der Valnerina, doch erst das Beben in Assisi, Foligno und Nocera Umbra 1997 fand wegen der Schäden an der Basilika di San Francesco weltweite Beachtung.

1798 Unter napoleonischer Herrschaft wird Umbrien in die Departments Trasimeno und Clitunno unterteilt

1859 Aufstand in Perugia und Plünderung durch die päpstlichen Truppen

1861 Die Provinz Perugia wird als Teil des Königreichs Italien gegründet

1875 Die Stahlwerke in Terni werden erbaut

1923 Rieti kommt zu Latium

1958 Erstes Festival dei Due Mondi in Spoleto

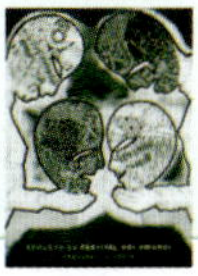

Poster des Festival dei Due Mondi, Spoleto

1997 Am 26. September verwüstet ein Erdbeben Umbrien

2000 Assisi wird UNESCO-Welterbestätte

2006 Ende der Renovierungsarbeiten in der Galleria Nazionale dell'Umbria

2013 Papst Franziskus besucht Assisi, den Geburtsort des hl. Franz

1800 | 1900 | 2000 | 2020

DIE REGIONEN UMBRIENS

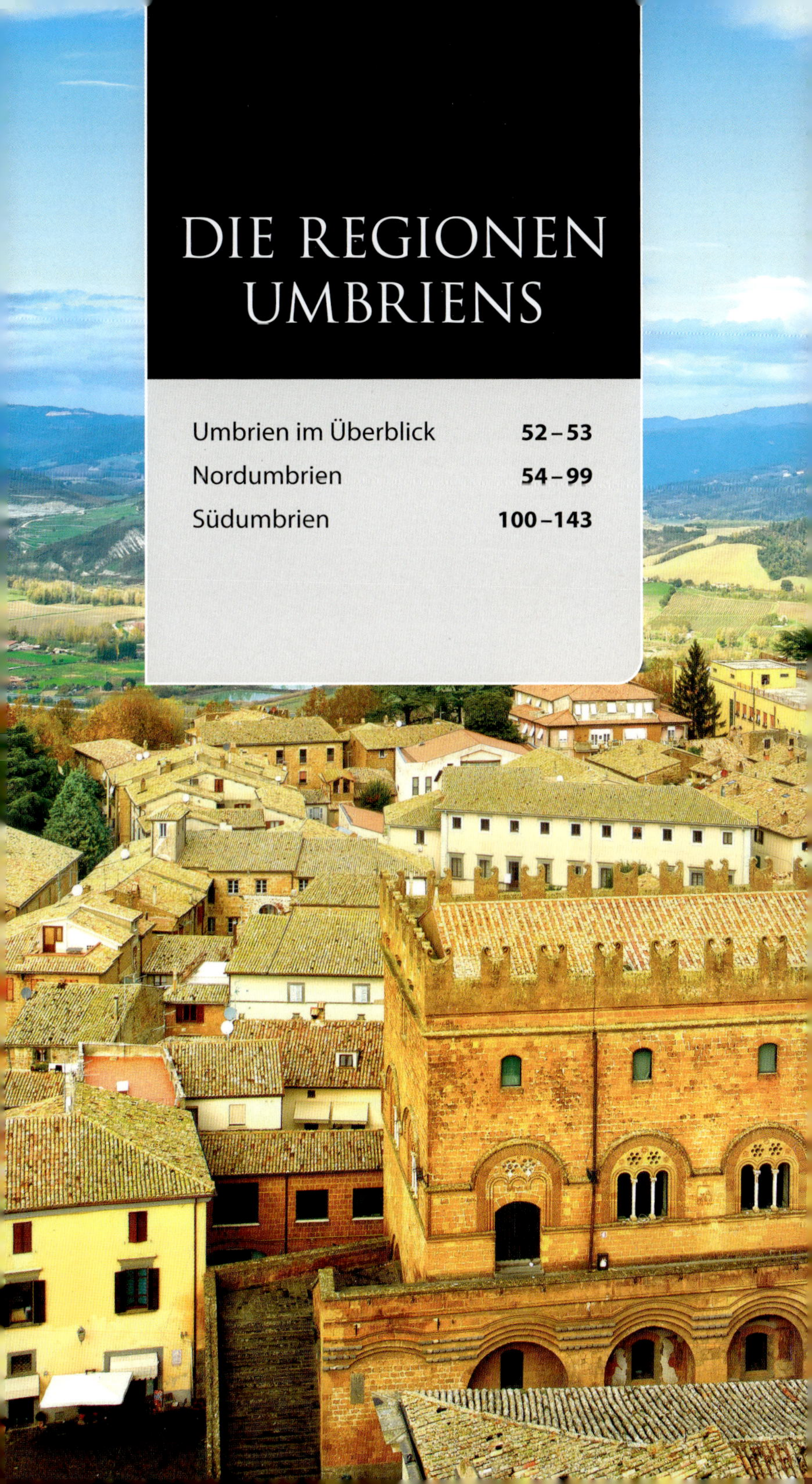

Umbrien im Überblick

Umbrien ist nicht besonders groß, besitzt aber zahlreiche Städte, Dörfer, Parks und andere sehenswerte Orte. Nordumbrien umfasst den Oberlauf des Tibers (Alta Val Tiberina), die Apennin-Regionalparks (Monte Subasio und Monte Cucco), die mittelalterlichen Städte Perugia, Assisi und Gubbio sowie den riesigen Lago Trasimeno (Trasimenischer See). Die Südhälfte der Region drängt sich um die Städte Todi, Narni, Terni und Orvieto an der Grenze zur Toskana in dem Gebiet, das einst von den Etruskern bewohnt war. Das Bild Südumbriens vervollständigen die Gebirge des Nationalparks Monti Sibillini und die Valnerina (das Tal des Flusses Nera) mit ihrem berühmten Wasserfall, der Cascata delle Marmore.

Città della Pieve
Die Kleinstadt nahe der toskanischen Grenze ist der Geburtsort des Malers Perugino. Sie eignet sich als Ausgangspunkt zum Besuch der Region südlich des Lago Trasimeno.

Todi
Das auf einem Hügel über dem Tiber erbaute Todi war für Jahrhunderte Grenzstadt zwischen den Gebieten der Etrusker und Umbrer. Es besitzt eine schöne Altstadt um die Piazza del Popolo.

◀ **Blick über die Dächer von Orvieto** ***(siehe S. 138–143)***

Assisi
Der hl. Franz starb am 4. Oktober 1226. Nur ein Jahr später übertrug Papst Gregor IX. dem Ordensgeneral Fra' Elia die Verantwortung für den Bau einer dem Heiligen geweihten Kirche. Mit der Vollendung der Cappella di Santa Caterina 1367 war die große Basilica di San Francesco in Assisi endlich fertig. Die bedeutendsten Künstler der Zeit arbeiteten an der Kirche mit, darunter Cimabue, Giotto, Pietro Lorenzetti und Simone Martini.

Spoleto
Die für ihr Festival berühmte Stadt gewann einst durch ihre Lage an der Römerstraße Via Flaminia an Bedeutung. Im Mittelalter kamen die Langobarden aus dem Norden über diese Straße nach Spoleto und machten es zur Hauptstadt ihres Herzogtums.

Monti Sibillini
Die Bergregion an der Grenze zu den Marken ist eines der wichtigsten Naturschutzgebiete Mittelitaliens, wo sich der Reichtum der Natur mit bedeutenden Zentren der Kunst und Geschichte verbindet.

Nordumbrien

Nordumbrien umfasst drei topografisch unterschiedliche Gebiete: die Alta Val Tiberina (das Obere Tibertal), die Gegend um den Lago Trasimeno und die östliche Apenninregion um Gubbio und die Via Flaminia. Diese drei Gebiete voller Geschichte und Kultur stoßen bei den zwei wichtigsten Städten Nordumbriens, Perugia und Assisi, aufeinander.

Perugia ist die Hauptstadt der Region und eine der kulturell und wirtschaftlich wichtigsten Städte Mittelitaliens. Assisi wird jedes Jahr von unzähligen Reisenden und Pilgern besucht, die hier den Spuren des hl. Franz nachgehen oder die Fresken der Basilika bewundern.

Die drei oben genannten Regionen haben eine unterschiedliche Geschichte. Die Alta Val Tiberina als einstige Grenze zwischen den Etruskern (im Westen) und den Umbrern (im Osten) war mit ihren direkten Verbindungswegen zum Norden lange auch von großer wirtschaftlicher Bedeutung.

Das Gebiet um den Lago Trasimeno dagegen war schon immer strategisch und militärisch wichtig, was noch heute an den vielen Festungen rund um den See erkennbar ist. Das Nordufer des Trasimenischen Sees war Schauplatz einer der großen Schlachten des Zweiten Punischen Kriegs (217 v.Chr.), der im Sieg des karthagischen Feldherrn Hannibal über die Römer gipfelte.

Im Gegensatz dazu klammern sich im Osten Einsiedeleien an den Apennin. Während der Barbareneinfälle flüchteten sich ganze Orte in diese Schutzräume.

Mit dem Ende des Herzogtums Spoleto wurde das Schicksal Nordumbriens mit dem der restlichen Region verbunden. Trotz der Bombardierungen im Zweiten Weltkrieg und des Erdbebens von 1997, das die Gegend entlang der Grenze zu den Marken heimsuchte, sind grandiose Zeugnisse der Geschichte des Landes erhalten geblieben, darunter etruskische und römische Bauten und Funde. Das Erbe aus Mittelalter und Renaissance ist in Kirchen, Palazzi, Rathäusern und Burgen wie auch in den Werken der großen Künstler der Zeit zu bewundern.

Die vielfältige Landschaft Nordumbriens wird in zwei Regionalparks, dem Parco Regionale del Monte Cucco und dem Parco Regionale del Monte Subasio, geschützt. In ihnen ist der »Gesang der Natur«, der den hl. Franz von Assisi so begeisterte, noch immer zu vernehmen.

Ein Flickenteppich aus bestellten Feldern bedeckt die Hügel Nordumbriens

◀ Abgeschieden: die Einsiedelei San Girolamo, Parco Regionale del Monte Cucco ***(siehe S. 66f)***

Überblick: Nordumbrien

Città di Castello ist der erste große Ort an der Straße aus der benachbarten Emilia-Romagna nach Umbrien, der alten Handelsstraße, die sich durch das Obere Tibertal fortsetzt. In Umbertide zweigt eine Straße ostwärts nach Gubbio und zur Via Flaminia ab, die auf ihrem Weg nach Assisi am Apennin entlangführt. Westlich von Assisi liegt die Provinz Perugia und die gleichnamige Regionalhauptstadt. Noch weiter westlich, an der Grenze zur Toskana, findet man den Lago Trasimeno und die Heimat Peruginos.

Castello di Petroia zwischen Gubbio und Assisi

Sehenswürdigkeiten auf einen Blick

1 *Città di Castello S. 58f*
2 Montone
3 Umbertide
4 *Gubbio S. 62–65*
5 *Parco Regionale del Monte Cucco S. 66f*
6 Gualdo Tadino
7 Nocera Umbra
8 *Parco Regionale del Monte Subasio S. 70f*
9 *Assisi S. 72–84*
11 Torgiano
12 Bettona
13 Deruta
14 *Perugia S. 88–95*
15 *Lago Trasimeno S. 96f*
16 Castiglione del Lago
17 Città della Pieve

Touren

10 Franziskanischer Friedensweg
18 Basso Trasimeno

Weitere Zeichenerklärungen *siehe hintere Umschlagklappe*

Silhouette der berühmten Basilika in Assisi

In Nordumbrien unterwegs

Von der Autostrada del Sole (A1) erreicht man den Lago Trasimeno und Perugia über die Superstrada 75bis, die bei der Ausfahrt Val di Chiana, Bettole-Sinalunga, nach Osten abzweigt. Weiter südlich liegt die Ausfahrt Fabro der A1 nur wenige Kilometer von Città della Pieve entfernt. Auch die Staatsstraßen 3 und 3bis, die Umbrien mit den Marken und der Emilia-Romagna verbinden, sind Hauptverkehrswege. Von Perugia aus gibt es zwei Bahnlinien mit täglich fahrenden Zügen, eine Richtung Norden nach Sansepolcro, die zweite Richtung Nordwesten nach Florenz. Der öffentliche Nahverkehr ist vor allem um den Lago Trasimeno herum (auf dem auch Fähren verkehren) sowie in und um Perugia gut ausgebaut.

Marktstände in den Laubengängen von Gubbio

❶ Città di Castello

Città di Castello war einst eine Siedlung der Umbrer. Heute ist sie das wichtigste Zentrum im Oberen Tibertal und das Tor nach Umbrien für jeden, der von Norden kommt. Ihre Lage zwischen den Marken und der Toskana unweit der Emilia-Romagna war in wirtschaftlicher Hinsicht ideal. Im Mittelalter wurde sie eine Kommune, die in Dauerfehde mit den nahen Stadtstaaten lag. Dennoch wuchsen Macht und Reichtum von »Civitas Castelli«, wie sie seit dem 10. Jahrhundert hieß, dank des blühenden Handels. Hierzu gehörten auch Druck-Erzeugnisse, die noch heute ein wichtiger Industriezweig sind. Nach einer Periode, in der Città di Castello unter der Herrschaft des Kirchenstaats stand, gestaltete die Familie Vitelli die Stadt im 16. Jahrhundert komplett um. Davon zeugen einige Palazzi, die noch heute den Namen der Familie tragen.

Torre Civica (14. Jh.)

Überblick: Città di Castello
Die Stadt erstreckt sich auf dem rechten Tiberufer am äußersten Nordrand Umbriens. Ihre Architektur zeigt dank der Arbeit der florentinischen Baumeister Antonio da Sangallo und Giorgio Vasari, die im 16. Jahrhundert von der Familie Vitelli beauftragt wurden, toskanische Einflüsse.

Der folgende Spaziergang beginnt auf der Piazza Gabriotti. Das Auto lässt man am besten auf dem Parkplatz am Viale Nazario Sauro stehen und fährt mit der Rolltreppe zur Piazza hinauf. Die Denkmäler, die man zu Beginn des Spaziergangs sieht, stammen aus der Zeit vor den Vitelli.

Duomo
Piazza Gabriotti. tägl.
Man erkennt sofort, dass das Äußere des Doms mehrfach umgestaltet wurde. Der runde Glockenturm gehörte zum ursprünglichen Bau (11. Jh.), doch der Hauptbau zeigt zwei aufeinanderfolgende Umbauten im 14. und 15./16. Jahrhundert. Die unvollendete Barockfassade datiert von 1632–46. Das einschiffige Innere enthält hölzernes Chorgestühl und in der Kapelle auf der rechten Seite eine *Auferstehung* von Rosso Fiorentino (1529). Im **Museo del Duomo** zeichnen die Exponate die Entwicklung der Kirche im Mittelalter nach.

***Paliotto* (um 1144), Museo del Duomo**

Museo del Duomo
Piazza Gabriotti. 075 855 4705. Apr–Sep: Di–So 10–13, 15.30–18 Uhr; Okt–März: Di–So 10–12.30, 15–17 Uhr.

Palazzo Comunale
Piazza Gabriotti.
Wie für mittelalterliche Städte charakteristisch, findet sich der Palazzo Comunale (Rathaus) an derselben Piazza wie der Duomo. Der Bau aus dem 14. Jahrhundert stammt von Angelo da Orvieto und zeigt, wie der florentinische Einfluss auf die Stadtarchitektur schon vor der Machtübernahme der Familie Vitelli beginnt: Insbesondere die Verwendung bossierter Quader erinnert an den Palazzo Vecchio in Florenz.

Die **Torre Civica** vor dem Palazzo auf der anderen Seite der Piazza stammt ebenfalls aus dem 14. Jahrhundert. Sie wurde einst »del vescovo« (des Bischofs) genannt, weil sie neben dem Bischofspalais (Palazzo Vescovile) stand. Von diesem Turm (täglich geöffnet, Eintritt) hat man einen weiten Blick über die Stadt und das umliegende Land.

Palazzo del Podestà
Corso Cavour.
Verlässt man die Piazza in Richtung Osten über den Corso Cavour, gelangt man zum Palazzo del Podestà. Die Straßenfassade ist aus derselben Zeit wie der Palazzo Comunale, möglicherweise stammt der Originalentwurf ebenfalls von Angelo da Orvieto. Die Ostseite ist barock gehalten und blickt auf die Piazza Matteotti, an der der **Palazzo Vitelli »in piazza«** steht.

San Francesco
Via D. Albizzini. tägl.
Die Straße, die die Stadt von Norden nach Süden durchschneidet, wird von der Via XX Settembre, der Via Angeloni und dem Corso Vittorio Emanuele gebildet. An der Via Angeloni, unweit zur Ecke Via Albizzini, steht die Kirche San Francesco (13. Jh.), an der im 16. Jahrhundert der berühmte Maler und Architekt Giorgio Vasari aus Florenz gearbeitet hat. Von ihm stammt die Cappella Vitelli und ein Altar mit einer *Krönung Mariä* (1564).

Palazzo Vitelli a Porta Sant'Egidio
Piazza Garibaldi.
Unweit von San Francesco steht dieser Vitelli-Palazzo (1540), einer von vielen, die die Familie errichten ließ, um der Stadt einen einheitlichen Stil zu geben. Der Palazzo besitzt einen schönen Garten.

Hotels und Restaurants in Nordumbrien *siehe Seiten 148–150 und 156–162*

Alberto Burri und sein Werk

Alberto Burri, eine führende Figur der italienischen Kunst des 20. Jahrhunderts, wurde 1915 in Città di Castello geboren (er starb 1995 in Nizza). Der studierte Arzt wandte sich nach den Erlebnissen im Zweiten Weltkrieg der Kunst zu. Sein Werk, das der informellen Kunst zugeordnet wird, ist oft großformatig und benutzt innovative Materialien: Berühmt ist sein *Cretto* in Gibellina Vecchia auf Sizilien, ein riesiger weißer Zementteppich, der die Ruinen des Erdbebens von 1968 bedeckt. In Città di Castello stehen viele seiner Werke – im Palazzo Albizzini und in der ehemaligen Tabakdarre (Ex Seccatoi del Tabacco).

***Großer Eisensextant* (1982), Città di Castello**

Collezioni Burri 075 855 46 49.
Palazzo Albizzini Via Albizzini.
Ex Seccatoi del Tabacco Via Pierucci.
Di–Sa 9.30–12.30, 14.30–18.30 Uhr, So, Feiertage 10.30–12.30, 15–19 Uhr (weitere Infos auf der Website). 075 855 9848. 1. Jan, 25. Dez
fondazioneburri.org

Infobox

Information
Perugia. **Straßenkarte** B2.
41 000.
IAT Alta Valle del Tevere, Piazza Matteotti, 075 855 4922.
cittadicastelloturismo.it

Anfahrt
Strecke Perugia–Sansepolcro, 075 575 401. von Arezzo, 800 512 141.

San Domenico

Largo Monsignor Muzi. tägl.

Zwischen der Piazza Garibaldi und der Pinacoteca Comunale liegt die Kirche San Domenico – der größte Kirchenbau von Città di Castello. Die Dominikanerkirche wurde im 15. Jahrhundert errichtet und später umgestaltet, die Fassade blieb unvollendet. Im Schiff finden sich Fresken aus dem 15. Jahrhundert.

Pinacoteca Comunale

Via della Cannoniera 22.
075 855 4202. Di–So 10–13, 14.30–18.30 Uhr.

Die Pinacoteca, eine der wichtigsten Gemäldegalerien Umbriens, ist im **Palazzo Vitelli alla Cannoniera**, dem bemerkenswertesten der Vitelli-Palazzi, untergebracht. Er wurde von Antonio da Sangallo (1521–32) unter Mithilfe von Vasari erbaut. Von Letzterem stammt der Teil mit den üppigen Friesen.

Zu den vielen Werken zählen die *Thronende Madonna mit Kind* des Maestro di Città di Castello (frühes 14. Jh.), der *Heilige Sebastian* von Luca Signorelli (1497/98), der *Gonfalone della Santissima Trinità* von Raffael (1499) und die *Krönung Mariä*, die der Werkstatt Ghirlandaios (frühes 16. Jh.) zugeschrieben wird. Auch eine *Himmelfahrt Mariä* in Terrakotta aus der Werkstatt Andrea della Robbias (frühes 16. Jh.) ist zu sehen.

***Krönung Mariä* (Detail), Werkstatt Ghirlandaios**

Zentrum von Città di Castello

1. Duomo
2. Palazzo Comunale
3. Palazzo del Podestà
4. San Francesco
5. Palazzo Vitelli a Porta Sant'Egidio
6. San Domenico
7. Pinacoteca Comunale

Zeichenerklärung *siehe hintere Umschlagklappe*

Straßenkarte *siehe hintere Umschlaginnenseiten*

Blick vom mittelalterlichen Dorf Montone ins grüne Obere Tibertal

❷ Montone

Perugia. **Straßenkarte** C2. 1500. Umbertide, 13 km, Strecke Perugia–Sansepolcro. IAT Alta Valle del Tevere, Piazza Matteotti, Città di Castello, 075 855 4922 oder Piazza Fortebraccio3, 075 930 6427.
comunemontone.it

Das zehn Kilometer von Città di Castello entfernte Montone thront auf zwei Berggipfeln am linken Tiberufer und ist der erste interessante Ort an der nach Süden führenden Straße durch das Obere Tibertal. Das im Mittelalter (ca. 11. Jh.) als Festung gegründete Montone hat noch immer seinen mächtigen Mauerring, der von drei Toren durchbrochen ist: Porta del Verziere, Porta di Borgo Vecchio und Porta del Monte (die Namen entsprechen den Distrikten, in die die Burg unterteilt war).

Montone war der Geburtsort von Andrea Fortebraccio – besser bekannt als Braccio da Montone (1368–1424) –, dem berühmtesten *condottiere* Umbriens (Führer eines Söldnerheers). Er kontrollierte Perugia und kurze Zeit Rom.

Das mittelalterliche Dorf ist gut erhalten und bietet einen herrlichen Rundblick. Es besitzt mehrere interessante Bauten. An der Straße, die von Süden ins Zentrum führt, steht die Kirche **Madonna delle Grazie** (16. Jh.) sowie die älteste Kirche des Dorfs, die romanische **Pieve di San Gregorio** (11. Jh.).

Innerhalb der Mauern ist die gotische Kirche **San Francesco** (14. Jh.) ganz oben im Dorf einen Besuch wert. Samt dem dazugehörigen Kloster beherbergt sie jetzt das **Museo Comunale**. Das schöne Portal zeigt Holzintarsien (1519). Das einschiffige Innere birgt wertvolle Kunstwerke von Bartolomeo Caporali: Fresken mit der Familie Fortebraccio über dem Votivaltar und das Gemälde *Madonna del Soccorso*.

Die Kirche, die auch schönes hölzernes Chorgestühl (16. Jh.) enthält, besaß einst eine *Madonna in Gloria* von Luca Signorelli. Sie hängt jetzt in der National Gallery in London. Im ehemaligen Kloster ist auch ein Völkerkundemuseum untergebracht.

Wer an italienischer Geschichte interessiert ist, sollte unbedingt das **Archivio Storico Comunale** besuchen, eines der bedeutendsten historischen Archive Umbriens, das Papstbullen und andere Dokumente besitzt. Es befindet sich im ehemaligen Kloster Santa Caterina am Südende des Dorfs.

Museo Comunale und Museo Etnografico

Ex Convento di San Francesco. 075 930 6535. Apr–Sep: Fr–So 10.30–13, 15.30–18 Uhr (Juni–Sep: bis 18.30 Uhr); Okt–März: Sa, So 10.30–13, 15–17.30 Uhr. 1. Jan, 25. Dez.

Enge gepflasterte Straße im Herzen von Montone

Umgebung: Die Gegend um Montone bietet viele Wandermöglichkeiten, vor allem entlang dem **Torrente Carpina**, der östlich am Dorf vorbeifließt und in Umbertide in den Tiber mündet. An seinen Ufern liegt vier Kilometer nordwestlich von Montone die herrliche **Rocca d'Aries**, eine Festung byzantinischen Ursprungs. Sie wurde in der Renaissance wiederaufgebaut und nach 1990 restauriert. Heute ist sie ein Ort für Konzerte und Ausstellungen. Von ihr aus hat man einen wundervollen Blick in die Valle del Carpina.

❸ Umbertide

Perugia. **Straßenkarte** C2. 17 000.
FS Strecke Perugia – Sansepolcro.
Via Cibo 26, 075 941 7099.
W **comune.umbertide.pg.it**

Umbertide, eines der Hauptzentren im Oberen Tibertal, wurde im 6. Jahrhundert v. Chr. wahrscheinlich von den Etruskern gegründet. Das Städtchen, an dem im Westen der Tiber vorbeifließt, stand oft im Zentrum von Kriegen und litt dementsprechend unter vielen Zerstörungen und Plünderungen.

1863 wurde der Ort mit dem ursprünglichen Namen Fratta in Umbertide umbenannt – zu Ehren der Söhne von Uberto oder Umberto Ranieri, die die Stadt nach den Zerstörungen durch die Langobardeneinfälle 790 n. Chr. wiederaufgebaut hatten.

Im Zweiten Weltkrieg wurde das Zentrum der Altstadt durch Bombardierungen (1944) schwer beschädigt. Dennoch blieben wichtige Gebäude erhalten. Zwei davon überblicken die weitläufige Piazza Mazzini nordwestlich des Stadtzentrums: **La Rocca** (1385), das Wahrzeichen von Umbertide, eine in die Stadtmauer eingefügte Festung, und die Kirche **Santa Maria della Reggia**, die in der zweiten Hälfte des 16. Jahrhunderts auf einem achteckigen Grundriss von Galeazzo Alessi und Giulio Danti errichtet wurde. Von den Gemälden, die den Tambour (den zylindrischen Unterbau der Kuppel) schmücken, ist vor allem die *Himmelfahrt* von Pomarancio (1578) über der Orgel sehenswert.

Der eckige Turm und der runde Bergfried der Rocca von Umbertide

Die achteckige Santa Maria della Reggia

Bedeutende Werke in weiteren Kirchen von Umbertide sind ein Fresko von Pinturicchio (1504) in der Lünette des Portals der Kirche **Santa Maria della Pietà** (nördlich der Altstadt, außerhalb der Stadtmauern) und vor allem eine *Kreuzabnahme* von Luca Signorelli in der Barockkirche **Santa Croce** im Südteil der Städt (dem ältesten Teil) an der Piazza San Francesco. Aufgrund der Bedeutung des Signorelli-Gemäldes – es ist das einzige Bild des Malers aus Cortona, das noch an seinem ursprünglichen Ort hängt – ist die Kirche heute ein Museum.

Am selben Platz stehen zwei weitere Kirchen: San Francesco (13./14. Jh.) und San Bernardino (18. Jh.).

Die Kirchen Santa Croce und San Francesco in Umbertide

Museo in Santa Croce
Piazza San Francesco. 075 942 0147. Fr – So 10.30 – 13, 15 – 17.30 Uhr. 1. Jan, 25. Dez.

Umgebung: Die Gegend um Umbertide ist mit Festungen übersät, was die militärisch-strategische Bedeutung der Region eindrucksvoll belegt. An der Straße nach Preggio, 15 Kilometer südwestlich von Umbertide, steht die **Rocca di Preggio** aus dem 10. Jahrhundert, eine der alten Hauptfestungen des Gebiets. Entlang dieser Route liegen auch die sehenswerten Burgen von **Romeggio** und **Polgeto**.

Nahe Umbertide, nach Osten in Richtung Gubbio, stößt man auf das **Castello di Civitella Ranieri** (15. Jh.), heute in Privatbesitz, eines der besterhaltenen Beispiele der Wehrarchitektur der Gegend. In der Nähe, allerdings höher gelegen, thront das herrliche **Castello di Serra Partucci**.

Gleich nördlich von Umbertide, an der Straße nach Città di Castello, erblickt man den Turm einer weiteren Burg, des **Castello di Montalto**.

Einige Kilometer südlich der Stadt, am Tiber entlang, schlängelt sich eine Straße zur **Badia Monte Corona** hinauf, einer romanischen Abtei mit einer schönen unterirdischen Krypta. Fährt man noch höher hinauf, gelangt man zu einer Einsiedelei (16. Jh.) und dem hübschen Dorf **San Giuliana** in hinreißender Lage, das mittlerweile sein mittelalterliches Äußeres zurückerhalten hat.

❹ Gubbio

Das aus heimischem Stein am Fuß des Monte Ingino erbaute Gubbio vermittelt den Eindruck einer mittelalterlichen Bilderbuchstadt. Der von den Umbrern gegründete Ort besitzt die berühmten Iguvinischen Tafeln (3. –1. Jh. v. Chr.) mit einem Text in umbrischer Sprache, der Riten und heilige Stätten beschreibt. Unter den Römern breitete sich die Stadt in die Ebene aus, doch nach den Langobardeneinfällen kehrten die Bewohner auf den Hügel zurück, wo sie sich leichter verteidigen konnten. Hier wurde im Mittelalter eine befestigte Stadt um den monumentalen Palazzo dei Consoli errichtet. Ende des 14. Jahrhunderts fiel die inzwischen reiche und mächtige Stadt an die Familie Montefeltro aus Urbino. 1624 kam Gubbio, wie das Herzogtum Urbino, unter päpstliche Herrschaft.

Die gut erhaltenen Bogen des römischen Theaters (1. Jh. n. Chr.)

Überblick: Gubbio
Am einfachsten kommt man über die Straße aus Süden nach Gubbio. Von ihr aus kann man den Ort im Ganzen bewundern, wie er sich in waagerechten Bändern an die Hänge des Monte Ingino schmiegt. Bevor Sie den mittelalterlichen Ort erkunden, sollten Sie einen Blick auf die Ruinen der römischen Stadt werfen, die während der *pax romana* in der Ebene entstand.

Römische Ruinen

Via del Teatro Romano.

Das erste römische Monument, das man südlich vor Gubbio erblickt, ist ein Mausoleum, dessen Grabkammer mit Tonnengewölbe erhalten geblieben ist. Etwas weiter, unweit der Piazza Quaranta Martiri, sieht man die Ruinen des römischen Theaters (Teatro Romano) aus dem 1. Jahrhundert. Es konnte etwa 6000 Zuschauer aufnehmen und hatte eine Fassade aus vierkantig behauenen, bossierten Blöcken. Zu den Kunstwerken, die hier im Lauf der letzten zwei Jahrhunderte ausgegraben wurden, gehören schöne Mosaiken.

Piazza Quaranta Martiri

Der weitläufige Platz ist der bevorzugte Ankunftspunkt in Gubbio, auf dem man gut das Auto stehen lassen kann. Der Platz ist den 40 Geiseln gewidmet, die 1944 wahllos von den Deutschen ergriffen und erschossen wurden. Von diesem tief gelegenen Platz hat man einen schönen Blick auf die darüber aufragende Stadt.

San Francesco, die schönste Kirche Gubbios, beherrscht die Piazza. Der Bau wurde in der Mitte des 13. Jahrhunderts begonnen und mindestens bis Ende des Jahrhunderts fortgesetzt (dennoch wurde die Fassade nie vollendet). Die drei Schiffe sind ohne Querhaus. In der Apsiskapelle links erstrahlt ein Freskenzyklus von Ottaviano Nelli (*Szenen aus dem Leben Mariä*, ca. 1408–13). Die Fresken eines unbekannten Künstlers in der Mittelapsis werden auf etwa 1275 datiert, sind allerdings stark beschädigt.

Auf der gegenüberliegenden Seite der Piazza steht das **Antico Ospedale** (Altes Hospital) Santa Maria della Misericordia (14. Jh.) mit einem langen Portikus an der Front. Er wird von einer Loggia gekrönt. Sie wurde im 17. Jahrhundert von der Gilde der Wollhändler hinzugefügt, die sie für bestimmte Arbeitsvorgänge nutzten. In der Nähe steht die inzwischen restaurierte Kirche **Santa Maria dei Laici** von 1313.

San Giovanni Battista

Via della Repubblica. tägl.

Von der Piazza Quaranta Martiri führt die steile Via della Repubblica zu dem massiven Unterbau, der die Piazza Grande trägt (*siehe S. 65*), und weiter in den ältesten Teil der mittelalterlichen Stadt, wo die erste, San Mariano geweihte Kathedrale gestanden haben soll. Die heutige Kirche San Giovanni Battista (Johannes der Täufer) steht möglicherweise an der Stelle der alten Kathedrale.

Die im 13. und 14. Jahrhundert errichtete Kirche hat eine gotische Fassade mit einem romanischen Glockenturm. Die Gotik setzt sich innen mit typi-

Gubbio an den unteren Hängen des Monte Ingino

Infobox

Information
Perugia. **Straßenkarte** D2.
32 000. Via della Repubblica 15, 075 922 0693.
Festa dei Ceri (15. Mai), Palio della Balestra (letzter So im Mai).
comune.gubbio.pg.it

Anfahrt
FS Fossato di Vico, 20 km, Strecke Rom – Ancona, 892 021.

Die Kirche San Giovanni Battista, dahinter der Palazzo dei Consoli

schen Doppelsäulen und hohen steinernen Bogen fort. Die einschiffige Kirche endet in einer quadratischen Apsis.

San Domenico

Piazza G. Bruno. tägl.

Auf dem Rückweg zur Piazza Quaranta Martiri gelangt man durch die Via Cavour ins alte Viertel San Martino, das auf beiden Ufern des Camignano liegt. Mitten im Viertel steht an der Piazza Bruno die Kirche San Domenico, die die Dominikaner im 14. Jahrhundert an der Stelle einer dem hl. Martin geweihten Kirche (12. Jh.) errichteten. Das Innere stammt vorwiegend aus der Zeit ihrer Restaurierung im 18. Jahrhundert, doch die Fresken der Schule von Gubbio aus dem 16. Jahrhundert sind erhalten. Zu sehen ist auch ein mit Holzintarsien verziertes Lesepult.

Via Gabrielli

Die von mittelalterlichen Häusern gesäumte Straße führt von der Piazza Bruno zur Porta Metauro. Fast an ihrem Ende steht der kleine, aber imposante **Palazzo del Capitano del Popolo**, dessen Fassade die Biegung der Straße aufnimmt. Mit seinen kleinen gotischen Fenstern ist er typisch für die Bauten Gubbios im späten 13. Jahrhundert. In der Nähe liegt der Park des **Palazzo Ranghiaschi Brancaleoni** (Mitte 18. Jh.), der sich südwärts über die Hänge des Monte Ingino bis zum Palazzo Ducale erstreckt. In ihm steht ein klassizistischer Tempel.

Skulptur am Turm des Palazzo Ranghiaschi Brancaleoni

Zentrum von Gubbio

1. Römische Ruinen
2. Piazza Quaranta Martiri
3. San Giovanni Battista
4. San Domenico
5. Via Gabrielli
6. Largo del Bargello
7. *Palazzo dei Consoli S. 64*
8. Palazzo Pretorio
9. Duomo
10. Palazzo Ducale
11. Via XX Settembre
12. Corso Garibaldi

0 Meter 250

Zeichenerklärung *siehe hintere Umschlagklappe*

Straßenkarte *siehe hintere Umschlaginnenseiten*

Gubbio: Palazzo dei Consoli

Dieser grandiose, 1332 begonnene Bau, der die Piazza Grande beherrscht, wird auf seiner Westseite von einer Reihe imposanter Strebebogen getragen. Eine fächerförmige Freitreppe führt hinauf zum Portal, einem Meisterwerk der Gotik, das eine Lünette mit der *Madonna und den Heiligen Johannes und Ubaldo* ziert. Letzterer ist der Schutzheilige der Stadt. Der Palazzo beherbergt das Museo Civico und eine Gemäldegalerie. Von der Loggia hat man einen herrlichen Blick über Stadt und Land.

Infobox

Information
Piazza Grande. ☎ 075 927 4298. ◯ tägl. 10–13, 15–18 Uhr (Nov–März: 14.30–17.30 Uhr). ● 1. Jan, 13.–15. Mai, 25. Dez.

Madonna mit Kind
Das Fresko von Mello da Gubbio von 1340/50 ist in der Pinacoteca Civica (Gemäldegalerie) in der ersten Etage zu sehen.

Der Turm ist mit Zinnen bewehrt und hat vier Öffnungen, die die Fensterform darunter wieder aufnehmen.

Bogen tragen den Palazzo auf der Hangseite

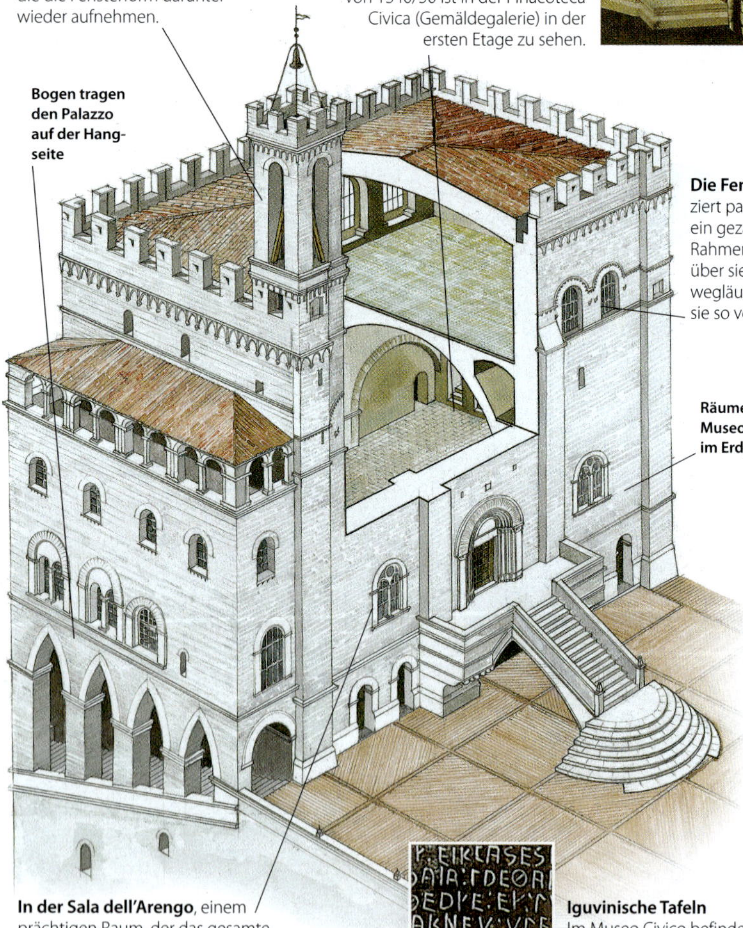

Die Fenster ziert paarweise ein gezahnter Rahmen, der über sie hinwegläuft und sie so verbindet.

Räume des Museo Civico im Erdgeschoss

In der Sala dell'Arengo, einem prächtigen Raum, der das gesamte Erdgeschoss einnimmt, wurden im 14. Jahrhundert Versammlungen abgehalten. Heute sind hier Steintafeln und -fragmente ausgestellt.

Iguvinische Tafeln
Im Museo Civico befinden sich die berühmten Tafeln mit Inschriften in umbrischer Sprache. Sie zeugen vom Leben in der Region vor der römischen Eroberung.

Hotels und Restaurants in Nordumbrien *siehe Seiten 148–150 und 156–162*

Die Fontana dei Matti auf dem Largo del Bargello

Largo del Bargello

Etwa auf der Hälfte der Via dei Consoli, die das Viertel San Martino mit der Piazza Grande verbindet, erweitert sich die Straße zum Largo del Bargello, dem Zentrum des alten Viertels San Giuliano. Vor dem Palazzo (14. Jh.), nach dem das Viertel benannt ist, steht die kleine **Fontana dei Matti**: Der Sage nach musste jeder, der für verrückt *(matto)* erklärt werden sollte, dreimal um den Brunnen herumlaufen und sich mit dessen Wasser bespritzen.

Piazza Grande

Die Via dei Consoli folgt den alten umbrischen Befestigungen, ehe sie sich plötzlich zur Piazza Grande öffnet. Neben den historischen Gebäuden, die hier zu sehen sind, stellt der Platz selbst ein äußerst eindrucksvolles bautechnisches Beispiel dar: Er ist künstlich und von Mauern und Dämmen getragen.

Vor dem berühmteren und viel größeren Palazzo dei Consoli steht der **Palazzo Pretorio** (nicht zugänglich), der Mitte des 14. Jahrhunderts vom gleichen Architekten, Gattapone, geplant wurde. Am letzten Sonntag im Mai findet zwischen den beiden Gebäuden der traditionelle Palio della Balestra (mit den Armbrustschützen aus Gubbio und dem toskanischen Sansepolcro) statt.

Duomo

Via Galeotti. tägl.

Von der Piazza Grande steigt die Via Galeotti in Stufen zur Kathedrale hinauf, deren Bau 1229 begonnen und die etwa 100 Jahre später erweitert wurde. Das Spitzbogenportal der Fassade zeigt ein Rundfenster mit Reliefs, die zur Vorgängerkirche gehörten. Das einschiffige Innere schließt ein sehr hohes, für die Gegend typisches Tonnengewölbe mit Schwibbogen ab. Die Kirche enthält viele Fresken und andere Gemälde sowie einige sehr schöne Bleiglasfenster.

Palazzo Ducale

Via Federico di Montefeltro.
075 927 5872. Di–So 8.30–19 Uhr. 1. Jan, 25. Dez.

Der restaurierte Palazzo Ducale, im Volksmund Corte Nuova genannt, erhebt sich direkt vor der Kathedrale und wurde von der Familie Montefeltro erbaut, nachdem sie die Stadt in Besitz genommen hatte. Der Palazzo hat neben Räumen für Wechselausstellungen auch einen archäologisch interessanten Untergrund mit Resten der Piazza, die vor dem Bau des Palazzo an dieser Stelle lag.

Via XX Settembre

Von der Piazza Grande führt die Via XX Settembre an Palazzi und Kirchen vorbei zum Viertel Sant'Andrea und zur **Porta Romana**. Das mittelalterliche Stadttor mit seinem hohen Turm enthält eine Sammlung von Keramiken sowie Waffen und Karten. Außerhalb der Mauern liegt die Kirche **Sant'Agostino**, sie bietet Freskenreste aus der Zeit ihrer Gründung (1294) sowie mehrere Bilder aus dem 14. Jahrhundert.

Die mittelalterliche Porta Romana

Ein kurzer Spaziergang östlich der Kirche führt zur Station der Seilbahn, die zur hoch über der Stadt gelegenen **Basilica di Sant'Ubaldo** auf dem Monte Ingino fährt. Die Fahrt dauert acht Minuten und bietet eine wunderbare Aussicht. Es gibt auch einen Weg hinauf, falls Sie lieber zu Fuß gehen.

Corso Garibaldi

Die Straße verläuft parallel zum Viertel Sant'Andrea und ist die Hauptdurchgangsstraße durch das Viertel San Pietro, dem quirligen Zentrum Gubbios. Die engen Straßen, in denen sich die Läden reihen, haben sich eine gewisse Dorfatmosphäre bewahrt. Am Corso Garibaldi selbst sollten Sie ein Auge auf die Kirchen **Santissima Trinità** und **San Pietro** aus dem 13. Jahrhundert werfen, die nahe einem großen Klosterkomplex erbaut wurden.

Festa dei Ceri

Die Festa oder Corsa dei Ceri (Kerzenwettlauf), die in Umbrien fast als ebenso großes Spektakel gilt wie der Palio in Siena, findet jährlich am 15. Mai, dem Tag vor Sant'Ubaldo, statt. Ziel des Wettlaufs ist die Basilika Sant'Ubaldo auf dem Monte Ingino. Die fraglichen drei »Kerzen« sind zehn Meter hohe und 200 Kilogramm schwere Gebilde in Form von übereinandergestellten Prismen. An der Spitze tragen sie die Bildnisse der Heiligen Ubaldo, Georg und Antonio Abate, den Schutzpatronen der Maurer und Steinmetze bzw. der Handwerker und Bauern. Der erste Trommelwirbel ertönt im Morgengrauen, doch die *ceri* werden erst mittags herausgebracht. Der »Wettlauf« vor einer großen Zuschauermenge findet am Abend statt.

Die schweren Holz-»Kerzen« inmitten der Menschenmenge

❺ Parco Regionale del Monte Cucco

An der Grenze zur Nachbarregion Le Marche (Marken) erhebt sich der Monte Cucco, einer der imposanten Berggipfel Mittelitaliens. In seinem Inneren bilden kilometerlange Gänge und Kavernen ein faszinierendes Höhlensystem: die Grotta di Monte Cucco. Die höheren, windumtosten Lagen des Monte Cucco, die viele Drachenflieger anlocken, erreicht man vom Dorf Costacciaro aus. Mitten im Park liegt das Dorf Sigillo, von dort sind verschiedene Wanderwege ausgeschildert. Der Monte Cucco ist ein Paradies für Outdoor-Fans: Neben Paragliding kann die Parkverwaltung die Erkundung der Schlucht Forra di Riofreddo arrangieren (nur für erfahrene Kletterer), zudem gibt es Mountainbike- und Joggingwege. Im Gebiet des Monte Cucco wurden viele paläontologische und archäologische Funde sowie römische Siedlungen freigelegt.

Scheggia
Das Dorf römischen Ursprungs ist idealer Ausgangspunkt für Erkundungen des nördlichen Parks mit seinen Benediktinerabteien. Besonders sehenswert sind Sant'Emiliano in Isola Fossara und die Einsiedelei San Girolamo in Pascelupo.

Costacciaro
Im Gegensatz zu den anderen Dörfern im Umkreis des Parks, die fast alle römischen Ursprungs sind, wurde Costacciaro 1250 von den Bürgern Gubbios als befestigte Ortschaft gegründet.

Wildkatze

Wildtiere am Monte Cucco

Abgesehen von seinem großen Angebot an Sport- und Outdoor-Aktivitäten ist der Parco Regionale del Monte Cucco einer der Orte im Apennin, die zur Wildbeobachtung bestens geeignet sind. Hier leben nicht nur die für den Apennin typischen Tierarten (u. a. Hirschwild, Wildschweine, Stachelschweine und Marder), der Park beherbergt auch Arten, die in Mittelitalien immer seltener werden, darunter Wölfe, Wildkatzen und Steinadler. Zu den Vögeln, die man im Park beobachten kann, gehören Rebhühner, Wachteln, Uhus und Eisvögel. In den Flüssen leben auch Süßwasserkrebse.

Steinadler

0 Kilometer 2

Zeichenerklärung *siehe hintere Umschlagklappe*

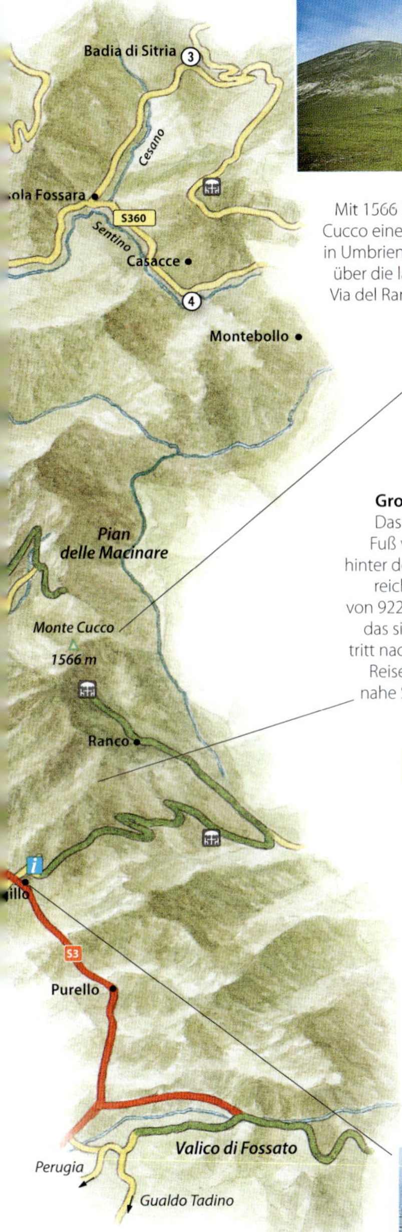

Monte Cucco
Mit 1566 Metern ist der Monte Cucco einer der höchsten Berge in Umbrien. Er ist recht mühelos über die landschaftlich schöne Via del Ranco von Sigillo aus zu besteigen.

Infobox

Information
Perugia. **Straßenkarte** D2.
i Ente Parco, Via Matteotti 52, Sigillo, 075 917 7326.
W **parks.it/parco.monte.cucco**

Anfahrt
FS Fossato di Vico, Strecke Rom – Ancona, 892 021.

Legende
Hauptstraße
Nebenstraße
Panoramastraße

Grotta di Monte Cucco
Das Höhlensystem ist zu Fuß vom Parkplatz gleich hinter der Val di Ranco zu erreichen. Es hat eine Tiefe von 922 Metern. Das Wasser, das sich im Berg sammelt, tritt nach einer recht langen Reise in der Scirca-Quelle nahe Sigillo ans Tageslicht.

Außerdem

① **In Scirca** wurden die Ruinen einer großen römischen Siedlung ausgegraben. Die alte Dorfkirche Santa Maria Assunta besitzt Fresken von Matteo da Gualdo.

② **La Valdorbia**

③ **Die Badia di Sitria** ist eine Abtei mit einer interessanten romanischen einschiffigen Kirche (Santa Maria) mit Tonnengewölbe. Die Krypta wird in der Mitte von einer römischen Säule mit korinthischem Kapitell gestützt.

④ **Die Forra di Riofreddo** ist eine tiefe, enge Schlucht, die nur erfahrene Kletterer bewältigen. Sie wurde durch jahrtausendelange Erosion von Bächen geschaffen, die vom Berg herabfließen.

Sigillo
Das Dorf ist Sitz der Parkverwaltung. Seine Brücken an der Via Flaminia und über den Wildbach Scirca sind römischen Ursprungs. Schön sind die Kirchen Sant'Agostino (in der Dorfmitte) und Sant'Anna nahe dem Friedhof mit Fresken von Matteo da Gualdo.

Straßenkarte *siehe hintere Umschlaginnenseiten*

6 Gualdo Tadino

Perugia. **Straßenkarte** D3. 15 500. FS Strecke Foligno – Ancona. Piazza Orti Mavarelli. Info Point, Piazza Martiri della Libertà, 075 914 2445.
tadino.it

Das Städtchen ist umbrischen und römischen Ursprungs. Es durchlitt eine Geschichte von Niederlagen, Zerstörung und Auswanderung bis zum 12. Jahrhundert, als es neu besiedelt wurde. Sein Name setzt sich aus dem römischen *Tadinum* und dem langobardischen Wort *wald* (Wald) zusammen.

Fresko an einem Palazzi im Zentrum von Gualdo

Als Gemeinde nahm das Dorf im Mittelalter Gestalt an, wurde aber im Lauf der Jahrhunderte stark verändert und weist heute nur noch wenige Spuren seiner uralten Geschichte auf. Beim Erdbeben von 1997 trug es schwere Schäden davon, ist aber inzwischen fast vollständig wiederaufgebaut. Wie schon im Mittelalter ist der Ort noch immer eines der Zentren der Majolikaherstellung in Umbrien.

Das einzige erhaltende Stadttor ist das von San Benedetto an der Ostseite. Von hier verläuft der Corso Italia (später Corso Piave) durch die gesamte Altstadt. Über diese Straße erreicht man die Piazza XX Settembre, an der die Kirchen **San Donato** (12. Jh.) und **Santa Maria dei Raccomandati** (13. Jh.) stehen. Letztere enthält ein schönes Triptychon von Matteo da Gualdo, das die *Madonna mit Kind und den Heiligen Sebastian und Rochus* zeigt (die Kirche ist leider nicht zugänglich).

Ein Stück weiter, am Corso Piave, findet man die Kirche **San Francesco**, die im 13./14. Jahrhundert von den Franziskanern erbaut wurde. Sie besitzt eine schöne Fassade mit einem gotischen Portal. Viele der Fresken im Inneren stammen von Matteo da Gualdo (1435–1507), dem bekanntesten Künstler aus Gualdo Tadino, dessen Werke auch in Assisi und Spoleto zu sehen sind. Das Fresko am ersten Pfeiler links, *St. Anna, Maria und das Kind*, soll das früheste Werk des Malers sein.

Nahbei liegt die zentrale **Piazza Martiri della Libertà**, die bei den Einwohnern Piazza Grande heißt. Hier stehen die wichtigsten Bauten des Orts. Den Platz beherrscht der **Palazzo Comunale**. Der originale Palazzo (12. Jh.) wurde nach einem Erdbeben 1751 in seiner heutigen Gestalt wiedererrichtet. Die meisten mittelalterlichen Bauwerke wurden bei demselben Erdbeben zerstört, auch der **Palazzo del Podestà** (13. Jh.) vor dem Palazzo Comunale wurde stark beschädigt. Im Palazzo del Podestà wird jährlich eine internationale Keramikausstellung mit Wettbewerb abgehalten. Dann kommen Dutzende von Keramikkünstlern nach Gualdo, einem Zentrum der Keramikherstelltung.

Detail eines Brunnens

Die Kathedrale **San Benedetto** erhebt sich auf der Ostseite der Piazza Martiri. Die Fassade (13. Jh.), die nach dem Erdbeben sorgsam restauriert wurde, hat drei Türen, eine für jedes Kirchenschiff – und eine schöne Fensterrose. Der Kirchenraum wurde im 19. Jahrhundert völlig umgestaltet, er besitzt Fresken aus dem 20. Jahrhundert. Vor der Kirche links steht ein hübscher Renaissance-Brunnen. Der einzige Bau am Platz, den das Erdbeben verschont hat, ist die **Torre Civica**.

Wie viele andere Orte in diesem Teil Umbriens besitzt auch Gualdo Tadino eine Festung auf dem Berggipfel. Die Ursprünge der **Rocca Flea** reichen ins 10. Jahrhundert zurück. Die ersten Befestigungen begannen an der Stelle einer früheren Kirche, von der jüngst mehrere Fresken entdeckt wurden. Heute hat die mächtige Burg über 40 Räume – das Ergebnis einer Reihe von Erweiterungen und Umbauten Lauf der Jahrhunderte. Der Bau zeigt insbesondere den Einfluss Friedrichs II., der im 13. Jahrhundert an der Burg etliche Restaurierungen vornehmen ließ, sowie der Perugianer, die im Jahrhundert darauf Verschiedenes änderten.

Nachdem sie länger geschlossen war, beherbergt die Rocca heute eine **Pinacoteca** (Gemäldegalerie), ein Keramikmuseum und eine Sammlung archäologischer Funde. Die Pinakothek zeigt aus Kirchen abgenommene Fresken von Matteo da Gualdo sowie Werke von Jacopo Palma, Antonio da Fabriano und Niccolò Alunno.

Rocca Flea
Piazza della Rocca. 075 914 2445.
Apr, Mai, Okt – Dez: Do – So 10.30 – 13, 15 – 18 Uhr; Juni – Sep: Di – So 10.30 – 13, 15.30 – 19 Uhr; Jan – März: Sa, So 10.30 – 13, 14.30 – 17 Uhr.
1. Jan, 25. Dez.
roccaflea.com

Die Festung Rocca Flea bewacht Gualdo Tadino

Umgebung: Etwa sieben Kilometer nördlich von Gualdo Tadino liegt **Fossato di Vico**, ein in zwei Hälften geteilter Ort: Fossato Basso ist der weitgehend moderne Teil entlang der Straße, Fossato Alto, der Rest einer größeren mittelalterlichen Siedlung, hockt auf einer Felsspitze. Es lohnt sich, auf dem Weg zwischen den beiden Teilen bei der Kirche San Benedetto haltzumachen, um die Fresken von Matteo da Gualdo zu bewundern.

Im Herzen von Fossato Basso findet man Laubengänge und die Cappella della Piaggiola mit Fresken von Ottaviano Nelli und seiner Schule (frühes 15. Jh.).

Die Porta Vecchia, der Eingang zur Altstadt von Nocera Umbra

Das beim Erdbeben 1997 zerstörte Nocera Umbra wird wieder aufgebaut

❼ Nocera Umbra

Perugia. **Straßenkarte** D3. 6000. FS Nocera Scalo, 3 km, Strecke Rom – Ancona. IAT, Corso Cavour 126, Foligno, 0742 354 459. Palio dei Quartieri (1. Di im Aug).

Der Einsturz der Torre di Nocera Umbra während des Erdbebens 1997 ist zu einem der bleibenden Symbolbilder dieser Naturkatastrophe geworden. Der Ort wurde öfter von Erdbeben heimgesucht, wohl aber nie von solcher Stärke. Bauschäden erlitt die gesamte Altstadt, die zuvor eine der besterhaltenen Umbriens war. Bis heute ist nur eine kleine Zahl von Einwohnern zurückgekehrt. Gleichwohl ist Nocera Umbra der reinste Bienenstock – Häuser werden wieder aufgebaut, historische Bauwerke nach und nach restauriert. Der symbolträchtige Turm steht bereits wieder.

Nocera Umbra liegt hoch auf einem nackten Felsen und überragt fruchtbare Täler, die von den Flüssen Topino und Caldognola durchflossen werden. Der Ort hatte immer strategische Bedeutung – auch durch seine Lage an der Grenze zu den Marken und die Nähe zum Adriatischen Meer. Einst war hier eine Stadt der Umbrer *(Nuokria)*, dann eine wichtige Siedlung unter den Römern und den Langobarden. Das Wasser der vielen Quellen in dem Gebiet ist für seine Heilkraft berühmt.

Nocera Umbra ist aus Sicherheitsgründen nur teilweise zugänglich. Man betritt die Altstadt durch die Porta Vecchia, ein Tor in der mittelalterlichen Stadtmauer. Von hier führt der Corso Vittorio zur Piazza Caprera, dem Herzen der Altstadt. Viele Bauten sind derzeit aus Sicherheitsgründen noch geschlossen, so auch der **Duomo** oben auf dem Berg. Die ehemalige Kirche **San Francesco**, jetzt eine Galerie, ist jedoch geöffnet.

Es lohnt sich, bis zur Kirche **San Filippo** an der Westmauer weiterzugehen, einem neugotischen Bau vom Ende des 19. Jahrhunderts. Hier beginnen die Portici di San Filippo, Laubengänge innerhalb der Mauern. Sie sind ab und zu von Öffnungen und Schießscharten durchbrochen, durch die man die Aussicht genießen kann.

Umgebung: Der Gipfel des **Monte Pennino** (1571 m) an der Grenze zu den Marken ist von Nocera Umbra mit dem Auto über eine 20 Kilometer lange Kurvenstraße (bis auf den letzten Abschnitt asphaltiert) erreichbar. Der Berg bietet auch Möglichkeiten zum Wandern und Skilaufen.

Heilquellen von Nocera Umbra

Die gesundheitsfördernden Eigenschaften der Mineralwasserquellen in der Gegend um Nocera Umbra sind seit dem 16. Jahrhundert bekannt. Im 17. Jahrhundert sprach man von Acqua Santa bzw. Acqua dei Papi, da es auch von den Päpsten geschätzt wurde. Im 18. Jahrhundert zog man das Wasser als Maßstab zur Bewertung der Reinheit anderer Quellen heran. Doch erst im 20. Jahrhundert begann man die Quellen mit dem Bau von Abfüllanlagen und Heilbädern wirtschaftlich zu nutzen. Die beiden Hauptquellen befinden sich in Bagni di Nocera und Schiagni (Fonte del Cacciatore). Sie führen besonders reines und mineralreiches Wassers. Hinzu kommt die für dieses Gebiet typische Tonerde.

Heilbad, Bagni di Nocera

Straßenkarte *siehe hintere Umschlaginnenseiten*

⑧ Parco Regionale del Monte Subasio

Die Silhouette des Monte Subasio (1290 m) hat eine unverwechselbare Rundform. Er erhebt sich zwischen Assisi, Spello und Nocera Umbra und bildet seit 1995 den Südrand eines 7442 Hektar großen Regionalparks. Neben seiner eigenen Naturschönheit bietet der Monte Subasio einen herrlichen Blick über den hohen Apennin im Osten. Der Park birgt viele Orte von historischer und religiöser Bedeutung. Der typische rosafarbene Stein des Bergs wurde zum Bau der meisten Gebäude Assisis benutzt, das am Rand des Parks liegt. Schon im 10. Jahrhundert v. Chr. galt der Berg als heilig. Diese Aura hatte er noch zu Lebzeiten des hl. Franz von Assisi, der aus dieser magisch-mystischen Umgebung seine Inspiration bezogen haben mag.

Monte Subasio
Vom relativ leicht erreichbaren Gipfel des Monte Subasio aus hat man das Gefühl, ganz Umbrien zu überblicken. Im Südwesten liegen die Dolinen *mortaro grande* und *mortaro piccolo*, Höhlen, aus denen man früher Eis holte.

Eremo delle Carceri
Die kleine Einsiedelei (4 km von Assisi) ist von dichtem Wald umgeben. Ihr Name (Eremitage der Gefängnisse) stammt daher, dass sich hier Franziskanermönche zum Gebet »einzuschließen« pflegten. Es gibt eine Kirche (15. Jh.) und eine Höhle, die der hl. Franz zum Schlafen benutzte. Jenseits der Einsiedelei führt eine Brücke in einen Wald mit mehreren Höhlen und Eremitagen, die im Mittelalter Laien und Mönchen zur Andacht dienten.

Außerdem

① **Die Prati degli Stazzi** an der Straße zwischen Eremo delle Carceri und dem Gipfel bieten einen schönen Blick auf Assisi. Im Mai sind die Wiesen ein Blütenmeer.

② **Die nördliche Straße** verlässt Assisi nahe der Cà Piombino, dem Sitz der Parkverwaltung. Ehe sie sich südwärts auf Spello zuschlängelt, führt sie durch die kleinen historischen Orte Armenzano, San Giovanni und Collepino.

③ **Das Kloster San Silvestro** stammt aus dem 11. Jahrhundert. Der Legende nach wurde es von San Romualdo, dem Gründer des Kamaldulenserordens, errichtet.

Straße zum Gipfel
Die Straße zwischen Assisi und Spello folgt der Route eines antiken Karrenwegs. Die landschaftlich schöne Strecke erreicht fast den Gipfel des Monte Subasio. Die Abfahrt nach Spello führt am Heiligtum der Madonna della Spella vorbei.

Rocca di Postignano
Im Park findet man die Festung Rocca di Postignano und mehrere Kirchen, die an Stellen errichtet wurden, an denen einst Eremiten beteten.

Infobox

Information
Perugia. **Straßenkarte** C2.
Località Cà Piombino, Assisi, 075 815 5290. **parks.it/parco.monte.subasio**

Anfahrt
Santa Maria degli Angeli, Assisi, Strecke Foligno–Terontola, 892021. APM Assisi–Eremo delle Carceri, 800 512 141.

Wildtiere am Monte Subasio

Die Berghänge sind heute mit drei verschiedenen Vegetationsarten bewachsen. Zwischen Assisi und Spello werden Oliven angebaut. In anderen Gegenden stehen Mischwälder aus Eichen, (Hain-)Buchen, Eschen, Ahornen und Steineichen. Zudem gibt es neu gepflanzte Nadelwälder und Viehweiden. Zwar besteht seit mehreren Jahrzehnten ein Jagdverbot, doch die Bewirtschaftung fördert nicht gerade die Vielfalt an Wildtieren. Steinadler wurden seit Anfang der 1960er Jahre nicht mehr gesichtet. Am Monte Subasio leben heute Rebhühner, Ringeltauben, Elstern, Eichelhäher, Wildkatzen, Eichhörnchen, Stachelschweine, Dachse, Wölfe, Wiesel, Steinmarder und Wildschweine. An Raubvögeln sieht man Bussarde und Hühnerhabichte.

Stachelschweine

Castello di Armenzano
Im Mittelalter wurde dieser Ort wegen seiner strategischen Lage befestigt. Heute bietet das Dorf vor allem Ruhe und eine schöne Aussicht.

Collepino
Das befestigte mittelalterliche Dorf steht etwa zehn Kilometer vom Monte Subasio entfernt ganz für sich in der Nähe der Quelle des Flusses Chiona.

Straßenkarte *siehe hintere Umschlaginnenseiten*

9 Assisi

Auch ohne die Kirchen, die grandiosen Fresken und Zeugnisse des hl. Franz wäre Assisi allein wegen des Sonnenuntergangs einen Besuch wert – dann ist das mittelalterliche Zentrum, eines der besterhaltenen der Welt, in warmes Rot getaucht. Der von den Umbrern gegründete Ort war schon in römischer Zeit berühmt, erhielt aber seine größte Bedeutung in der Epoche der Kommunen *(siehe S. 46f)*. Als im 13. Jahrhundert mit dem Bau der Basilica di San Francesco aus dem rosa Stein des Monte Subasio begonnen wurde, dem die Stadt ihre charakteristische Färbung verdankt, hatte Assisi bereits Gestalt angenommen. Im 14. Jahrhundert wurden unter päpstlicher Herrschaft zwei Festungen erbaut. In späteren Jahrhunderten änderte sich die Stadt nur wenig. Noch heute fasziniert ihre Zeitlosigkeit.

Basilica di San Francesco

Palazzo del Capitano del Popolo

Minervatempel

Kloster San Giuseppe

Porta Moiano

Im Palazzo Vescovile entsagte Franziskus allen weltlichen Gütern. Das Bischofspalais wurde im 17. Jahrhundert völlig umgebaut.

Santa Maria Maggiore
Sie war die erste Kathedrale in Assisi. Ihr romanischer Ursprung wird an ihrer formalen Schlichtheit deutlich.

Piazza del Comune
Der Platz ist seit je das Zentrum Assisis. An ihm stehen der Minervatempel (1. Jh. v. Chr.), der Palazzo del Capitano del Popolo (13. Jh.), die Torre del Popolo (13./14. Jh.) und der Palazzo dei Priori (14. Jh.).

Infobox

Information
Perugia. **Straßenkarte** D4.
29 000. IAT, Piazza del Comune 22, 075 813 8680.
Calendimaggio (4.–6. Mai).
visit-assisi.it

Anfahrt
Assisi (Piazza Matteotti); Santa Maria degli Angeli (Piazza Garibaldi), Strecke Foligno–Terontola, 892 021 APM, 800 512 141.

★ Duomo (San Rufino)
Der heutige Bau wurde im 12. Jahrhundert begonnen. Die schöne romanische Fassade mit ihren Fensterrosen stammt noch aus dieser Zeit. Hier wurden die Heiligen Franz und Klara getauft, möglicherweise auch Kaiser Friedrich II.

An der Basis der Apsis und des Glockenturms der Kathedrale sieht man Schichten römischer Ziegel.

Die Chiesa Nuova (17. Jh.) wurde an der Stelle erbaut, wo angeblich das Haus des Vaters des hl. Franz, Pietro di Bernardone, gestanden hat.

Das Kloster neben der Basilika birgt im Kreuzgang die Krypta der alten kleinen Kirche San Giorgio.

★ Basilica di Santa Chiara
Sie wurde kurz nach der Basilica di San Francesco errichtet. Außer den Reliquien der hl. Klara enthält sie kostbare Kunstwerke und das berühmte Kruzifix von San Damiano.

Straßenkarte *siehe hintere Umschlaginnenseiten*

Überblick: Assisi

Der Anblick der berühmten Basilika Assisis ist überwältigend, doch es gibt noch viel mehr in der Stadt zu sehen. Autofahrer lassen den Wagen am besten auf dem großen Parkplatz am Largo Properzio direkt vor der Stadtmauer und betreten die Altstadt durch die Porta Nuova im Südosten. Von hier führt die Via Borgo Aretino zum ersten wichtigen Bau Assisis, der Basilica di Santa Chiara. Sie liegt im Kern des mittelalterlichen Viertels, von dem steile Straßen in die aus römischer Zeit stammende Oberstadt mit dem Dom und der Piazza del Comune führen. Von hier geht man durch die von mittelalterlichen Häusern gesäumten Straßen Via Seminario und Via San Francesco zur grandiosen Basilica di San Francesco *(siehe S. 76f)*.

Taufbecken in der Kathedrale San Rufino

Portal und Fensterrose der Basilica di Santa Chiara

Santa Chiara

Piazza Santa Chiara. 075 812 282. 6.30–12, 14–19 Uhr (Winter: bis 18 Uhr).

Mit dem Bau von Assisis zweitgrößter Kirche wurde 1257 begonnen, acht Jahre später wurde sie von Papst Clemens IV. geweiht: die hl. Klara (1255 heiliggesprochen), Gründerin des Klarissenordens, wurde hier 1260 begraben. Die Fassade zeigt ein schlichtes Portal mit einer Fensterrose darüber. Die Seite zur Straße wird von drei gewaltigen Strebebogen gestützt. Die markante Kirche wurde, wie manche toskanischen Gotteshäuser, schichtweise aus weißem und rotem Stein gemauert.

Das Innere besitzt die Form eines lateinischen Kreuzes, einfach und karg. Das rechte Querhaus enthält einen Freskenzyklus über *Das Leben der hl. Klara* von einem unbekannten, Maestro di Santa Chiara genannten Künstler (spätes 13. Jh.). Weitere interessante Fresken aus dem 14. Jahrhundert schmücken die linke Wand. Rechts, im Oratorio delle Reliquie, sieht man das berühmte hölzerne Kruzifix aus San Damiano (12. Jh.). Der Legende nach sprach dieses Kruzifix im Oratorio San Damiano zum hl. Franz und bat ihn, »meine Kirche« zu reparieren *(siehe S. 84)*.

Duomo (San Rufino)

Piazza San Rufino. 075 816 016, 075 812 283. Sommer: tägl. 8–13, 15–19 Uhr; Winter: tägl. 8–13, 14–18 Uhr (Karwoche, Aug und Tage vor Feiertagen: 7–19 Uhr).

Von Santa Chiara aus führen Stufenwege zur Cattedrale di San Rufino hinauf. Assisis Dom wurde 1029 von Erzbischof Ugone an der Stelle eines römischen Tempels errichtet und im 12./13. Jahrhundert umgebaut. 1253, dem Jahr seiner Fertigstellung, wurde er von Papst Innozenz IV. geweiht.

Der Dom ist weniger bekannt als die anderen Basiliken Assisis, doch lohnt sich ein Besuch allein wegen seiner schönen Fassade, eines Meisterwerks der umbrischen Romanik. Sie ist in drei horizontale Abschnitte gegliedert. Das Erdgeschoss zeigt drei mit Löwen geschmückte Portale mit Relieflünetten. Darüber, vom Erdgeschoss durch ein Konsolenband getrennt, gibt es drei Fensterrosen mit Symbolen der Evangelisten. Den Abschluss bildet ein dreieckiges Giebelfeld mit gotischem Bogen. Auf einer Seite erhebt sich der hohe Glockenturm mit zweibogigen Fenstern, der noch zur Kirche des 11. Jahrhunderts gehört.

Der Innenraum mit rechteckigem Grundriss wurde im 16. Jahrhundert gestaltet. Er enthält das alte Taufbecken, in dem der hl. Franz und die hl. Klara getauft wurden, originales Chorgestühl und den unterirdischen franziskanischen

Blick vom Monte Subasio auf Assisi mit seinen Mauern und Befestigungen

Andachtsraum, in den sich der Heilige vor seinen Predigten zurückzog. Die Cappella del Sacramento von Giacomo Giorgetti ist eine Barockkomposition über das Thema der Eucharistie.

An die Kirche grenzt das **Museo della Cattedrale** mit Gegenständen aus der ursprünglichen Kirche, einer Reihe von Fresken aus dem Oratorio di San Rufinuccio und Gemälden aus verschiedenen Kirchen in Assisi. Links von der Kirche sieht man die Reste eines römischen Theaters und, etwas weiter nördlich, die eines Amphitheaters. Im Hof der Kirche zeigt eine Tafel die Stelle des Hauses an, in dem die hl. Klara geboren wurde.

Piazza del Comune

Von der Kathedrale gelangt man durch die Via di San Rufino auf den Platz, der immer schon das wahre Zentrum der Stadt war. Seine heutige Form erhielt er im 13. Jahrhundert. Highlight ist der **Minervatempel**, der im 1. Jahrhundert v. Chr. auf einer Reihe von Terrassen erbaut wurde, die einst das Stadtzentrum markierten. Der gut erhaltene römische Tempel wurde im Lauf der Jahrhunderte unterschiedlich genutzt: als Kirche, Ladenensemble und Rathaus. 1456 wurde er unter dem Namen Santa Maria sopra Minerva schließlich eine Kirche.

Links vom Tempelportikus steht der **Palazzo del Capitano del Popolo** (13. Jh.), der im letzten Jahrhundert gründlich restauriert wurde. Am Fuß des Glockenturms (Torre del Popolo) sieht man, in die Mauer eingelassen, die im 14. Jahrhundert in Assisi gebräuchlichen Maße von Ziegeln, Fliesen und Stoffen. Auf der gegenüberliegenden Platzseite steht der **Palazzo dei Priori**, der 1275 begonnen und Ende des 15. Jahrhunderts vollendet wurde. Rechts erhebt sich der Arco della Volta Pinta mit Renaissance-Fresken. Der Brunnen auf der anderen Seite wurde im 18. Jahrhundert auf dem Fundament eines Wasserbeckens (13. Jh.) errichtet.

Ein kurzer Weg durch den Arco dei Priori führt zur **Chiesa Nuova** (17. Jh.) hinab, die Philipp III. von Spanien an der Stelle erbauen ließ, wo Franziskus angeblich geboren wurde.

Die Fassade der Chiesa Nuova im Stil der Spätrenaissance

Minervatempel
Piazza del Comune. Tel. 075 812 268. Mo–Sa 7.15–19, So, Feiertage 8.15–19 Uhr. Geschlossen: Di, Fr 14–17.15 Uhr.

Chiesa Nuova
Piazzetta Chiesa Nuova. Tel. 075 812 339. 6.30–12, 14.30–18 Uhr (Winter: bis 17 Uhr).

Museo und Foro Romano
Via Portica 2. Tel. 075 815 5077. März–Okt: tägl. 10–13, 14.30–18 Uhr; Nov–Feb: 10.30–13, 14–17 Uhr. Geschlossen: 1. Jan, 25. Dez.

Madonna in Maestà

Hinter dem Arco del Seminario an der Ecke der Piazza del Comune – der Grenze der einstigen Römerstadt – liegt ein Museum mit römischen Funden. Von ihm aus gelangt man zu den Ruinen des römischen Forums unter der Piazza del Comune.

Via San Francesco

Auf dem Weg zur Basilica di San Francesco geht man die gesamte Via del Seminario entlang, die dann zur Via San Francesco wird. Dabei kommt man am **Palazzo Giacobetti** (17. Jh.) und, gegenüber, am wundervollen **Oratorio dei Pellegrini** (15. Jh.) vorbei, das einst

Die Loggia dei Maestri Comacini in der Via San Francesco

Teil eines Pilgerhospizes war. Es folgen die Bogen des Portico del Monte Frumentario, der zu einem Hospital aus dem 13. Jahrhundert gehörte. Dann erreicht man den Palazzo Vallemani, der vorübergehend die **Pinacoteca Comunale** beherbergt. Ihr bedeutendstes Werk ist wohl die *Thronende Madonna* (Giotto-Schule) nahe dem Eingang. Einige Schritte weiter steht die **Loggia dei Maestri Comacini**, ein Palazzetto aus dem 13. Jahrhundert, der angeblich der Sitz der langobardischen Regenten war. Ihn schmücken Wappen aus dem 15. Jahrhundert. Zur Piazza di Santa Margherita geht man den Vicolo di Sant'Andrea hinauf. Von oben hat man den klassischen Blick auf die Basilica di San Francesco, der bei Sonnenaufgang oder -untergang besonders berührt.

Oratorio dei Pellegrini
Via San Francesco 13. Tel. 075 812 267. Di–Sa 10–12, 16–18 Uhr.

Pinacoteca Comunale
Palazzo Vallemani, Via San Francesco 10. Tel. 075 815 5234. März–Okt: tägl. 10–13, 14.30–18 Uhr; Nov–Feb: 10.30–13, 14–17 Uhr. Geschlossen: 1. Jan, 25. Dez.

Assisi: Basilica di San Francesco

Der hl. franz starb am 4. Oktober 1226. Nur 18 Monate später wurde Fra' Elia, der Generalvikar des Franziskanerordens, von Papst Gregor IX. mit dem Bau einer Kirche für den Heiligen beauftragt. Nach der Grundsteinlegung entstand als Erstes die Unterkirche, die Oberkirche wurde später über ihr errichtet. Die Weihe erfolgte 1253 durch Papst Innozenz IV. Die Kapelle der hl. Katharina wurde erst 1367 fertig. Einige der bedeutendsten Künstler der Zeit, unter ihnen Cimabue und Giotto, drückten dem Bau ihren Stempel auf. Am 26. September 1997 wurde die Kirche durch das schwere Erdbeben stark beschädigt: Das Gewölbe stürzte zum Teil ein, im Querhaus zeigten sich Risse. Doch nur zwei Jahre später war die Basilika restauriert und wurde wiedereröffnet.

★ Quattro Vele
Die allegorischen Fresken der Quattro Vele im Gewölbe über dem Altar der Unterkirche stellen *Die drei Tugenden des hl. Franz* dar. Lange Zeit Giotto zugeschrieben, gelten sie inzwischen als Werk eines seiner Schüler. Hier ist ein Ausschnitt aus der *Allegorie des Gehorsams* zu sehen.

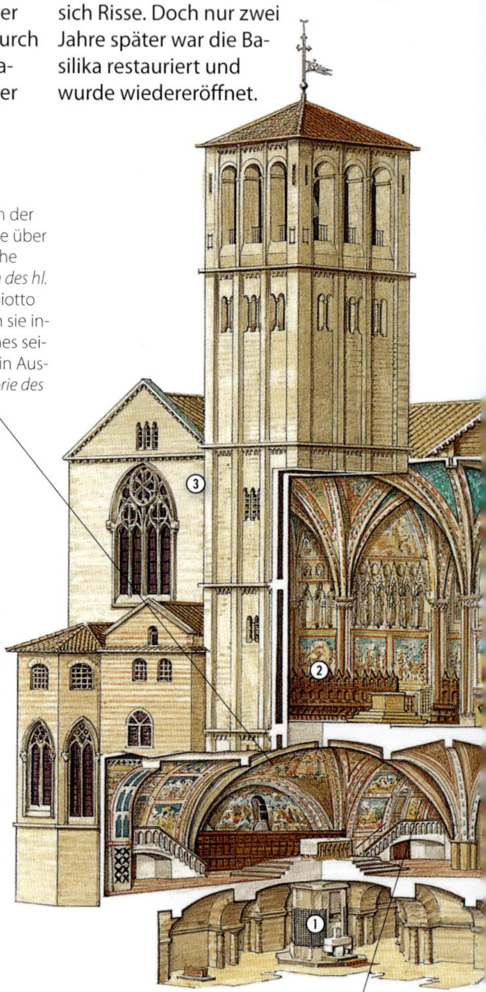

Außerdem

① **Das Grab des hl. Franz** in der Krypta wurde erst 1818 wiederentdeckt. Der genaue Ort war geheim gehalten worden, weil man den Raub der kostbaren Reliquie fürchtete. Die sterblichen Überreste des Heiligen wurden 1230 hierher überführt, ehe die Basilika vollendet war.

② **Das Chorgestühl** in der Apsis und an den Seiten rechts und links der Vierung bezeugt die hohe Schnitz- und Intarsienkunst Domenico Indovinis (spätes 15. Jh.).

③ **Die Querhausmauern** sind von Cimabue und seinen Schülern mit einem herausragenden Freskenzyklus ausgemalt worden. Die *Kreuzigung* im linken Querhausarm ist einzigartig.

④ **Die Fassade** ist ein Beispiel italienischer Gotik. Sie weist eine doppelte Fensterrose im Cosmatenstil und ein Doppelportal auf.

⑤ **Die Cappella di San Martino**, die erste links in der Unterkirche, wurde von Simone Martini (1312–20) ausgemalt. Seine Fresken, die mehrere Heilige und das *Leben des hl. Martin* darstellen, sind wahre Meisterwerke.

★ Fresken in der Vierung
Die linke Seite der Vierung wurde 1515–20 von Pietro Lorenzetti ausgemalt. Rechts ist eine von zwei Darstellungen der *Madonna mit Kind* zu sehen.

Fresken im Langhaus
Die Wölbung über dem Langhaus wurde von verschiedenen Künstlern verziert, von denen einer der junge Giotto gewesen sein könnte. Das Gewölbe des ersten Jochs zeigt die Vier Kirchenlehrer in ihren Arbeitszimmern. Hier zu sehen: der hl. Augustinus.

Infobox

Information
Piazza San Francesco. ☎ 075 819 001. ◯ **Oberkirche** tägl. 8.30–17.45 Uhr (Nov–Ostern: bis 16 Uhr). **Unterkirche** tägl. 6–17.45 Uhr (Nov–Ostern: bis 16 Uhr). ✝ am Grab des hl. Franz: Mo–Fr 7.15 Uhr (075 819 0084 für Reservierungen).
W **sanfrancescoassisi.org**

Innenraum der Oberkirche
Die helle, hohe einschiffige Oberkirche ist typisch für die franziskanische Klosterarchitektur. Sie übernimmt Formen der französischen Gotik, vereinfacht sie aber und fügt regionale Elemente hinzu. Sie sollte die Askese und Spiritualität symbolisieren, die das Leben des hl. Franz kennzeichneten.

★ Leben des hl. Franz
Die Fresken an den unteren Wänden des Langhauses (ca. 1290) wurden lange Zeit Giotto zugeschrieben, gelten aber heute als das Werk des unbekannten, sogenannten Maestro di San Francesco.

Assisi: Fresken in der Basilika

Es gab auch Widerspruch, als Fra' Elia den Prachtbau für die Reliquien des hl. Franz, der ja Armut gepredigt hatte, errichten ließ. Es scheint, dass von Anfang an zwei Kirchen übereinander geplant waren, obgleich das genaue Datum des Baubeginns der Oberkirche nicht bekannt ist. Die kleinere und schlichtere Unterkirche sollte als Grab des Heiligen dienen und Pilger aufnehmen, die Oberkirche dagegen war für den regulären Gottesdienst gedacht. Die Schnelligkeit, mit der das Werk ausgeführt wurde, ließ offenbar nicht viel plastischen Schmuck zu, doch die riesigen glatten Wände schienen für eindrucksvolle Freskenzyklen wie geschaffen. An ihnen konnten die größten Maler der Zeit arbeiten. Sie schufen eines der schönsten Kunstdenkmäler in der Geschichte des Abendlands.

Detail der *Grablegung* von Pietro Lorenzetti

Unterkirche

Die strenge und düstere Unterkirche zeigt Einflüsse der Romanik. Dem feierlichen Ernst der Architektur steht die üppige malerische Ausgestaltung gegenüber. Sie findet weniger Beachtung als die der Oberkirche, ist aber durch die Zahl und Qualität der Künstler, die hier arbeiteten, repräsentativer für die italienische Kunst jener Zeit.

Die wichtigsten Fresken der Unterkirche

Wände
Maestro di San Francesco: *Szenen aus dem Leben des hl. Franz* (links); *Passionsszenen* (rechts; ca. 1260, stark beschädigt, nur halb sichtbar).
Quattro Vele (Wölbung über dem Altar)
Maestro delle Vele: *Apotheose des hl. Franz*; *Allegorie des Gehorsams*; *Allegorie der Armut*; *Allegorie der Keuschheit* (ca. 1315–20).
Rechtes Querhaus
Wölbungen:
Giotto-Werkstatt: *Kindheit und Jugend Jesu* (ca. 1315–20).
West- und Nordwand:
Giotto-Werkstatt: *Postume Wunder des hl. Franz* (ca. 1320).
Ostwand:
Cimabue: *Thronende Madonna mit Engeln und dem hl. Franz* (ca. 1280); Giotto (?): *Kreuzigung* (ca. 1320); Simone Martini: *Madonna mit Kind und zwei hl. Königen* (ca. 1321–26).
Cappella di San Nicola:
Simone Martini, Giotto: *Die Heiligen Franz, Ludwig von Toulouse, Elisabeth von Ungarn, Klara und ein unbekannter Heiliger* (ca. 1321–26).
Linkes Querhaus
Das Querhaus wurde zur Gänze von Pietro Lorenzetti und Mitgliedern seiner Werkstatt mit Fresken ausgemalt (ca. 1315–20).
Tonnengewölbe:
Einzug in Jerusalem; *Abendmahl*; *Fußwaschung*; *Vertreibung aus dem Tempel*; *Gang nach Golgatha*; *Geißelung*; *Kreuzigung*.
Südwand:
Kreuzabnahme; *Grablegung*; *Christi Höllenfahrt*; *Auferstehung*.
Ostwand:
Kreuzigung; *Madonna und Kind*; *Der hl. Franz und der Evangelist Johannes*.
Westwand:
Tod des Judas; *Der hl. Franz erhält die Wundmale*.
Cappella di San Giovanni Battista:
Madonna mit Kind und dem hl. Franz und Johannes dem Täufer.
Cappella di San Martino di Tours (erste links)
Sie wurde gänzlich von Simone Martini mit Heiligenfiguren und Freskenzyklen zum *Leben des hl. Martin* ausgemalt (ca. 1321–26).

Oberkirche

Die Oberkirche ist so hoch und hell, wie die Unterkirche niedrig und dunkel. Ihre Ausgestaltung zeigt im Wesentlichen zwei Hauptblöcke: die Fresken in Apsis, Querhaus und Vierung von Cimabue und seiner Schule sowie die des Langhauses und der Wölbungen, in denen das Leben des hl. Franz und Szenen des Alten und Neuen Testaments meisterlich dargestellt sind.

Detail der *Madonna mit Kind* von Pietro Lorenzetti, Unterkirche

◀ Das Innere der Oberkirche, Basilica di San Francesco, Assisi (vor dem Erdbeben 1997)

Fresken in der Apsis und den Querhäusern
Cimabue und seine Schule (1280).
Linkes Querhaus
Kreuzigung; Szenen aus der Apokalypse; Michael und die Engel.
Hauptapsis
Szenen aus dem Leben der Jungfrau Maria.
Rechtes Querhaus
Die Apostel.
Vierung
Die Evangelisten.

Detail der *Vision der Throne* aus dem Zyklus »Leben des hl. Franz«

Fresken im Langhaus
Szenen aus dem Leben des hl. Franz (von Giotto oder vom Maestro di San Francesco), oberes Band und Wölbungen von Cimabue u. a.

Detail des *Quellwunders*, 14. Szene des Giotto-Zyklus

Leben des hl. Franz

I	Huldigung auf der Piazza
II	Mantelspende
III	Traum von den Waffen
IV	Gebet in San Damiano
V	Entsagung weltlicher Güter
VI	Traum von Innozenz I.
VII	Bestätigung der Ordensregel
VIII	Vision des Feuerwagens
IX	Vision der Throne
X	Dämonenvertreibung aus Arezzo
XI	Franziskus vor dem Sultan
XII	Franziskus in Ekstase
XIII	Weihnachtsfeier in Greccio
XIV	Das Quellwunder
XV	Die Vogelpredigt
XVI	Tod des Ritters Don Celano
XVII	Predigt vor Honorius III.
XVIII	Erscheinung in Arles
XIX	Franz erhält die Wundmale
XX	Tod des hl. Franz
XXI	Visionen des Heiligen
XXII	Hieronymus überprüft die Wundmale
XXIII	Klarissen beweinen Franz
XXIV	Heiligsprechung
XXV	Vision Gregors IX.
XXVI	Heilung des Mannes aus Ilerda
XXVII	Beichte der Wiedererweckten
XXVIII	Befreiung des Petrus von Alife

Fresken im Langhaus und in den Gewölben

Altes Testament

1	Erschaffung der Welt
2	Erschaffung Adams
3	Erschaffung Evas
4	Sündenfall
5	Vertreibung aus dem Paradies
6	Mühsale Adams und Evas
7	Kain und Abel
8	Kain tötet Abel
9	Noah baut die Arche
10	Einzug in die Arche
11	Opferung Isaaks
12	Abraham und die drei Engel
13	Isaak segnet Jakob
14	Esau vor Isaak
15	Joseph wird von seinen Brüdern in den Brunnen geworfen
16	Joseph verzeiht seinen Brüdern

Neues Testament

17	Verkündigung
18	Heimsuchung Mariä
19	Geburt Christi
20	Anbetung der Könige
21	Darstellung Christi im Tempel
22	Flucht nach Ägypten
23	Jesus bei den Schriftgelehrten
24	Taufe Jesu
25	Hochzeit zu Kanaan
26	Erweckung des Lazarus
27	Gefangennahme Christi
28	Geißelung
29	Gang nach Golgatha
30	Kreuzigung
31	Beweinung des toten Christus
32	Die Marien am Grabe

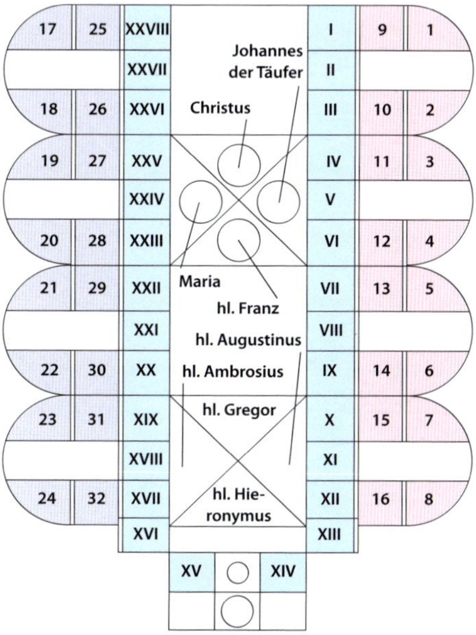

Geistliche Orden

Auffallend in Umbrien und vor allem in Assisi sind die zahlreichen Konvente und Klöster. Sie gehören verschiedenen geistlichen Orden, die direkte Nachfolger der Worte und Predigten der Heiligen Franz und Klara sind. In Europa entstanden die ersten Mönchsorden im 6. Jahrhundert mit der Festlegung der benediktinischen Regel. Im 10. Jahrhundert wurde in Cluny die Reform dieser Regel in die Wege geleitet, dies gab der klösterlichen Bewegung großen Auftrieb. Ähnliches machte der Zisterzienserorden zwei Jahrhunderte später. Der hl. Franz (1182–1226) ging neue Wege: Er zog gegen den Luxus und die Isolation des Mönchstums zu Felde und forderte stattdessen seine Jünger auf, in Armut und Entsagung zu leben und den Kranken und Besitzlosen zu dienen. Es erwies sich als schwierig, solch strenge Vorsätze selbst Mönchen schmackhaft zu machen. In der Folge entstanden weitere Franziskanerorden, von denen es heute drei gibt.

Franziskaner

Der 1223 gegründete Orden zählt knapp unter 20 000 Mitglieder, vor allem Priester. Die Mönche tragen normalerweise keinen Bart, der allein den Kapuzinern vorbehalten ist.

Franziskaner-Konventuale

Nach längeren Streitigkeiten um die wörtliche Befolgung der Regel des hl. Franz entschloss sich Papst Leo X. 1517, all die kleinen Gruppen zusammenzufassen, die aus dem Franziskanertum hervorgegangen waren. Nach dieser Reform wurden nur noch zwei Orden anerkannt: die Observanten und die Konventualen. Letztere haben etwa 4500 Mitglieder in 675 über die ganze Welt verteilten Häusern.

Kreuzgang des Klosters San Damiano

Klarissen, Franziskanerinnen und Kapuzinerinnen

Der Klarissenorden entstand, als Klara von Assisi (Santa Chiara, 1193–1253) den Schleier nahm, was vom hl. Franz 1212 in Santa Maria degli Angeli *(siehe S. 84)* gefeiert wurde, als Klara eben 18 war. Das Benediktinerinnenkloster, dem sie beigetreten war, verließ sie mit mehreren Schwestern, die sich ihr angeschlossen hatten. Sie begaben sich zur Kirche San Damiano *(siehe S. 84)*, wo Klara Franz nachfolgen und einen Franziskanerinnenorden gründen wollte. Die Ordensregel der Klarissen wurde 1224 vom hl. Franz selbst aufgestellt und von Klara, die mittlerweile Äbtissin der Gemeinschaft war, peinlich genau befolgt. Im Lauf der Zeit wurde die strenge ursprüngliche Regel leicht gemildert. Im 15. Jahrhundert läutete die Gründung des Reformierten Franziskanerinnenordens die Rückkehr zur Befolgung der strengeren traditionellen Regel ein. 1525 wurde ein weiblicher Zweig des Kapuzinerordens gegründet. Die drei Orden gibt es bis heute.

Die Kutte des hl. Franz
Das Mönchsgewand, das der hl. Franz als erstes getragen haben soll, spiegelt sein Armutsgelübde und seinen Verzicht auf alle weltlichen Güter wider – so wie uns die Überlieferung sein Bild gezeichnet hat.

Kapuziner

Im Versuch, zur Strenge der ursprünglichen Regel des hl. Franz von Assisi zurückzukehren, gründete Matteo da Bascio 1525 in Camerino das erste Kapuzinerhaus. Der Orden breitete sich in ganz Italien und auch im übrigen Europa aus, doch seine Mitglieder wurden von der Kirche wegen ihrer Ordensregel verfolgt, die als zu streng und extrem galt. Derzeit gehören rund 11 000 Menschen diesem Franziskanerorden an (darunter 70 Bischöfe, 7300 Priester und 3500 Laien).

Fassade von San Pietro mit ihren klaren Linien

San Pietro

Piazza San Pietro. 075 812 311. Ostern – Nov: 8 – 19 Uhr; Nov – Ostern: 8 – 18 Uhr.

Von der Basilica di San Francesco ist es nur ein kurzer Weg durch die Via Frate Elia zur Kirche San Pietro, die mit dem angrenzenden Kloster im 10. Jahrhundert von den Benediktinern gegründet wurde. Die heutige Kirche aus der Zeit der Basilika des hl. Franz wurde 1254 geweiht. Ihre romanisch-gotische Fassade zierte ursprünglich ein Giebelfeld, das im 19. Jahrhundert abgerissen wurde. Ihr überwiegend romanisches Inneres enthält keine bedeutenden Kunstwerke. Was sie allerdings hervorhebt, ist ihre Schlichtheit und die Höhe des Kirchenschiffs.

Santa Maria Maggiore

Piazza del Vescovado. 075 813 085. Ostern – Nov: 8.30 – 19 Uhr; Dez – Ostern: 8.30 – 17 Uhr.

Östlich von San Pietro gelangt man zur Piazza del Vescovado. Der Platz hatte im Mittelalter große Bedeutung. Hier stehen der Palazzo Vescovile (Bischofspalais) und die Kirche Santa Maria Maggiore, bis 1020 die Kathedrale der Stadt. Die Kirche stammt wahrscheinlich aus dem 10. Jahrhundert, wurde aber um 1163 romanisch umgestaltet. Aus der noch originalen Krypta gelangt man in Räume, die angeblich das Haus des Properz (Casa di Properzio) sind – »angeblich«, weil die Herkunft des römischen Dichters (um 50 – 16 v. Chr.) alles andere als klar ist. Mindestens drei umbrische Städte – Assisi, Spello und Bevagna – behaupten, sein Geburtsort zu sein.

Rocca Maggiore

Via Portica 2. 075 815 5234. tägl. 10 Uhr bis Sonnenuntergang. 1. Jan, 25. Dez.

Zu der gut erhaltenen Burg am Nordrand der Stadt gelangt man von der Piazza San Rufino aus über die Via di Porta Perlici. Der weite Blick über die Valle del Tescio, die Valle Umbra und Assisi selbst mit der Fassade des Doms im Vordergrund machen die Anstrengung des Aufstiegs mehr als wett.

Die Festung wurde im 12. Jahrhundert errichtet und von Herzog Konrad von Urslingen (Erzieher des künftigen Kaisers Friedrich II.) bewohnt. Zerstört wurde sie mehr als einmal – doch immer wieder aufgebaut, so auch von Kardinal Albornoz im Jahr 1367. Aus dieser Zeit datiert ihre heutige Gestalt. Zu den späteren Anbauten gehören der mehreckige Turm (1458) und der runde Turm neben dem Eingang (1553 – 58).

Die Festung Rocca Maggiore oberhalb von Assisi

San Damiano, dessen Schlichtheit der Spiritualität des Ortes entspricht

Wallfahrtskirche San Damiano

Via Padre Antonio Giorgi. 075 812 273. Sommer: tägl. 10–12, 14–18 Uhr (Winter: bis 16.30 Uhr); Andacht um 7 (Sommer) und 17 Uhr (Winter).

Von der Porta Nuova führt ein 15-minütiger Spaziergang zur Franziskanerkirche San Damiano, einem der wichtigsten Orte im Leben des hl. Franz. Hier soll der Heilige 1205 folgende Worte gehört haben: »Francesco, setze meine baufällige Kirche instand.« Nach Tommaso da Celano, dem großen Chronisten der Vita des hl. Franz, kamen diese Worte vom Kruzifix, das sich jetzt in der Basilica di Santa Chiara *(siehe S. 74)* befindet. Die Kirche, auf die das Kruzifix verwies, war San Damiano. Der hl. Franz setzte sie mit einigen ergebenen Anhängern instand.

Dann brachte der hl. Franz Klara von Assisi nach San Damiano. Sie und ihre ersten Anhängerinnen versammelten sich hier und gründeten das Kloster, in dem der hl. Franz seinen *Cantico delle Creature* (1225) schrieb. Heute führt der Orden der Frati Minori Osservanti (Minoriten) das Kloster.

Abgesehen von der spirituellen Aura des Klosters lohnen auch seine Architektur und Kunst, vor allem die der alten Klosterräume, einen Besuch: Das Oratorio di Santa Chiara ist genauso sehenswert wie der Kreuzgang mit Fresken von Eusebio da San Giorgio (1507) und das Refektorium. Der Bau aus dem 13. Jahrhundert ist noch großteils erhalten.

Santa Maria degli Angeli-Porziuncola

Santa Maria degli Angeli. 075 805 11. Sommer: tägl. 6.15–19.45 Uhr (Juli–Sep: auch 9–11 Uhr); Winter: tägl. 6.15–12.30, 14–19.45 Uhr; Rosenkranz und Prozession: Sa 21.15 Uhr.

Ein weiterer Ort, der Franziskus teuer war und wo er seine geistige Bestimmung fand, liegt am Fuß des Hügels (durch die Porta San Pietro). Die Ende des 16. Jahrhunderts erbaute Kirche Santa Maria degli Angeli, eine der größten der Welt, wurde errichtet, um die Porziuncola in sich aufzunehmen, die kleine Kapelle, in der der hl. Franz lebte und starb und die das Zentrum des frühen Franziskanerordens war. 1569 legte Papst Pius IV. den Grundstein zu der riesigen Kirche, die die gewaltigen Pilgermassen fassen konnte. Die Planung wurde Galeazzo Alessi übertragen. Über ein Jahrhundert später wurde der Bau mit der großen Kuppel (1667) und einem der beiden Glockentürme abgeschlossen.

Das Bethäuschen Porziuncola

Unter der Kuppel im Inneren steht nun das alte Bethäuschen, die Cappella della Porziuncola. Rechts sieht man die Cappella del Transito, die alte Krankenzelle, in der der Heilige am 4. Oktober 1226 starb, die Tür ist original erhalten. Diese Kapelle enthält eine Majolikastatue des hl. Franz von Andrea della Robbia. Bemerkenswert ist auch die Cappella del Roseto (Kapelle des Rosengartens) mit Fresken von Tiberio d'Assisi (frühes 16. Jh.). Ihr Name entstammt einer Legende, wonach sich der Heilige nackt auf den Rosen des Gartens wälzte, um sich zu kasteien, doch die Dornen lösten sich augenblicklich in nichts auf.

Das kleine Klostermuseum zeigt ein bemaltes *Kruzifix* von Giunta Pisano (Mitte 13. Jh.) und einen *St. Franziskus* eines unbekannten Künstlers, der wegen dieses Porträts als Maestro di San Francesco in die Geschichte einging.

Umgebung: Etwa fünf Kilometer südlich von Assisi, an der Straße nach Foligno, steht das imposante **Santuario di Rivotorto**, ein neugotischer Bau von 1854 an der Stelle einer Steinhütte, die den ersten Franziskanermönchen 1209 für kurze Zeit Obdach bot. Hier schrieb der hl. Franz die ersten Regeln seines Ordens nieder. An der Fassade sieht man die Symbole der Basilica di San Francesco.

Santuario di Rivotorto

Rivotorto di Assisi, 5 km. 075 806 5432. tägl. 6.45–12.30, 14.30–19 Uhr (So ab 7.30 Uhr).

Kreuzigung (1561), Fresko von Dono Doni im Dom San Rufino

⑩ Tour: Franziskanischer Friedensweg

Es gibt viele Wanderwege in den umbrischen Bergen. Der Friedensweg wurde im Jahr 2000 eingerichtet. Er zeichnet die Reise nach, die Franziskus 1206 unternahm und auf der er seine Bekehrung erlebte und sein weltliches Leben aufzugeben beschloss. Die leicht zu bewältigende Route verbindet Assisi mit Gubbio und folgt nicht nur dem von Franziskus beschrittenen realen Weg, sondern rekapituliert auch die spirituelle Reise des späteren Heiligen.

Routeninfos

i Piazza del Comune 10, Assisi, 075 812 534.
Länge: 40 km.
Zeit: 2 Tage.
Rasten: Assisi, Valfabbrica, Gubbio. Unterkünfte in der Abtei Vallingegno, 075 920 158.
W **ilsentierodifrancesco.it**

⑥ Abtei Vallingegno
Ein weiterer spiritueller Haltepunkt ist die San Verecondo geweihte Abtei, seit dem 11. Jahrhundert ein Benediktinerzentrum. Kirche, Kreuzgang und Krypta sind gut erhalten und zu besichtigen.

⑦ Gubbio
Direkt vor der Stadt steht die »Vittorina«, die Santa Maria della Vittoria geweihte Kirche, wo der hl. Franz der Legende einen Wolf gezähmt haben soll. In Gubbio endet der Weg an der Kirche San Francesco.

⑤ Kirche in Caprignone
Von allen Kirchen, die der hl. Franz in seinem Leben Stein für Stein erbaute, spiegelt diese am besten die Strenge des Ordens. Sie markiert den Beginn der franziskanischen Bewegung.

④ Pieve di Coccorano
Dies ist eine der vielen Kapellen, in denen der hl. Franz auf seinem Weg gerastet und gebetet haben könnte. Die Landschaft ist hier besonders schön.

③ Abtei Valfabbrica
Hier könnte der hl. Franz sich aufgehalten haben, ehe er den Weg nach Gubbio fortsetzte. Nur das Kirchlein Santa Maria mit Fresken der umbrischen Schule ist erhalten geblieben.

② Pieve San Nicolò
Nach einem hügeligen Weg hinter Assisi gelangt man in dieses Dorf, das die Wasserscheide zwischen Assisi und Valfabbrica bildet. Von hier kann man beide Orte sehen, bei gutem Wetter reicht der Blick sogar bis nach Gubbio.

① Assisi
Der Weg beginnt an der Porta San Giacomo, wahrscheinlich das Tor, durch das der hl. Franz die Stadt Assisi verließ. Es liegt in der Nähe der Basilica di San Francesco, in der der Heilige begraben ist.

Legende

Routenempfehlung
Andere Straße

Weinberge der Familie Lungarotti in der Nähe von Torgiano

⓫ Torgiano

Perugia. **Straßenkarte** C4. 6700. FS Perugia bzw. Assisi, 5 km bzw. 8 km, Strecke Foligno–Terontola. i Pro Loco, Corso Vittorio Emanuele II 39, 075 982 067. W **comune.torgiano.pg.it**

Die Kleinstadt Torgiano, 15 Kilometer südlich von Perugia (unmittelbar östlich der Staatsstraße 3bis), liegt traumhaft an der Mündung des Chiascio in den Tiber. Der Ort aus römischer Zeit wurde im Mittelalter befestigt, um das Gebiet von Perugia zu schützen – wovon der Torre Baglioni (wahrscheinlich 13. Jh.) noch immer zeugt.

Torgiano besitzt diverse alte Kirchen und Kapellen und gehört vom Ortsbild her zu den »Schönsten Dörfern Italiens« (I borghi più belli d'Italia), ein Prädikat, das seit 2001 verliehen wird. Torgiano ist jedoch vor allem für seine Weinproduktion bekannt, woran das Wappen der Stadt und das exzellente **Museo del Vino** erinnern. Das im Palazzo Baglioni (17. Jh.) untergebrachte Privatmuseum gehört der Familie Lungarotti, den wohl bekanntesten Weinproduzenten Umbriens. Ihr Rubesco Riserva di Torgiano zählt zu den besten Rotweinen Italiens.

In 19 Räumen wird die Geschichte der Önologie und des Weinbaus seit der Antike erläutert. Gezeigt werden (mit guten Erklärungen) die Werkzeuge, die über die Jahrhunderte für die Weinherstellung benutzt wurden, dazu alte Drucke und Bücher über Wein. Auch eine wertvolle Keramiksammlung ist zu sehen, u. a. ein Teller von Maestro Giorgio da Gubbio (1528) und ein besonders schöner Tondo mit Bacchus, der Girolamo della Robbia zugeschrieben wird.

Neben dem Museum liegt die **Osteria del Museo**, in der man Weine der **Cantine Lungarotti** kosten und kaufen kann.

Um auch die hohe Qualität der anderen landwirtschaftlichen Erzeugnisse der Region zu dokumentieren, hat die Fondazione Lungarotti das **Museo dell'Olivo e dell'Olio** eröffnet, das in attraktiv restaurierten mittelalterlichen Räumen über Oliven und ihr edles Öl informiert. Im Shop kann man hochwertige Öle und Aceto balsamcio kaufen.

Museo del Vino und Osteria del Museo
Corso Vittorio Emanuele 31–33. 075 988 0200. Apr–Juni: Di–So 10–13, 15–18 Uhr; Juli–Sep: tägl. 10–18 Uhr; Okt–März: Di–So 10–13, 15–17 Uhr. 25. Dez. W **lungarotti.it**

Cantine Lungarotti
Viale G. Lungarotti 2. 075 985 486 (Anmeldung für Gruppen). Mo–Fr 9–13, 15–19, Sa 9.30–13, 15.30–18 Uhr.

Museo dell'Olivo e dell'Olio
Via Garibaldi 10. 075 988 0200 (-0300). wie Museo del Vino. 25. Dez.

⓬ Bettona

Perugia. **Straßenkarte** C4. 4300. FS Perugia bzw. Assisi, 7 km bzw. 4 km, Strecke Foligno–Terontola. i Pro Loco, Corso Marconi 23, 075 997 5643. W **comune.bettona.pg.it**

Es lohnt sich, von Torgiano auf der Straße nach Assisi sechs Kilometer weiter bis nach Bettona zu fahren. Abgesehen von der schönen Aussicht auf die umliegende Landschaft ist der Ort historisch einzigartig: Er gehört zu den seltenen Kulturstätten etruskischen Ursprungs östlich des Tibers.

Die etruskischen Anfänge treten klar in den gewaltigen Steinblöcken in einigen Abschnitten der mittelalterlichen Stadtmauer zutage. Hier ist das typisch etruskische Mauerwerk (4. Jh. v. Chr.) erhalten. Bestes Beispiel ist der 40 Meter lange Abschnitt an der Nordwestecke, andere Abschnitte stammen aus dem Mittelalter, wurden aber auf etruskischen Fundamenten errichtet. Man kann außerhalb des Orts ganz um die Mauern herumgehen.

***St. Antonius* von Perugino**

Bettona hat sein mittelalterliches Flair weitgehend bewahrt. Man findet hier Kunstwerke, die entweder der Perugino-Schule zugeschrieben werden oder als Werke des Meisters selbst gelten. Eines ist eine Prozessionsfahne mit einer Madonna mit Kind und der hl. Anna. Bis vor Kurzem befand sie sich mit

Stadtmauer in Bettona mit etruskischen und mittelalterlichen Teilen

anderen bedeutenden Werken in der Kirche Santa Maria Maggiore, die im 13. Jahrhundert errichtet und später umgebaut wurde. Heute ist sie in der **Pinacoteca Comunale** zu sehen, einer exzellenten Sammlung im Palazzo del Podestà an der Piazza Cavour. Die Pinakothek besitzt auch einen *St. Antonius* von Perugino, eine *Anbetung der Hirten* von Dono Doni (ein Meisterwerk von 1543, früher in der Kirche San Crispolto) und weitere bedeutende Werke von Jacopo Siculo, Niccolò Alunno, Tiberio d'Assisi und Fiorenzo di Lorenzo.

Pinacoteca Comunale
Palazzo del Podestà, Piazza Cavour 3. 075 987 306. März–Mai, Sep, Okt: tägl. 10.30–13, 14–18 Uhr; Juni–Aug: tägl. 10.30–13, 15–19 Uhr; Nov–Feb: Di–So 10.30–13, 14.30–17 Uhr. 1. Jan, 25. Dez.

Werk von Niccolò Alunno, Pinacoteca Comunale in Bettona

⑬ Deruta

Perugia. **Straßenkarte** C4. 9800. IAT, Piazza Matteotti 18, Perugia, 075 573 6458 oder Pro Deruta, Piazza dei Consoli, 075 971 1559.
comunederuta.gov.it

Das Städtchen Deruta liegt sechs Kilometer südlich von Torgiano (15 km südlich von Perugia) an der Staatsstraße 3bis. Der Ort auf einem Hügel über dem Tibertal ist seit dem Neolithikum bewohnt und zeigt noch heute Spuren seiner Geschichte in Teilen der Stadtmauer und den drei Toren, die in die Altstadt führen. Der Name des Orts verweist vermutlich auf die Tatsache, dass Deruta im Lauf der Jahrhunderte mehrmals zerstört *(distrutta)* wurde.

Keramik vom Tiber

Umbrien ist weltweit für seine Keramik berühmt. Zwischen dem 15. und 16. Jahrhundert kamen einige außergewöhnliche Keramiker, darunter Giacomo Mancini und Francesco Urbini, von hier. Noch heute gehört die Keramikherstellung zu den wichtigsten Wirtschaftszweigen entlang der Val Tiberina. Deruta ist voller Werkstätten, in denen man Handwerkern bei der Arbeit zusehen kann. Es ist natürlich kein Zufall, dass die große Mehrheit der Produktionsstätten für Keramik entlang dem Tiber entstand und sich noch immer hier befindet: Es gibt hier nämlich große Vorkommen an gut zu verarbeitendem und zugleich sehr feuerfestem Ton sowie an Kieselerden. Letztere werden für die Glasur benötigt.

Handarbeit pur: Keramikverzierung

Zentrum von Deruta ist die Piazza dei Consoli, an der, wie meist in mittelalterlichen Siedlungen, alle wichtigen kirchlichen und weltlichen Bauten stehen. Hier finden sich der **Palazzo dei Consoli**, Rathaus und Pinacoteca Comunale (Gemäldegalerie) in einem, sowie die romanische Kirche **San Francesco**.

Das **Museo Regionale della Ceramica** im ehemaligen Kloster San Francesco gleich neben der Kirche unterstreicht die Bedeutung der Keramik für Deruta. Die Produktion von Krügen, Tellern und anderen Alltagsgegenständen begann im Mittelalter und ist nun in dem wohl bedeutendsten Museum seiner Art in der Region gut dokumentiert. Raum 5 im Erdgeschoss zeigt antike Keramiken. Im ersten Stock sind Fragmente des Fußbodens der Kirche San Francesco zu sehen. Im zweiten Stock sind weitere wertvolle Stücke ausgestellt, darunter einige Renaissance-Teller (16. Jh.). Einer von ihnen visualisiert die Sage von Pyramus und Thisbe.

Die Hauptattraktion der Kirche **Madonna dei Bagni** (auch: Madonna del Bagno) von 1657, zwei Kilometer südlich von Deruta, hat ebenfalls mit Keramik zu tun. Ihre Wände sind mit Votivgaben aus Derutaer Keramik bedeckt.

Museo Regionale della Ceramica
Largo San Francesco. 075 971 10 00. Apr–Juni: Mi–So 10.30–13, 15–18 Uhr; Juli–Sep: Mi–So 10–13, 15.30–19 Uhr; Okt, März: Mi–So 10.30–13, 14.30–17 Uhr; Nov–Feb: Mi–So 10.30–13, 14.30–16.30 Uhr. 1. Jan, 25. Dez.

Madonna dei Bagni
SS E45, Aufahrt Casalina. 075 973 455. tägl. 8–12, 14.30–18.30 Uhr (Sommer: bis 19 Uhr). während der Messen.

Das fruchtbare umbrische Land in der Gegend von Deruta

⑭ Perugia

In der größten Stadt Umbriens leben über 160 000 Menschen. Die Altstadt auf einem Hügel oberhalb des Tibers wirkt mittelalterlich, wurde aber schon von den Etruskern angelegt. Die moderne City mit ihrer Bekleidungs- und Nahrungsmittelindustrie breitet sich in der Ebene aus. Die Etrusker gründeten *Perusia* im 5. Jahrhundert v. Chr. oder früher. 309 v. Chr. wurde es von den Römern erobert. Seine Blütezeit erlebte Perugia im 13. und 14. Jahrhundert, bis ein Bürgerkrieg die Stadt destabilisierte. 1531 geriet sie unter päpstliche Herrschaft. Das heutige Perugia vermittelt ein junges, weltoffenes und künstlerisches Flair, das es von anderen Städten der Region abhebt. Hier gibt es die Università per Stranieri (Ausländeruniversität). Umbria Jazz *(siehe S. 37)* ist Italiens wichtiges Jazzfestival, Eurochocolate ein jährliches Schoko-Event.

Porta Marzia in der Ostbastion der Rocca

Überblick: Perugia

Autofahrern wird empfohlen, den Wagen auf dem unterirdischen Parkplatz am Piazzale Partigiani zu lassen. Von dort befördern Rolltreppen die Gäste in etwa 10 Minuten an den Resten der Rocca Paolina vorbei in die Altstadt, wo sie auf der Piazza Italia wieder ans Tageslicht kommen.

Bronzetafel mit Prägung

Rocca Paolina und Porta Marzia

Die 1543 erbaute Festung wurde 1860 praktisch zerstört. Sie ist ein Symbol der Papstherrschaft über Perugia. Die Rocca wurde auf Befehl Papst Pauls III. Farnese errichtet, der die Stadt 1540 plündern ließ und der Kirche einverleibte.

Mit dem Bau der Rocca wurde Antonio da Sangallo betraut, der größte Festungsarchitekt seiner Zeit. Um Platz für das Bauwerk zu schaffen, wurden viele Häuser abgerissen. Dadurch steigerte sich der Hass der Perugianer auf die Rocca Paolina, die auf der Stelle zerstört wurde, als die Stadt Mitte des 19. Jahrhunderts die Unabhängigkeit vom Papsttum erlangte. Die Lücke wurde mit der Piazza Italia geschlossen.

Teile der Burg einschließlich der Porta Marzia sind erhalten. Den herrlichen etruskischen Bogen liebte Sangallo so sehr, dass er ihn in die Mauern seines Bauwerks einfügte. Unter dem Bogen liegt der Eingang zur Via Baglioni Sotterranea, einer mittelalterlichen Straße, die einst unter der Rocca begraben war.

Museo Archeologico Nazionale dell'Umbria

Piazza G. Bruno. ☎ 075 572 7141.
Di–So 8.30–19.30 Uhr (Mo ab 10 Uhr). Letzter Einlass: 18.30 Uhr.
1. Jan, 1. Mai, 25. Dez.
♿ teilweise.

Am Corso Cavour liegt die Kirche San Domenico und das dazugehörige Kloster, in dem heute das Museo Archeologico untergebracht ist. Die Sammlung wurde renoviert und enthält nun wesentlich mehr Exponate als die ursprünglichen Funde aus etruskischer und römischer Zeit. Kostbarster Besitz sind die vielen geprägten Bronzeplatten aus dem 6. Jahrhundert v. Chr. und vor allem der *Cippus Perusinus*, ein etruskischer Grenzstein, der eine der längsten existierenden Inschriften auf Etruskisch trägt.

Zeichenerklärung
siehe hintere Umschlagklappe

0 Meter 300

Zentrum von Perugia

① Rocca Paolina und Porta Marzia
② Museo Archeologico Nazionale dell'Umbria
③ San Domenico

San Domenico

Piazza G. Bruno. ☎ 075 572 4136. 🕘 8–12, 16 Uhr bis Dämmerung. ♿ Sa, So vormittags, 075 573 1635.

Die riesige Kirche wurde im 14. Jahrhundert nach einem Entwurf errichtet, der an Santa Croce und Santa Maria Novella in Florenz erinnert. Sie wurde im 17. Jahrhundert barock umgestaltet, allerdings nie fertiggestellt. Bemerkenswert im Innern sind vor allem die Cappella del Rosario mit Statuen von Agostino di Duccio (zweite Hälfte 15. Jh.) und das herrliche Bleiglasfenster (1411), das zweitgrößte Italiens.

Detail des Flügelaltars, San Pietro

San Pietro

Borgo XX Giugno. ☎ 075 337 53. 🕘 Mo–Fr 8–12 Uhr (Di, Do auch 15.30–18 Uhr).

Wenn man die Via Cavour entlang weitergeht, kommt man hinter der Porta San Pietro (14./15. Jh., von Agostino di Duccio umgebaut) zu einem der ältesten Kirchenbauten Perugias, der Benediktinerkirche San Pietro. Baubeginn war im 10. Jahrhundert, doch man vermutet, dass es in dem leicht erhöhten Gelände unterirdische Gänge gab. Die Kavernen wurden von Etruskern und Römern als Grablege genutzt, bevor hier eine frühchristliche Kirche (6. Jh.) entstand.

San Pietro besitzt eine unglaublich prächtige Ausstattung, die eher an die venezianische als an die regionale Tradition erinnert. Die Kirche enthält zudem zahlreiche Kunstwerke berühmter Meister, u. a. von Perugino, Guercino, Guido Reni und Sassoferrato.

Große Teile des ursprünglich romanischen Baus sind erhalten, darunter die teilweise mit Fresken bemalte Fassade. Die üppige Ausschmückung des Inneren ist Spätrenaissance und zeigt Zyklen großer Gemälde, ähnlich denen von Tintoretto. Bemerkenswert ist die bemalte Kassettendecke und das herrlich geschnitzte Chorgestühl, ein Werk verschiedener Künstler (16. Jh.). Die Wölbung ist mit *Szenen aus dem Alten Testament* ausgemalt. In der Sakristei befinden sich fünf kleine Ölbilder von Perugino mit Heiligendarstellungen.

Portal der Kirche San Pietro aus dem 16. Jahrhundert

Infobox

Information
Straßenkarte C3. 👥 166 000. ℹ IAT, Piazza Matteotti 18, 075 573 6458. **W umbriatourism.it**

Anfahrt
FS Strecke Cortona – Foligno und Rom – Perugia, 892021; FCU-Strecke, 075 575 401. 🚌 APM, 075 9637 637.

④ *Palazzo dei Priori S. 90f*
⑤ *Galleria Nazionale dell'Umbria S. 92f*
⑥ Duomo
⑦ Pozzo Etrusco
⑧ Palazzo del Capitano del Popolo
⑨ San Severo
⑩ Augustusbogen
⑪ Oratorio di San Bernardino
⑫ San Michele Arcangelo (Sant'Angelo)

Straßenkarte *siehe hintere Umschlaginnenseiten*

Perugia: Palazzo dei Priori

Zwei der wichtigsten Monumente Perugias, der Palazzo dei Priori und die Fontana Maggiore, stehen an der Piazza IV Novembre. Der imposante, mit Zinnen gekrönte Palazzo (1293–1443) wurde in der Blütezeit Perugias für die Prioren der Stadtregierung in mehreren Etappen errichtet. Trotz seines nüchternen Äußeren ist er eines der imposantesten mittelalterlichen Bauwerke Italiens mit einem prächtigen Inneren. Eigentlich besteht der Palazzo aus mehreren Gebäuden, die teils auf den Corso Vannucci, teils auf die Piazza hinausgehen. Seine vier Attraktionen, darunter die großartige Galleria Nazionale dell'Umbria *(siehe S. 92f)*, nehmen jeweils einen separaten Gebäudeteil ein.

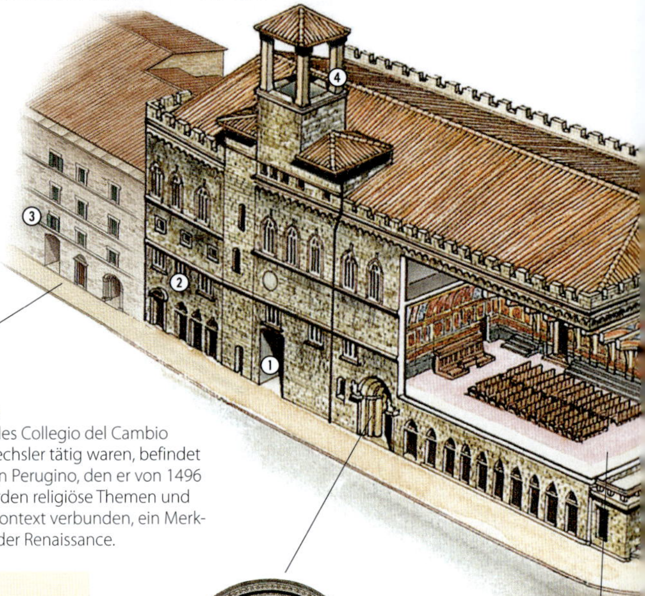

★ Collegio del Cambio
In der Sala dell'Udienza des Collegio del Cambio (1452–57), in der Geldwechsler tätig waren, befindet sich ein Freskenzyklus von Perugino, den er von 1496 bis 1500 malte. Darin werden religiöse Themen und Figuren mit weltlichem Kontext verbunden, ein Merkmal des Humanismus in der Renaissance.

Außerdem

① **Am Arco dei Priori** beginnt die Via dei Priori, durch die während des Bürgerkriegs im Mittelalter Ströme von Blut geflossen sein sollen.

② **Il Collegio della Mercanzia**, ein ein Raum im Erdgeschoss des Palazzo dei Priori, wurde 1390 der Kaufmannsgilde für Versammlungen zur Verfügung gestellt. Decke und Wände sind mit Holzintarsien getäfelt und stammen aus der Mitte des 15. Jahrhunderts.

③ **Die Gilde der Geldwechsler** erwarb das Recht, zwischen 1452 und 1457 im Palazzo dei Priori ihren Hauptsitz einzurichten.

④ **Glockenturm**

⑤ **Ein steinerner Greif** (eine Kopie des Originals von 1274) hoch über dem Portal ist das Emblem Perugias.

⑥ **Die fächerförmige Treppe** an der Piazza IV Novembre führt zur Sala dei Notari hinauf.

★ Portale delle Arti
Das mit Rundbögen eingefasste Portal von 1346 ist mit Skulpturen und Reliefs geschmückt, die Tugenden, Laster und symbolische Tiergestalten zeigen.

★ Sala dei Notari
Der Versammlungssaal der Notare mit seiner grandiosen Decke ist einer der ältesten Teile des Palazzo aus der Zeit nach 1290. Zur üppigen Ausstattung zählen Fresken lokaler Künstler jener Zeit.

Infobox

Information
Piazza IV Novembre.
Sala dei Notari 075 577 2339. Di–So 9–13, 15–19 Uhr.
Collegio della Mercanzia 075 573 0366. März–Okt: Di–So 9–13, 14.30–17.30, Sa, So, Feiertage 9–13 Uhr; Nov–Feb: Di, Do, Fr 8–14, Mi, Sa 8–16.30, So, Feiertage 9–13 Uhr. Kombiticket (gilt auch für Collegio del Cambio).
Collegio del Cambio 075 572 8599. Di–So 9–12.30, 14.30–17.30, So, Feiertage 9–13 Uhr. Kombiticket (gilt auch für Collegio della Mercanzia). alle Räume: 1. Jan, 25. Dez (Collegio del Cambio auch Nov–31. März: Mo nachmittags).

Fontana Maggiore
Der großartige Brunnen zeigt exquisite Reliefs und Skulpturen von Nicola und Giovanni Pisano.

Fontana Maggiore

Der 1275–78 erbaute, kürzlich restaurierte Brunnen wurde von dem Mönch Fra' Bevignate entworfen und von Nicola und Giovanni Pisano ausgeführt. Er ist eines der bedeutendsten romanischen Monumente Italiens, aber auch ein Meisterwerk der Ingenieurskunst. Der Ingenieur Boninsegna da Venezia leitete über einen neuen Aquädukt Wasser vom Monte Pacciano hierher.

Der Brunnen besteht aus drei Etagen: zwei übereinandergesetzten Marmorbecken mit 24 bzw. 25 Seiten und einem Bronzebecken. Die Reliefs sind einzigartig: am unteren Becken stellen drei Zyklen Szenen des Alten Testaments, der Freien Künste sowie der Monate und ihrer Arbeiten dar. Das obere Becken zieren 24 Skulpturen biblischer Gestalten (David, Moses, Salomo, Salome), Heiliger, mythischer Figuren oder Allegorien der Stadtgeschichte sowie eine Skulptur des Perugianer *condottiere* Ermanno di Sassoferrato, Capitano del Popolo im Jahr 1278.

Stilistisch mischen sich in den Reliefs viele Einflüsse (u. a. antike, byzantinische und mittelalterliche), weshalb sie nur schwer dem einen oder anderen der beiden Künstler zuzuordnen sind.

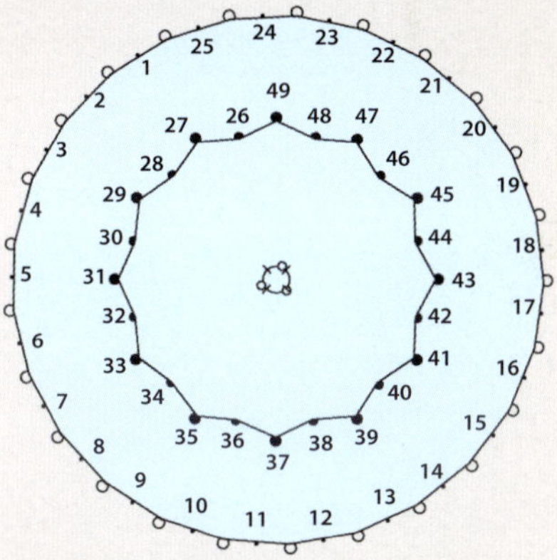

Unteres Becken

1 Versuchung/Vertreibung aus dem Paradies
2 Samson und der Löwe/Samson und Delilah
3 Löwe/Hündchen
4 David/Goliath
5 Romulus/Remus
6 Wölfin/Mutter von Romulus und Remus
7 Wolf u. Kranich/Wolf und Lamm
8 Januar/Frau
9 Februar/Mann
10 März/Mann
11 April/Frau
12 Mai/Frau
13 Juni/Mann
14 Juli/Mann
15 August/Frau
16 September/Frau
17 Oktober/Mann
18 November/Mann
19 Dezember/Mann
20 Löwe/Greif
21 Grammatik/Dialektik
22 Rhetorik/Arithmetik
23 Geometrie/Musik
24 Astronomie/Philosophie
25 Adler/Adler

Oberes Becken

26 Melchisedek
27 Ermanno di Sassoferrato
28 Sieg
29 Petrus
30 Römische Kirche
31 Rom
32 Theologie
33 Paulus
34 Priester Lorenzo
35 St. Laurentius
36 Chiusi
37 Perugia
38 Lago Trasimeno
39 Sant'Ercolano
40 Untreuer Priester
41 St. Benedikt
42 Johannes der Täufer
43 Salomon
44 David
45 Salome
46 Moses
47 Matteo da Correggio
48 Erzengel Michael
49 Euliste (Gründer von Perugia)

Perugia: Galleria Nazionale dell'Umbria

Das bedeutendste Museum Perugias und ganz Umbriens zeigt Kunstwerke aus dem 13. bis 19. Jahrhundert. Die 1863 gegründete Sammlung besteht zum Teil aus Werken, die Napoléon bei geistlichen Orden beschlagnahmen ließ. 1879 zog sie in den Palazzo dei Priori, seit 1918 ist sie Staatseigentum. Durch die Renovierung gibt es nun 40 Räume auf zwei Stockwerken, die verschiedene Epochen abbilden, darunter ist die Cappella dei Priori (15. Jh.) mit herrlichen Perugianer Szenen. Der Schwerpunkt der Sammlung liegt klar auf umbrischer Kunst, allerdings beherrschen die Sieneser die frühen Räume. Das Projekt Artsiders will neuere Werke neben Alten Meistern platzieren.

Donna alla Fonte (1278–81)
In Raum 1 befinden sich fünf Plastiken, die einst zu öffentlichen Brunnen gehörten, darunter die *Donna alla Fonte* des Toskaners Arnolfo di Cambio (1240–1302). Es gibt auch zwei Bronzen: Greif und Löwe.

★ Polyptychon des hl. Antonius (1459–68)
Das Werk von Piero della Francesca in Raum 11 verbindet den innovativen Gebrauch der Perspektive mit noch mittelalterlichen Strukturen und Farben.

Raum 6 ist der Gotik gewidmet. Gentile da Fabriano (1370–1427) war einer ihrer großen italienischen Exponenten. Seine *Madonna col Bambino e Angeli* ist hier zu sehen.

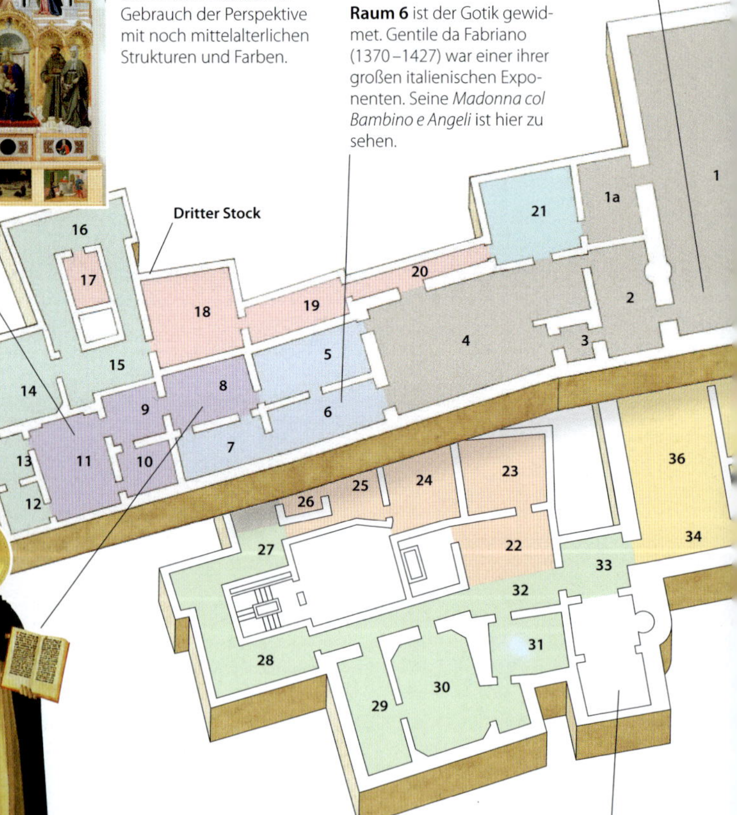

★ Altarbild aus San Domenico (1437)
Das Bildnis von Fra Angelico (1395–1455) ist eines der Renaissance-Meisterwerke des Museums. Das auch Guidalotti-Polyptychon genannte Werk ist in Raum 8 zu sehen.

Infobox

Information
Palazzo dei Priori. ☎ 075 572 1009. 🕒 Di–So 8.30–19.30 Uhr (letzter Eintritt: 18.30 Uhr).
● 1. Jan, 1. Mai, 25. Dez.
W gallerianazionaleumbria.it

Legende

- 6./7. Jahrhundert
- 8. Jahrhundert
- 13./14. Jahrhundert
- Spätgotik
- Frührenaissance
- 15. Jahrhundert
- Schatzkammer und objets d'art
- Cappella dei Priori
- Meisterwerke der Renaissance
- Kunst aus Perugia und Umbrien
- Sammlung Luigi Caratolli

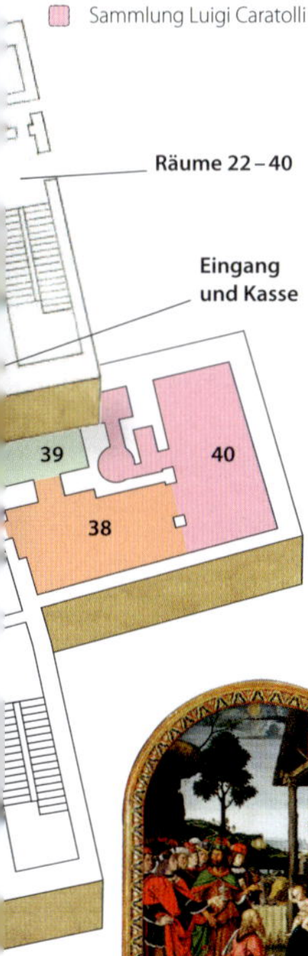

In Raum 15 hängen Peruginos *Anbetung der Könige* sowie Werke der umbrischen Schule. Weitere Werke von Perugino finden sich in den Räumen 22 – 24, darunter auch seine *Madonna della Consolazione.*

Gotisches Portal des Doms mit Papstdenkmal und unfertiger Kanzel

Duomo

Piazza Danti. ☎ 075 572 3832. 🕒 Mo–Sa 7.30–12, 15.30–18.45, So 8–14, 16–19 Uhr.

Der dem hl. Laurentius geweihte Dom wurde über einer früheren Basilika (10. Jh.) errichtet. Grundsteinlegung war 1345, doch die Pest (1348) verzögerte den Bau, sodass die Arbeiten erst 1437 richtig begannen.

Die Fassadenseite zur Piazza Danti hin blieb unvollendet und ist auch weniger interessant als die linke Seite des Doms zur Piazza IV Novembre hin. Diese ist mit rosafarbenem und weißem Marmor verkleidet und weist ein imposantes gotisches Portal (1568) von Galeazzo Alessi auf. In einer Nische darüber befindet sich ein Kreuz, unter dem die Perugianer nach ihrer Niederlage im Salzkrieg gegen Papst Paul III. Farnese symbolisch die Stadtschlüssel niederlegten. Die Statue von Papst Julius III. (1555) von Vincenzo Danti links vom Portal wurde von Einwohnern in Auftrag gegeben, um den Papst zu ehren, der der Stadt einige bürgerliche Freiheiten zurückgegeben hatte. Rechts sieht man eine unfertige Kanzel (15. Jh.), auf der St. Bernardin von Siena um 1420 vor vielen Perugianern gepredigt hat. Der Heilige war in Perugia so beliebt, dass man ihm zu Ehren eine Kirche baute *(siehe S. 94)*. An der Domseite mit Blick auf die Piazza befindet sich zudem eine Loggia mit Portikus, die 1423 für den gefeierten *condottiere* Braccio Fortebraccio aus Montone errichtet wurde.

Detail an der Kathedrale

Das spärlich ausgestattete Innere ist für Italien ungewöhnlich und erinnert eher an die großen Kirchen nördlich der Alpen. Ein Kuriosum ist Marias »Trauring« in der Cappella del Sant' Anello, der je nach Trägerin die Farbe wechseln soll.

Links, gleich hinter dem Eingang, liegt die Cappella di San Bernardino da Siena, in der eines der beiden großen Kunstwerke des Doms hängt, eine *Kreuzabnahme* (1567–69) von Federico Barocci. Das zweite Meisterwerk stammt von Luca Signorelli: Seine *Thronende Madonna mit Heiligen* (1484) erstrahlt nach der Restaurierung wieder in ihrer ursprünglichen Schönheit.

Einen Blick wert ist auch das großartig restaurierte hölzerne, mit Intarsien versehene Chorgestühl, ein Werk von Domenico del Tasso und Giuliano da Maiano.

Postmodernes Perugia

Das Viertel Fontivegge liegt im neuen Teil Perugias, südwestlich der Altstadt in Bahnhofsnähe. Fontivegge hebt sich gegen die anderen Viertel der Neustadt insofern ab, als es zwischen 1982 und 1989 von dem Architekten Aldo Rossi und seinem Team als völlig neues Viertel entworfen wurde. Es ist eines der gelungensten Beispiele postmoderner Architektur in Italien mit Bauten, die einerseits futuristisch und andererseits voller klassischer Anspielungen sind (insbesondere der Palazzo della Regione an der Piazza Nuova), aber auch Elemente der Vergangenheit in den neuen architektonischen Kontext einbinden, etwa einen Brunnen aus dem 17. Jahrhundert und einen Schornstein der alten Perugina-Fabrik.

Blick auf das Viertel Fontivegge

Pozzo Etrusco

Piazza Danti 18. 075 573 3669. 10–13.30, 14.30–18 Uhr (Nov–März: 11–13.30, 14.30–17 Uhr). Mo (außer Apr, Aug), 1. Jan, 25. Dez.

Der etruskische Brunnen (Pozzo Etrusco) im Keller des Palazzo Bourbon-Sorbello (neben dem Dom zur Piazza Danti) ist eine technische Meisterleistung: Durch ihn konnte die Stadt dauerhaft mit Wasser versorgt werden. Der Brunnen (dessen Boden zugänglich ist) ist zum Teil mit riesigen Blöcken aus Travertin abgedeckt, woraus auch der originale Deckel bestand. Man sieht noch immer die Rillen, die die Seile, an denen die Etrusker die Eimer heraufzogen, in den Stein geschnitten haben.

Hinter der Piazza Danti liegt das Viertel Rione di Porta Sole, wo 1372 die Festung Rocca del Sole erbaut wurde. Sie war die größte Festung ihrer Zeit, wurde jedoch kurz nach ihrer Fertigstellung zerstört.

Piazza Matteotti

An dem langen Platz, der parallel zum Corso Vannucci verläuft, stehen zwei bedeutende Bauten (15. Jh.): Der **Palazzo del Capitano del Popolo** (1472–82) der lombardischen Architekten Gasparino di Antonio und Leone di Matteo war Sitz der Richterschaft in der Epoche der Kommunen. Die mittelalterliche Rathausgestaltung wurde mit Renaissance-Elementen aufgeputzt. Der Bau hatte einst drei Etagen, die dritte wurde jedoch nach dem Erdbeben von 1741 abgerissen. Hinter den Säulengängen neben dem Palazzo befindet sich eine Markthalle (1932), von der aus man die Fundamente der Piazza sehen kann.

Der zweite wichtige Bau ist der **Palazzo dell'Università Vecchia**, etwa aus derselben Zeit (Gasparino di Antonio arbeitete auch hier mit). Papst Sixtus IV. machte den Palazzo 1483 zum Sitz der Universität.

***Justitia*, Detail**

San Severo

Piazza Raffaello. 075 573 3864. 10–13.30, 14.30–18 Uhr (Nov–März: 11–13.30, 14.30–17 Uhr). Mo (außer Apr, Aug), 1. Jan, 25. Dez.

Durch die engen Straßen des Viertels Porta Sole gelangt man zu der Kirche San Severo, in der sich ein frühes Fresko Raffaels (1507/08) befindet, die *Dreifaltigkeit mit Heiligen*. Perugino vollendete das Werk 1521, indem er weiter unten an der Wand die Heiligen hinzufügte. Werfen Sie auch einen Blick auf die schöne Keramikplastik der *Madonna mit Kind* eines unbekannten toskanischen Bildhauers. Die Kirche ist sehr alt: Es gab sie wohl schon im 11. Jahrhundert, davor standen andere Sakralbauten an dieser Stelle. Sein heutiges Aussehen erhielt San Severo Mitte des 18. Jahrhunderts.

Augustusbogen

Piazza Fortebraccio.

Ein Abstieg mit schöner Aussicht beginnt am Ende des Viertels Porta Sole, wo der Augustusbogen (Arco di Augusto) aus dem 3. Jahrhundert v. Chr. steht. Das Stadttor wird auch etruskischer Bogen genannt, denn die Römer gestalteten das ursprünglich etruskische Monument lediglich um. Die noch lesbare Inschrift »Augusta Perusia« brachte Octavius Caesar (der spätere Kaiser Augustus) an. Nach Zerstörung und Wiederaufbau der Stadt gab er ihr seinen Namen.

Fassade des Oratorio di San Bernardino

Oratorio di San Bernardino

Piazza San Francesco al Prato. 075 573 3957. tägl. 8.30–12.30, 15.30–17.30 Uhr.

Geht man unter dem Arco dei Priori des gleichnamigen Palazzo hindurch *(siehe S. 90f)* die Via dei Priori hinunter, kreuzt man die einstige Hauptstraße des mittelalterlichen Perugia. Jenseits der Stadtmauer erweitert sich die Straße zur Piazza mit der Kirche **San Francesco al Prato**, die Mitte des 13. Jahrhunderts auf einem besonders erdrutschgefährdeten Grundstück errichtet wurde, sie ist heute Teilruine. Links von der Kirche liegt das kleine anmutige **Oratorio di San Bernardino** (1452), dessen schöne farbige

Fassadenreliefs es zu einem Meisterwerk der umbrischen Renaissance machen. Die Skulpturen von Agostino di Duccio zeichnet der Realismus ihrer wogenden Linien und Gewänder aus.

In der ersten Kapelle links sieht man ein Prozessionsbanner von Benedetto Bonfigli (15. Jh.) mit der Madonna, die Perugia vor der Pest beschützt, und das Grabmal des *condottiere* Braccio Fortebraccio da Montone. Der Altar besteht aus einem frühchristlichen Sarkophag.

Die frühchristliche Kirche Sant'Angelo

Borgo Sant'Angelo

Der Corso Garibaldi nördlich der Piazza Fortebraccio ist die mittelalterliche Hauptstraße, um die sich der Borgo Sant' Angelo entwickelte. Dieses Viertel, heute Sitz der Universität, bildete sich rund um ein Augustinerkloster und besitzt die bedeutendsten Klosterbauten der Stadt, darunter das Kloster San Benedetto, das ehemalige Hospital des Collegio della Mercanzia, den Konvent Santa Caterina und das Kloster Beata Colomba, in dem der Legende nach der hl. Franz 1220 dem hl. Dominikus begegnete.

Am Ende der Straße liegt im Schutz der Stadtmauern in hübscher Umgebung die Rundkirche **San Michele Arcangelo (Sant'Angelo)**, deren Ursprünge bis ins 5. Jahrhundert zurückreichen. Dank der ausgezeichneten Restaurierung, zu der auch die Entfernung barocker Zutaten gehörte, sind jetzt größere Teile der originalen Kirche mit dem gotischen Portal aus dem 14. Jahrhundert sichtbar. Das Innere besitzt reiche Fresken, ebenfalls aus dem 14. Jahrhundert.

San Michele Arcangelo
Via Sant'Angelo, Corso Garibaldi.
075 572 2624. tägl. 9–17 Uhr.

Umgebung: Auf der Straße 75bis gelangt man nach etwa sieben Kilometern südöstlich von Perugia zu einer der interessantesten Grabstätten der Region, dem **Ipogeo dei Volumni** an der Flanke eines Hügels. Die Stätte besteht aus einer großen Grabkammer, in der im 2. Jahrhundert v. Chr. die Mitglieder der etruskischen Adelsfamilie Velimna bestattet wurden. Ihr Mausoleum ist nach ihrem lateinischen Namen Volumnus benannt.

Innenraum der Grabkammer des Ipogeo dei Volumni

Umbria Jazz

Eine Festivalbühne kurz vor Konzertbeginn

Das Festival Umbria Jazz, das seit 1973 besteht, ist nach Meinung vieler Europas bestes Jazzfestival. Nach den ersten Konzerten in verschiedenen Städten Umbriens erlebte es eine Krise, das Festival wurde eingestellt. Dann wurde es nach Perugia verlegt, wo es jetzt alljährlich im Juli erfolgreich abgehalten wird – ein Erfolg, der nur dem berühmten Festival in Montreal nachsteht. Die Konzerte finden an unterschiedlichen Orten statt: auf Wiesen und anderswo im Freien (und dort gewöhnlich gratis) oder in den Theatern Morlacchi und Pavone, wo man Eintritt bezahlt. Im Gras liegend hören jeden Abend Tausende Menschen kostenlos Musik. Es ist ein Bild wie aus jener Zeit, als Umbria Jazz vor allem ein willkommener Anlass für Massentreffen junger Leute war. Klassische Open-Air-Spielorte sind u. a. die Giardini del Frontone, wo seit 1984 die wichtigsten Abendkonzerte des Festivals stattfinden. Hier gab es erinnerungswürdige Auftritte: von Stan Getz bis hin zur Begegnung zwischen John Scofield und Pat Metheny, von Bobby McFerrin bis zu Phil Woods und Dizzy Gillespie, die sich im Regen in den Armen lagen. Neben dem Hauptfestival gibt es noch ein Jazzfestival in Orvieto (Umbria Jazz Winter) und zu Ostern ein Gospel-and-Soul-Festival in Terni.

Bereits seit 1937 findet in Perugia alljährlich die Sagra Musicale Umbra statt, ein Festival geistlicher Musik, zu dem im September Künstler aus aller Welt anreisen.

⓯ Lago Trasimeno

Italiens viertgrößter See nimmt eine Fläche von 126 Quadratkilometern ein, sein Umfang beträgt fast 60 Kilometer. Der Trasimenische See liegt im mit Festungen gespickten Zentrum des mittelalterlichen Umbrien. Wohin man zwischen den flachen Hügeln um den See auch blickt, man sieht eine Burg, einen Turm oder ein befestigtes Dorf. Seit der Antike war der See Schauplatz von Schlachten – hier schlug Hannibal 217 v. Chr. die Römer. Obgleich sein Wasserstand steigt und fällt und der See regelmäßig die Umgebung überflutet, war das Gebiet immer bewohnt. Im Lauf der Jahrhunderte entstanden Dörfer an seinen Ufern, auf den Inseln wurden Klöster und Konvente erbaut, die später zu Fischerorten heranwuchsen.

★ Isola Maggiore
Auf der Insel – sie war für kurze Zeit Zuflucht des hl. Franz – wohnen Fischer, die noch immer zwischen den Kirchen Sant'Angelo und San Salvatore ihre Netze trocknen.

Tuoro sul Trasimeno
In der Nähe von Tuoro liegen die Schlachtfelder, auf denen die Karthager die Römer schlugen. Es gibt einen historisch-archäologischen Lehrpfad mit Landkarten und Informationspunkten entlang der Strecke. Ein moderner Skulpturenpark, der Campo del Sole, befindet sich am Lido di Tuoro.

Legende

---- Fährroute

0 Kilometer 5

Zeichenerklärung *siehe hintere Umschlagklappe*

Castiglione del Lago
Dies ist der Hauptort am Lago Trasimeno und Ausgangspunkt von Fähren *(siehe S. 98)*.

Passignano sul Trasimeno
Der Ort etruskischen Ursprungs wurde auf einer Kalksteinlandzunge errichtet. Bedeutendstes Bauwerk ist die Kirche San Cristoforo mit Fresken aus dem 15. Jahrhundert.

★ Isola Polvese
Die Provinzverwaltung hat auf der größten Insel des Sees zwischen Gärten und Parks ein wildes Paradies geschaffen. Die Ruine des Klosters San Secondo und eine Burg (15. Jh.) sind ebenfalls zu besichtigen.

Infobox

Information
Perugia. **Straßenkarte** B3.
☎ 892 021. **W apmperugia.it**
Tuoro sul Trasimeno **i** Piazza Garibaldi 7, 075 825 220.
Magione **i** Piazza della Repubblica 3, 075 843 859.
Passignano sul Trasimeno
i Via P. Gobetti 1, 075 829 801.
Isola Maggiore **i** Via Guglielmi, 075 825 4222.
W lagotrasimeno.de

Anfahrt
FS Castiglione del Lago, Tuoro, Magione, Strecke Cortona – Foligno. ⛴ von Castiglione del Lago, Passignano u. Tuoro zur Isola Maggiore, von San Feliciano zur Isola Polvese (Mitte März – Okt); von Passignano zur Isola Maggiore u. Tuoro Navaccia (Nov – Mitte März).

Außerdem

① **Das südliche Ufer** ist stärker als die anderen Bereiche durch sumpfiges Gelände und Schilfgürtel gekennzeichnet.

② **Borghetto** ist ein kleines Dorf zwischen Olivenbäumen mit der Pfarrkirche San Martino aus dem 16. Jahrhundert.

③ **Isola Minore** ist die kleinste der drei Inseln und in Privatbesitz.

④ **Magione** in den Hügeln hinter dem dicht besiedelten Uferbereich besitzt eine gewisse touristische Infrastruktur. Hier gibt es das Castello dei Cavalieri di Malta und im nahen San Feliciano ein Museo della Pesca (Fischereimuseum).

⑤ **La Valle** – so wurde dieser Abschnitt des Ufers genannt. Hier gibt es weite Schilfgürtel und geschützte Fischgründe.

⑥ **Die Badia di Sant'Arcangelo**, in reizvoller Umgebung am See ist eine mittelalterliche Abtei mit einer romanischen Kirche.

⑦ **Das Castello di Montalera** ist eine der vielen Festungen am See. Es war einst im Besitz der Familie Baglioni.

Schlacht am Trasimenischen See

Nachdem er die Römer in den Schlachten von Ticino und Trebbia geschlagen hatte, erfuhr Hannibal, dass sein Gegner Gaius Flaminius einen Teil des Heers zum Lago Trasimeno führte. Der karthagische Feldherr verteilte seine Männer auf die umliegenden Hügel und gab am 21. Juni 217 v. Chr. bei Nebel den Befehl zum Angriff. Die zwischen See und Hügeln in der Falle sitzenden Römer erlitten eine vernichtende Niederlage: Hannibal verlor 1500, die Römer dagegen 15 000 Soldaten.

Porträt des Hannibal

Straßenkarte *siehe hintere Umschlaginnenseiten*

Blick von Castiglione del Lago über den See

⑯ Castiglione del Lago

Perugia. **Straßenkarte** B3. 15 600.
FS Strecke Florenz – Rom.
i Piazza Mazzini 10, 075 965 2484.
Festa degli Aquiloni (Apr).
W **lagotrasimeno.de**

Castiglione liegt auf einer Landzunge, die das Westufer des Lago Trasimeno dominiert. Bei Überschwemmungen wird sie von der Umgebung abgeschnitten und zu einer Insel.

Das Areal wurde wegen seiner strategisch wichtigen Lage von den Etruskern wie von den Römern befestigt. Im Mittelalter stritten sich Perugia und die Toskana darum, es wurde wiederholt zerstört und neu errichtet. Nach dem Wiederaufbau durch Friedrich II. von Hohenstaufen im 13. Jahrhundert wurde der Ort Castello del Leone genannt, daher kommt sein heutiger Name.

Im 16. Jahrhundert schenkte der Vatikan das Dorf der Familie della Corgna, von der das wichtigste Gebäude Castigliones stammt, der **Palazzo della Corgna**. Der Bau wurde möglicherweise von Galeazzo Alessi entworfen, die Fresken stammen von Pomarancio.

Die **Rocca del Leone**, ein interessantes Beispiel mittelalterlicher Wehrarchitektur, ist mit dem Palazzo durch einen Gang verbunden. Sie liegt geschützt am See und bietet eine herrliche Aussicht. Im 16. Jahrhundert galt sie als eine der wehrhaftesten Festungen Italiens. Vom Palazzo führt die Straße zum eigentlichen Ortszentrum um die Piazza Mazzini. Hier ist die Kirche **Santa Maria Maddalena** einen Besuch wert: der klassizistische Bau von Giovanni Caproni aus dem Jahr 1836 enthält nämlich ein Altarbild aus dem 16. Jahrhundert (*Madonna mit Kind, San Antonio Abate und Maria Magdalena*), das früher als Jugendwerk Raffaels galt, heute aber mit Sicherheit Eusebio da San Giorgio zugeschrieben wird, einem Maler aus dem Umkreis Peruginos.

Fresko von Pomarancio, Palazzo della Corgna

Palazzo della Corgna und Rocca del Leone
Piazza Gramsci. 075 951 099.
März – Sep: tägl. 9.30 – 19 Uhr; Okt: tägl. 9.30 – 18.30 Uhr; Nov – Feb: Mo – Fr, Feiertage 9.30 – 17.30 Uhr (Weihnachtszeit: tägl.). 1. Jan, 25. Dez.

Santa Maria Maddalena
Via Vittorio Emanuele.
075 951 159.

⑰ Città della Pieve

Perugia. **Straßenkarte** A4. 8000.
FS Chiusi – Chianciano, 10 km, Strecke Florenz – Rom. i Piazza Matteotti, 0578 299 375. Palio dei Terzieri (Aug). W **cittadellapieve.org**

Die Stadt an der Grenze zur Toskana ist der Geburtsort des großen Renaissance-Malers Pietro Vannucci (1450 – 1523), der als Perugino Berühmtheit erlangte. Er soll auch dem jungen Raffael Malunterricht geben haben. In der Stadt selbst finden sich mehrere wichtige Werke Peruginos.

***Anbetung der Könige* (Detail) von Perugino**

Città della Pieve war ursprünglich eine etruskische Kolonie von Chiusi in der nahen Toskana. Unter der Herrschaft Roms musste sich der Ort häufig gegen Barbareneinfälle wehren. Um das Jahr 1000 entwickelte sich Città della Pieve schließlich zu einer befestigten Stadt um die Kirche Santi Gervasio e Protasio. Seine typische rote Farbe verdankt es den Backsteinbauten – ein anderes Baumaterial gab es damals nicht.

Città della Pieve ist für seine sehr engen Gassen bekannt: Der Vicolo Baciadonne ist nur 80 Zentimeter breit – einige Leute halten ihn für die engste Straße Italiens. An der zentralen Piazza del Plebiscito stehen der **Palazzo della Corgna** mit Fresken von Pomarancio aus dem 16. Jahrhundert, die Biblioteca Comunale und die Kathedrale **Santi Gervasio e Protasio**. Sie wurde vermutlich im 8. Jahrhundert auf dem Grund einer früheren Pfarrkirche errichtet und zwischen dem 12. und 17. Jahrhundert immer wieder umgebaut und restauriert.

Die Kirche enthält neben verschiedenen kostbaren Kunstwerken (von Domenico Alfani, Giannicola di Paolo und Pomarancio) auch zwei Gemälde von Perugino – eine *Taufe Christi* und eine *Madonna und Kind mit den Heiligen Petrus, Paulus, Gervasius und Protasius*.

In der Kirche **Santa Maria dei Servi** (ihre Besichtigung ist im Ticket für den Palazzo della Corgna eingeschlossen) südlich des Zentrums gab es einmal herrliche Fresken von Perugino, von denen nur eine *Kreuzabnahme* von 1517 erhalten ist.

Ein viel schöneres Fresko von Perugino findet man in der Kirche **Santa Maria dei Bianchi** am Corso Vannucci direkt an der Piazza del Plebiscito. Es stellt die *Anbetung der Könige* (1504) dar und zählt zu den schönsten Werken Peruginos in seiner Geburtsstadt. Die Darstellung zeigt den Blick von Città della Pieve in Richtung Lago Trasimeno und besitzt eine Reihe eleganter Figuren im Stil der Renaissance.

⑱ Tour: Basso Trasimeno

Südlich des Lago Trasimeno liegen in den Bergen mehrere Orte, in denen Kunst und Geschichte stets eine wichtige Rolle gespielt haben. Der Maler Pietro Vannucci, besser bekannt als Perugino, wurde hier geboren und arbeitete hier. Die Tour geht teils seinen Spuren nach, teils führt sie zu attraktiven mittelalterlichen Bergstädtchen Umbriens.

Routeninfos

i Piazza Mazzini 10, Castiglione del Lago, 075 965 2484.
Länge: 55 km.
Zeit: 1 Tag.
Rasten: Dörfer an der Route.

② Panicale
Die befestigte Stadt liegt auf einer Felsnase. Peruginos *Martyrium des hl. Sebastian* (1505) ist in der Kirche San Sebastiano zu sehen.

③ Tavernelle
Gleich nördlich von Tavernelle liegt das Santuario della Madonna di Mongiovino, eine Kirche aus dem 16. Jahrhundert mit Fresken aus derselben Zeit.

① Paciano
Der befestigte Ort in schöner hügeliger Landschaft voller Wälder und Olivenhaine ist eines der besterhaltenen mittelalterlichen Dörfer der Gegend.

⑤ Corciano
Fast intakte Mauern aus dem 13. Jahrhundert mit hohen Türmen und einer Burg führen einen Kilometer lang um das schöne Dorf. Corciano hat etruskische und römische Wurzeln, wie auch andere Dörfer auf dieser Tour.

④ Fontignano
In dem mittelalterlichen Dorf auf einem Hügel ist Perugino 1523 gestorben. Sein letztes Werk, eine *Madonna mit Kind,* hinterließ er hier in der Kirche Santa Maria dell'Annunziata.

Legende

Routenempfehlung
Andere Straße

0 Kilometer 5

Straßenkarte *siehe hintere Umschlaginnenseiten*

Südumbrien

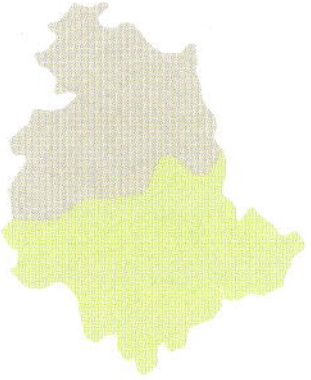

Südumbrien ist relativ hügelig und steigt im Osten zu den Gipfeln der Monti Sibillini hin an. Felsen und Wasser sind die konstanten Merkmale dieser Landschaft, wie bei der imposanten Cascata delle Marmore und den Quellen des Clitunno zu sehen ist. Die meisten Orte wirken mittelalterlich, waren jedoch einst etruskisch. Die hier gesprochene Sprache hat Affinitäten zum toskanischen Dialekt.

Früher wurde dieser Teil der Region vom Herzogtum Spoleto beherrscht, dessen Ländereien die Geografen bis ins 16. Jahrhundert als das wahre Herz Umbriens ansahen. Teil des Territoriums war kulturell und politisch auch Todi, eine Stadt italischen und etruskischen Ursprungs, und das römische Narni, während Orvieto als unabhängige Kommune galt.

Trotz aller Wechselfälle der Geschichte ist hier wie im übrigen Umbrien das Gefühl regionaler Identität stark. Dieses Empfinden erwuchs aus einem lang gepflegten Gemeinschaftssinn. Jeder noch so kleine Ort hat seine künstlerischen und historischen Schätze, und jeder pflegt stolz die eigene Vergangenheit, die sich in vielen Feiertagen und weltlichen Festen kundtut. Der hiesige Kulturkalender, der das Festival di Spoleto und Veranstaltungen in Orvieto und Terni umfasst, ist bunt und volkstümlich und lockt Menschen aus der ganzen Welt herbei.

Hügel und vor allem Wasser sind aus der Landschaft Südumbriens nicht wegzudenken. Der Tiber bildet den Lago di Corbara, der Nera fließt am Rand des schönen Valnerina-Tals entlang. Im Westen signalisieren der weiße Tuffboden und die hohen Felsgrate von Orvieto den Eintritt in etruskisches Land. Die schrofferen Gipfel des Apennin nehmen die Südostecke der Region ein. Hier sind Cascia, Piediluco und Norcia die letzten Orte vor dem steilen Aufstieg zu den winddurchtosten Hochplateaus von Castelluccio an der Grenze zu den Marken und zum Latium.

Die kulturellen und gastronomischen Traditionen dieser Ecke Italiens, auch wenn sie in vieler Hinsicht denen der Nachbarregionen ähneln, sind dennoch ganz eigen und verbinden erfolgreich Aromen und Ideen aus unterschiedlichen Gebieten des Landes. Norcia in der Valnerina gilt in ganz Italien als Synonym für beste Wurstwaren – und für gutes Essen.

Ausschnitt aus der *Krönung Mariä* von Filippo Lippi (1467) in der Apsis der Kathedrale von Spoleto

◀ **Mittelalterliche Gasse in Spello *(siehe S. 104f)***

Überblick: Südumbrien

Orvieto, Todi, Terni, Spoleto – eine ganze Kette historischer Städte zieht sich in Südumbrien von Osten nach Westen. Dazwischen liegt fruchtbares Land mit idyllischen Höfen, bestellten Äckern und wichtigen Flussniederungen, z. B. den Unterläufen von Tiber und Nera. Auch Thermalquellen und archäologische Grabungsstätten gibt es. Die Naturschutzgebiete, z. B. der eindrucksvolle Nationalpark Monti Sibillini, bieten ideale Outdoor-Aktivitäten, etwa Wandern, Mountainbiken und Gleitschirmfliegen.

Eingang zum Duomo, Todi

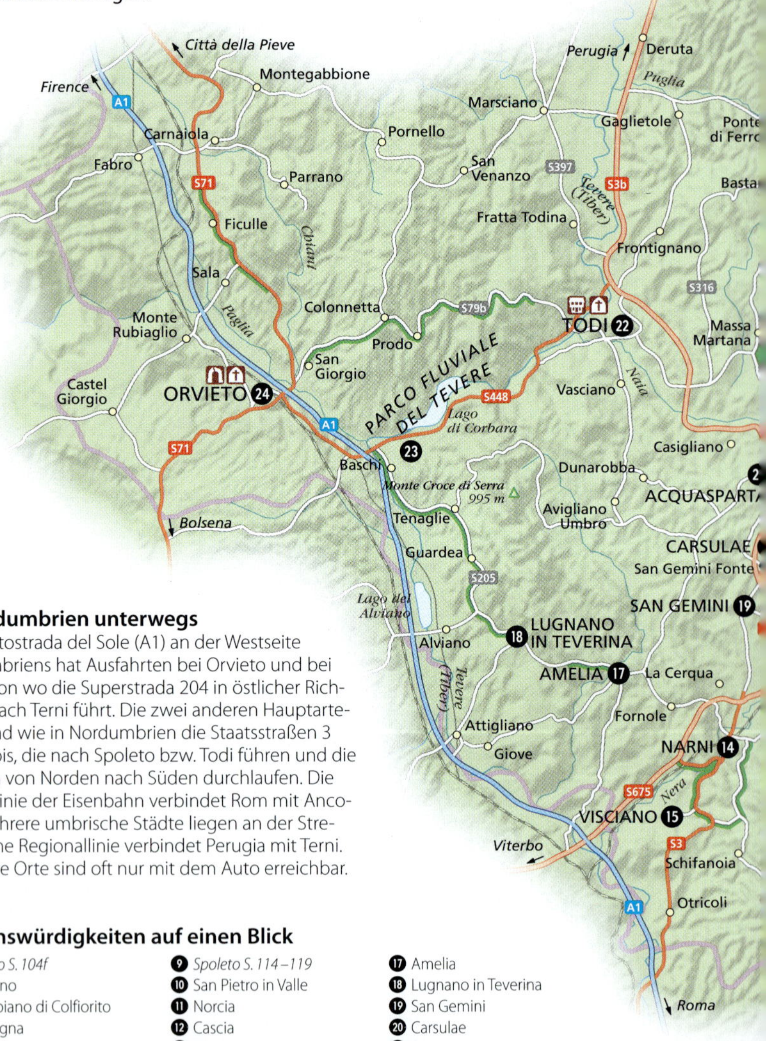

In Südumbrien unterwegs

Die Autostrada del Sole (A1) an der Westseite Südumbriens hat Ausfahrten bei Orvieto und bei Orte, von wo die Superstrada 204 in östlicher Richtung nach Terni führt. Die zwei anderen Hauptarterien sind wie in Nordumbrien die Staatsstraßen 3 und 3bis, die nach Spoleto bzw. Todi führen und die Region von Norden nach Süden durchlaufen. Die Hauptlinie der Eisenbahn verbindet Rom mit Ancona, mehrere umbrische Städte liegen an der Strecke. Eine Regionallinie verbindet Perugia mit Terni. Kleinere Orte sind oft nur mit dem Auto erreichbar.

Sehenswürdigkeiten auf einen Blick

1. *Spello S. 104f*
2. Foligno
3. Altopiano di Colfiorito
4. Bevagna
5. Montefalco
6. Trevi
7. Fonti del Clitunno
8. *Parco Nazionale dei Monti Sibillini S. 112f*
9. *Spoleto S. 114–119*
10. San Pietro in Valle
11. Norcia
12. Cascia
13. *Terni S. 122f*
14. Narni
15. Visciano
16. *Parco Fluviale del Nera S. 126f*
17. Amelia
18. Lugnano in Teverina
19. San Gemini
20. Carsulae
21. Acquasparta
22. *Todi S. 134–137*
23. Parco Fluviale del Tevere
24. *Orvieto S. 138–143*

Weitere Zeichenerklärungen *siehe hintere Umschlagklappe*

Klassische Ackerlandschaft in der Nähe von Orvieto

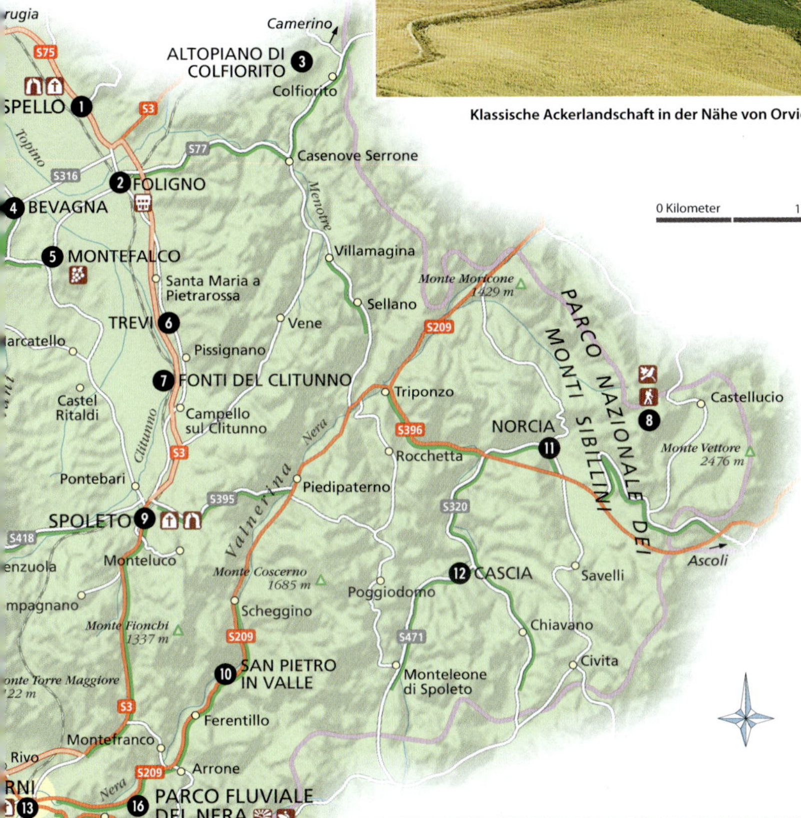

Das mittelalterliche Dorf Campello Alto nahe der Fonti di Clitunno

❶ Spello

Spello liegt im Schatten des Monte Subasio und ist wie das nahe Assisi aus demselben rosafarbenen Stein erbaut. Die umbrische Gründung florierte unter den Römern, die sie Hispellum nannten. In der Zeit von Augustus ließ man die von sechs Toren durchbrochene Stadtmauer errichten. Später plünderten die Langobarden die Stadt und gliederten sie ihrem Herzogtum Spoleto ein. Friedrich II. verwüstete sie 1238 erneut. 1389, inzwischen Papstbesitz, kam sie als Lehen an die Familie Baglioni, die bis zur Mitte des 16. Jahrhunderts regierte. Heute fasziniert Spello vor allem durch die Zeugnisse seiner Vergangenheit.

***Jesus unter den Schriftgelehrten*, Detail**

Die Porta Consolare, eines der römischen Stadttore

Überblick: Spello

Von der Piazza Kennedy betritt man den Ort durch die Porta Consolare, ein gut erhaltenes römisches Tor. Weiter stadteinwärts liegt die Piazza della Repubblica, das eigentliche Zentrum von Spello.

Santa Maria Maggiore

Piazza Matteotti.

Die schöne Kirche von 1285 ist das bedeutendste Bauwerk in Spello. Ihre Fassade wurde im 17. Jahrhundert unter Verwendung des Originalmaterials wiederaufgebaut.

Ihren Ruf verdankt die einschiffige Kirche ihrer Cappella Baglioni mit Fresken von Pinturicchio, vielleicht den schönsten, die der Künstler je erschuf. Die 1500/01 gemalten Fresken zeigen die *Vier Sibyllen* (an der Decke) und *Szenen aus dem Leben Jesu* (an den Wänden). Die bedeutendsten sind eine *Verkündigung* (unter der ein Selbstporträt Pinturicchios hängt), eine *Anbetung der Könige* und *Jesus unter den Schriftgelehrten*. Der Kapellenboden ist mit Fliesen aus Deruta ausgelegt. Weitere Fresken von Pinturicchio findet man in der Cappella del Sacramento im linken Querhaus. In der Cappella del Sepolcro im rechten Querhaus war früher die Gemäldegalerie Spellos untergebracht. Ebenfalls von Interesse sind eine Kanzel aus Sandstein und das Tabernakel des Hochaltars.

Blick auf Spello, das an einem Hügel über der Valle Umbra liegt

Pinacoteca Civica

Piazza Matteotti 10. ☎ 0742 301 497. 🕐 Okt–März: Fr–So 10.30–12.30, 15–17 Uhr.

Seit 1994 ist die städtische Gemäldegalerie im Palazzo dei Canonici (15. Jh.), rechter Hand von Santa Maria Maggiore, untergebracht. Eines der Highlights der Sammlung ist eine grell leuchtende, dennoch würdevolle Holzskulptur der *Madonna* von etwa 1240. Sehenswert sind auch mehrere Polyptychen (14./15. Jh.) und andere Werke aus der regionalen Schule.

Sant'Andrea

Via Cavour.

Der Innenraum der Kirche Sant'Andrea (13. Jh.) nahe der Pinacoteca wirkt recht düster, dennoch gibt es im rechten Querhaus ein schönes Fresko von Pinturicchio, *Madonna mit Kind und Heiligen*, und im linken Querhaus die Mumie Andrea Cacciolis, eines der ersten Nachfolger des hl. Franz.

Piazza della Repubblica

Das interessanteste Bauwerk des ansonsten wenig bemerkenswerten Platzes am Ende der Via Cavour ist der **Palazzo Comunale** (13. Jh., inzwischen restauriert), der die Bibliothek und das Stadtarchiv enthält.

Folgt man der Via Garibaldi, gelangt man weiter nördlich zum **Palazzo Cruciani,** dem Sitz des Stadtrats, und danach zur architektonisch wenig einheitlichen Kirche **San Lorenzo** (12. Jh.), in deren Innerem die Kanzel interessant ist, ein Werk Francesco Costantinis (1600).

Porta Venere

Via Torri di Properzio.

Ein kurzer Abstecher westlich der Piazza della Repubblica führt zur Porta Venere, einem römischen Stadttor zwischen zwei eindrucksvollen zwölfeckigen Türmen aus dem Mittelalter. Das im Lauf der Jahrhunderte stark umgebaute Tor stammt aus der Epoche von Augustus: Ursprünglich lag

Hotels und Restaurants in Südumbrien *siehe Seiten 150f und 162–167*

Die römische Porta Venere mit ihren zwei zwölfeckigen Türmen

hinter dem Bau ein zweites Tor, wodurch sich ein Innenhof ergab. Vom Tor aus hat man eine wunderbare Aussicht auf die Umgebung.

Porta dell'Arce

Via Arco Romano.

Das Tor ist einer der ältesten Zugänge zur Stadt und zeigt, wie römische Bauten in mittelalterliche Befestigungen integriert wurden. In der Nähe befindet sich die Terrasse des Belvedere, von der aus man das Topino-Tal und die Silhouette der Kirche Santa Maria degli Angeli in Assisi bewundern kann.

San Claudio

Via Fontevecchia.

Vom Belvedere steigt man durch die enge Via dei Cappuccini hinunter und kommt dann durch die lange Via Fontevecchia zur Ebene. Hier liegt die reizende Kirche San Claudio (12. Jh.), die architektonisch vielleicht interessanteste Kirche von Spello, die Anlage und Dekor aus der Romanik bewahrt hat. Die schlichte Fassade wird von dem ursprünglichen Glockenturm überragt.

Die romanische Fassade von San Claudio

Infobox

Information

Perugia. **Straßenkarte** D4.
8700. Pro Loco, Piazza Matteotti 3, 0742 301 009.
Corpus Domini Infiorata (Mai/Juni). **prospello.it**

Anfahrt

FS Strecke Rom – Ancona.

Römische Ruinen

Via Centrale Umbra.

Die römische Stadt lag tiefer als die mittelalterliche, die aus Verteidigungsgründen auf dem Hügel erbaut wurde. Es gibt ein (schlecht erhaltenes) Amphitheater (1. Jh. n. Chr.) nahe der Kirche San Claudio an der Hauptstraße nach Foligno.

Einen Kilometer von Spello entfernt, in Richtung Perugia, liegt die **Villa Fidelia**, einst Zentrum der Römerstadt. Hier wurde 1733 ein Epigraph, der »Rescritto di Costantino« (Reskript des Kaisers Konstantin) gefunden. Mit dem Erlass ermächtigte der Kaiser die Umbrer, von 324 bis 337 n. Chr. ihre Feierlichkeiten in Spello statt in Orvieto abzuhalten.

Zentrum von Spello

1. Santa Maria Maggiore
2. Pinacoteca Civica
3. Sant'Andrea
4. Piazza della Repubblica
5. Porta Venere
6. Porta dell'Arce
7. San Claudio
8. Römische Ruinen

Zeichenerklärung *siehe hintere Umschlagklappe*

Straßenkarte *siehe hintere Umschlaginnenseiten*

Piazza della Repubblica in Foligno mit der Südfassade der Kathedrale

❷ Foligno

Perugia. **Straßenkarte** D4. 57 000. FS Strecke Rom – Ancona. i Corso Cavour 126, 0742 354 459. Giostra della Quintana (2. So im Sep). W **comune.foligno.pg.it**

Foligno ist römischen Ursprungs und liegt in der Ebene des Topino, der nördlich an ihr vorbeifließt. Foligno ist eine der wenigen umbrischen Städte im Flachland, es wurde an der Kreuzung zweier wichtiger Handelsstraßen erbaut: der Via Flaminia und der Straße von Perugia nach Assisi.

Fresko (15. Jh.) im Palazzo Trinci, Foligno

Foligno, das neben Perugia wohl wichtigste Industrie- und Handelszentrum der Region, wirkt lebendig und dynamisch. Die Lage in der Ebene und der Abriss der mittelalterlichen Mauern nach der Vereinigung Italiens begünstigten die Expansion der Stadt. In der Altstadt mit ihrer Stilmischung aus alter und moderner Architektur ist dennoch die alte ovale Stadtanlage erkennbar.

Der Bahnhof östlich des Zentrums eignet sich als Ausgangspunkt eines Rundgangs. Von hier gelangt man durch die Via Ottaviani und die Via Umberto I, ehemaligen Standorten der Stadtmauer, rasch in die Altstadt. Die Via Piermarini, auf halber Länge der Via Umberto I, ist nach dem berühmten Architekten aus Foligno benannt, der die Scala, Mailands Opernhaus, gebaut hat. Gegenüber beginnt die Via dei Monasteri, in der das **Kloster Sant'Anna** liegt. In der Kunstsammlung des Klosters ragte einst Raffaels berühmte *Madonna di Foligno* heraus, die allerdings 1798 von Napoléons Truppen beschlagnahmt wurde und heute in den Vatikanischen Museen in Rom zu sehen ist.

In der Via Umberto I an der Ecke zur Via Garibaldi findet man eine kleine, **Nunziatella** genannte Backsteinkirche (spätes 15. Jh.), die zwei Werke von Perugino enthält. Über dem rechten Altar sieht man eine *Taufe Jesu* und in der Lünette einen *Gottvater*. Beide Werke stammen von 1507.

Von hier ist es nicht weit zur **Piazza della Repubblica**, dem Zentrum Folignos, an dem, wie im Mittelalter üblich, die wichtigsten kirchlichen und weltlichen Gebäude errichtet wurden, darunter der **Duomo**. Er wurde zwischen 1133 und 1512 erbaut und mehrfach umgestaltet, bis er Anfang des 20. Jahrhunderts seine ursprüngliche romanische Gestalt zurückerhielt. Er besitzt zwei Fassaden. Die Hauptfassade blickt auf die kleine Piazza del Duomo. Seine schönere Seite ist die Südfront mit ihrer reich geschmückten Seitenfassade, deren herrliches Portal (1201) sich zur Piazza della Repubblica hin öffnet.

Dem Duomo gegenüber steht der **Palazzo Comunale** mit einer klassizistischen Fassade. Der Bau (13. Jh.) wurde im Lauf der Zeit mehrfach umgestaltet und nach dem Erdbeben von 1832 umfassend renoviert. Der einzige ursprüngliche Teil war der mit Zinnen versehene Turm, der jedoch beim Erdbeben 1997 einstürzte.

Der Palazzo ist mit dem Palazzo Orfini verbunden, in dem wohl die berühmte Druckerei Orfini ihren Sitz hatte. Sie gehörte zu Italiens ersten Verlagshäusern (1470) und veröffentlichte das erste Werk in italienischer Sprache, Dantes *Divina Commedia* (1472).

Der **Palazzo Trinci** an der Nordwestseite der Piazza della Repubblica beherbergt die Pinacoteca Comunale und das Museo Archeologico. In der Gemäldegalerie sieht man u.a. Bilder von drei berühmten in Foligno geborenen Malern: Ottaviano Nelli, Niccolò Alunno und Pier Antonio Mezzastris.

In der Via Gramsci, die westlich von der Piazza della Repubblica abgeht, stehen mehrere Palazzi aus dem 16. bis 18. Jahrhundert, einige auf mittelalterlichen Fundamenten. Der schönste ist der **Palazzo Deli** (Via Gramsci 6), ein Renaissance-Bau. Sein mittelalterlicher Turm gehörte früher zum Palazzo Trinci.

Geburt Jesu von Niccolò Alunno in der Kirche San Nicolò

Brunnen von 1340 im romanischen Kreuzgang des Klosters Sassovivo

An der Piazza San Domenico am Ende der Via Gramsci steht die romanische Kirche **Santa Maria Infraportas** mit einem Portikus aus dem 11. oder 12. Jahrhundert. Die Cappella dell'Assunta (12. Jh.) im Innern besitzt interessante byzantinisch anmutende Fresken, die leider in schlechtem Zustand sind. Ein weiteres schönes Bild in der Kirche ist *St. Hieronymus und zwei Engel* von Mezzastris.

Die Kirche **San Nicolò** in der nahen Via della Scuola di Arti e Mestieri wurde im 14. Jahrhundert von Olivetanermönchen wiedererbaut, im folgenden Jahrhundert umgebaut und im 18. Jahrhundert völlig neu gestaltet. In ihr befinden sich mehrere Werke von Niccolò Alunno, darunter das *Polyptychon der Geburt Jesu*, eines seiner bekanntesten Werke. Im angrenzenden Kloster hatte die Schule der Künste und Handwerke, nach der die Straße benannt ist, ihren Sitz.

Von San Nicolò führt die Via Mezzalancia zur Piazza XX Settembre, wo einer der schönsten Palazzi aus dem 17. Jahrhundert steht, der **Palazzo Monaldi-Bernabò**, heute eine Schule.

Museo di Palazzo Trinci
Piazza della Repubblica. 0742 357 989. Di–So 10–13, 15–19 Uhr. 1. Jan, 25. Dez.

Fassade von Santa Maria Infraportas

Umgebung: Fährt man von Foligno auf der Hauptstraße Nr. 77 in östlicher Richtung und biegt nach zwei Kilometern rechts ab, gelangt man auf die Panoramastraße, die zur **Abbazia di Sassovivo** in einem dichten Steineichenwald hinaufführt. Die um 1000 gegründete Benediktinerabtei war bis ins 15. Jahrhundert ein wichtiges politisch-kulturelles Zentrum. Die Abteikirche ist weniger interessant als der romanische Kreuzgang (13. Jh.), der schönste seiner Art in der Region. Er besteht aus 128 verschiedenen Doppel- oder Spiralsäulen, die 58 mit farbigem Marmor und zwei Mosaikbändern verzierte Rundbogen tragen. Zu sehen ist auch ein Fresko aus dem 13. Jahrhundert. Die Loggia del Paradiso im Kloster ist ebenfalls bemerkenswert.

❸ Altopiano di Colfiorito

Perugia. **Straßenkarte** E4. FS Foligno, 24 km, Strecke Rom – Ancona. Corso Cavour 126, Foligno, 0742 354 459.

Auf der Hauptstraße Nr. 77 von Foligno in Richtung Osten erreicht man kurz vor der Grenze zu den Marken den Altopiano di Colfiorito. Die Hochebene (700 m ü. d. M.) besteht aus sieben Mulden. Sie bildeten einst einen See, der im 15. Jahrhundert trockengelegt wurde. Übrig blieb das Moor Palude di Colfiorito. Das Feuchtbiotop (100 ha) ist wegen seiner Pflanzen und Tiere ein Ziel von Naturfreunden.

In der welligen Landschaft wechseln sich Kalksteinebenen mit steilen Hängen ab. Ihre Ränder werden von den Apennin-Gipfeln Monte Pennino, Monte Acuto, Monte Le Scalette, Monte Profoglio und Col Falcone überragt.

Das Hochplateau und die angrenzenden Gebiete sind inzwischen Teil des Parco Regionale di Colfiorito. Er bietet Besuchern die Möglichkeit, den Altopiano über eine Reihe ausgeschilderter Wege zu erkunden. Es gibt hier zudem Spuren früher menschlicher Besiedelung, von denen die sogenannten *castellieri*, vorrömische Dörfer, am auffälligsten sind. Die bekannteste dieser einfachen Befestigungsanlagen ist Monte Orve.

Der Park beherbergt das **Museo Naturalistico**, das auch für die Erforschung der Flora und Fauna zuständig ist.

Die Hänge des Monte Pennino, im Hintergrund das Moor von Colfiorito

Straßenkarte *siehe hintere Umschlaginnenseiten*

Piazza Silvestri mitten in Bevagna

❹ Bevagna

Perugia. **Straßenkarte** D4. 5100. FS Foligno, 9 km, Strecke Rom–Ancona. i Pro Loco, Piazza Filippo Silvestri, 1, 0742 361 667. Mercato delle Gaite (Juni).
W **prolocobevagna.it**

Die Stadt am Westrand der Valle Umbra lag lange an einem verkehrsreichen Straßennetz. Das antike *Mevania,* das vermutlich seit dem 7. Jahrhundert v. Chr. bewohnt war, blühte unter den Römern dank seiner Lage an der Via Flaminia. Viele berühmte Bürger des alten Rom bauten sich hier ihre Landhäuser. Nach einer Phase des Niedergangs in der Langobardenzeit erfuhr der Ort im 12. Jahrhundert eine Wiederbelebung und erhielt seine heutige Gestalt. Unter Nutzung eines Teils der römischen Mauern wurden Stadtmauern gebaut, das Zentrum erhielt einen großen Platz. Die Mauern sind noch immer eine Attraktion – auch weil seither außerhalb von ihnen erstaunlich wenig gebaut worden ist.

Die Porta Foligno ist der Hauptzugang zur Stadt, von wo der Corso Matteotti ins Zentrum, zur Piazza Silvestri, führt. An dem mittelalterlichen Platz stehen der gotische **Palazzo dei Consoli** sowie drei Kirchen: **San Silvestro**, **San Michele Arcangelo** und **Santi Domenico e Giacomo**.

Der Corso Matteotti folgt der Route des *cardo* – einer der Hauptstraßen durch den römischen Ort. Im Nordteil, wo einst das Forum stand, haben sich Überbleibsel aus der Römerzeit erhalten bzw. wurden restauriert, darunter die Ruine eines Tempels (in die Kirche der Madonna della Neve eingebaut), ein Theater und Thermen. Im selben Viertel, nahe der Piazza Garibaldi, findet man die Kirche **San Francesco** (13. Jh.) mit Fresken eines unter dem Namen Fantino bekannten Künstlers, der Ende des 16. Jahrhunderts in Bevagna geboren wurde und in vielen Orten der Region Kunstwerke hinterließ. Die Kirche besitzt auch einen Stein, auf dem der hl. Franz bei seiner Vogelpredigt gestanden haben soll *(siehe S. 28f)*, die er ganz in der Nähe hielt.

***Artemis*, Museo Civico**

Das **Museo Civico** mit vielen römischen und vorrömischen Funden und der schönen *Ciccoli-Altartafel* (1565–70) von Dono Doni lohnt einen Besuch. Eine ganze Abteilung ist regionalen Künstlern gewidmet, die im 16. und 17. Jahrhundert hier gewirkt haben.

Museo Civico
Corso Matteotti 70. 0742 360 031. Apr, Mai, Sep: tägl. 10.30–13, 14.30–18 Uhr; Juni, Juli: tägl. 10.30–13, 15.30–19 Uhr; Aug: tägl. 10.30–13, 15–19.30 Uhr; Okt–März: Di–So 10.30–13, 14.30–18 Uhr (Nov–März: bis 17 Uhr). 1. Jan, 25. Dez.

***Ciccoli-Altartafel* (1565–70) von Dono Doni, Museo Civico**

Das seit der Antike bestehende Bevagna am Rand der Valle Umbra

❺ Montefalco

Perugia. **Straßenkarte** D4. 5800. FS Foligno, 12 km, Strecke Rom–Ancona. i Piazza del Comune, 0742 616 127. Agosto Montefalchese (Aug). W **montefalcodoc.it**

Das auf einem Hügel über den Tälern von Topino und Clitunno liegende Montefalco bietet einen herrlichen Blick über die Ebene und wird deshalb »Balkon Umbriens« genannt.

Der kleine mittelalterliche Ort namens Coccorone wurde bei den erbitterten Schlachten zwischen dem Papst und Kaiser Friedrich II. 1249 schwer beschädigt. Als Friedrich II. ihn wiederaufbauen ließ, taufte er ihn zu Ehren seiner kaiserlichen Insignien Montefalco. Seine künstlerische Blüte hatte Montefalco im 14. Jahrhundert. Unter päpstlicher Herrschaft folgte jedoch alsbald der Niedergang.

Montefalco besitzt einige römische Reste, doch sein Flair ist vor allem mittelalterlich und auf die runde Piazza del Comune konzentriert. Diesen Nukleus umschließt ein Ring mittelalterlicher Mauern mit fünf Toren, von denen fünf Straßen sternförmig zur Piazza in der Stadtmitte führen.

Hauptzugang zur Stadt ist die von einem Turm gekrönte Porta Sant'Agostino aus dem 14. Jahrhundert. Von hier führen die Via Umberto I und dann der Corso Mameli zu der Piazza. Man kommt dabei an der Kirche **Sant'Agostino** (spätes 13. Jh.) vorbei, deren Fassade schlanke Säulen und eine Fensterrose zieren. Das Innere zeigt eine Reihe interessanter Fresken, von denen eines Ambrogio Lorenzetti zugeschrieben wird. Der Weg führt auch an den Palazzi Tempestini, Langeli und Moriconi vorbei.

An der im 14. Jahrhundert angelegten zentralen Piazza del Comune stehen der im 19. Jahrhundert stark veränderte **Palazzo Comunale**, die ehemalige Kirche San Filippo Neri (heute ein Theater) und das **Oratorio di Santa Maria**, das in der Renaissance als öffentlicher Versammlungsplatz genutzt wurde.

In der Via Ringhiera Umbra gleich nördlich der Piazza del Comune befindet sich das bedeutendste Monument der Stadt und eines der berühmtesten der Region – die ehemalige Kirche **San Francesco**. Das angrenzende Kloster beherbergt das **Museo Comunale**. Attraktion der säkularisierten Kirche (14. Jh.) sind die Fresken

Porta Sant'Agostino (oder dello Stradone), Stadttor in Montefalco

Detail der *Szenen aus dem Leben der hl. Klara,* Santa Chiara

von Benozzo Gozzoli (1420–1497), einem Schüler Fra Angelicos, der vor allem wegen seiner großartigen Fresken im Palazzo Medici in Florenz berühmt ist. Gozzolis Fresken in San Francesco findet man in der Cappella di San Girolamo sowie in der Mittelapsis. Dort prangt das farbenfreudige *Leben des hl. Franz* (1452), der wichtigste dem Heiligen gewidmete Bilderzyklus nach demjenigen in der Basilica di San Francesco in Assisi.

Die zum Museum umgewandelte Kirche enthält auch Kunstwerke, die aus anderen Kirchen der Region gerettet wurden. Bemerkenswert sind ein *Kruzifix* des Maestro Espressionista di Santa Chiara (Ende 13./Anfang 14. Jh.), eine *Madonna mit Kind* aus der Werkstatt Melozzo da Forlìs (spätes 15. Jh.), eine *Geburt Jesu* von Perugino (1503) und, unter den Skulpturen, eine *Krönung Mariä* aus der Werkstatt von Andrea della Robbia (16. Jh.).

Von der Piazza del Comune führen Treppen südwärts zur mittelalterlichen Kirche **San Bartolomeo** und dem Stadttor gleichen Namens hinunter. Dahinter beginnt der Viale Federico II (benannt nach dem Kaiser, der sich 1240 während der Kämpfe gegen den Papst in der Stadt aufhielt), der einen ins Viertel Borgo di San Leonardo bringt. Westlich, außerhalb der Mauern, stehen Kloster und Kirche **Santa Chiara**, die jedoch nicht Klara von Assisi geweiht sind, sondern Chiara di Damiano aus Montefalco (1268–1308), die den Komplex im 13. und 14. Jahrhundert über der älteren Cappella di Santa Croce errichten ließ. Die Kapelle – sie wird auf Anfrage von den Nonnen, die noch hier leben, geöffnet – ist jetzt die Apsis der Kirche. Sie ist mit Fresken umbrischer Künstler aus dem 14. Jahrhundert ausgemalt, die das Leben der Heiligen Chiara, Katharina und Biagio (Blasius) sowie der Jungfrau Maria erzählen. Eine *Kreuzigungsgruppe* an der Altarwand umfasst mehr als 40 Figuren.

***Kruzifix,* Museo Comunale**

Etwas weiter südlich stößt man in der Via Giuseppe Verdi auf die Renaissance-Kirche **Santa Illuminata**, die ab 1491 an der Stelle erbaut wurde, wo die hl. Chiara und ihre Schwester von ihrem Vater eingesperrt worden waren.

Das Franziskanerkloster **San Fortunato** in einem hübschen Wäldchen, etwa einen Kilometer südlich der Stadt, ist wegen der Fresken von Benozzo Gozzoli (1449) in der Kirche einen Besuch wert.

San Francesco und Museo Comunale
Via Ringhiera Umbra. 0742 379 598. Apr, Mai, Sep: tägl. 10.30–13, 14–18 Uhr; Juni–Aug: tägl. 10.30–13, 15–19 Uhr; Okt–März: Mi–So 10.30–13, 14–17 Uhr. 1. Jan, 25. Dez.

6 Trevi

Perugia. **Straßenkarte** D5. 8500. FS Strecke Rom–Ancona, FCU-Strecke Perugia–Terni. Piazza Garibaldi, 0742 332 269.
comune.trevi.pg.it

Die Altstadt von Trevi windet sich spiralförmig um einen kegelförmigen Berg, den Monte Serano, der die Ebene von Spoleto beherrscht. Überschwemmungen durch den nahen Clitunno waren eine ständige Gefahr und zwangen die Bewohner des römischen Trevi, sich in der Höhe anzusiedeln. Nachdem der Fluss gebändigt worden war, konnte sich die moderne Stadt – der sogenannte Borgo Trevi – in der Ebene zwischen Feldern und Olivenhainen entwickeln.

Trevis Bewohner traten früh zum Christentum über, der Legende nach missionierte hier der Märtyrer Emiliano. Nach kurzer Unabhängigkeit war die Stadt ab dem 4. Jahrhundert bis zur Einigung Italiens Teil des Kirchenstaats.

Der **Palazzo Comunale** an der zentralen Piazza Mazzini stammt aus dem 14. Jahrhundert und wurde später erheblich erweitert. Im 15. Jahrhundert kam beispielsweise der Portikus hinzu. Vom Rathaus führt die Via San Francesco am monumentalen **Palazzo Valenti** vorbei zur riesigen Kirche **San Francesco**.

Die Kirche ist zusammen mit der angrenzenden **Raccolta d'Arte di San Francesco** die künstlerische Hauptattraktion.

***Krönung Mariä* (1522), Detail**

Die Kirche selbst stammt aus dem 13. Jahrhundert und enthält interessante Kunstwerke sowie eine Orgel von 1209. Doch Trevis bedeutendste Kunstwerke sind in der Raccolta ausgestellt, die seit 1997 im Kloster der Kirche untergebracht ist. Highlight ist die *Krönung Mariä* (1522) von Giovanni di Pietro, genannt Lo Spagna. Die Predella enthält zwei Szenen aus dem Leben Heiliger: *Der hl. Martin verschenkt seinen Mantel* und *Die Wundmale des hl. Franz*. Lo Spagna erhielt von den Mönchen der Kirche San Martino *(siehe unten)* den Werkauftrag. Die Raccolta besitzt außerdem die wohl vollständigste Gemäldesammlung der umbrischen Schule (14. Jh.). Unbedingt sehenswert: das *Leben Jesu* von Giovanni di Corraduccio (1. Hälfte 14. Jh.).

Bemaltes Kreuz (15. Jh.), Raccolta di San Francesco

Die im 20. Jahrhundert komplett restaurierte Kathedrale **Sant'Emiliano** auf dem Berggipfel besitzt noch ihre drei originalen Apsiden (12. Jh.), die zu den schönsten Beispielen der Romanik in der Region gehören. Daneben erhebt sich der Palazzo Lucarini, der das **Palazzo Lucarini Contemporary** beherbergt, das eine kleine Sammlung zeitgenössischer Kunst präsentiert und Wechselausstellungen bietet.

Ein zehnminütiger Spaziergang durch die Fußgängerzone des Viale Ciuffelli führt zu der Pfarrkirche **San Martino** (14. Jh.), die an einem Aussichtspunkt am Nordwestrand der Stadt erbaut wurde. In der Kirche findet man Werke von Tiberio d'Assisi und Fantino, die zu den berühmtesten Künstlern der umbrischen Schule zählen. Auch das **Santuario della Madonna delle Lacrime** südlich vom Zentrum (nicht weit vom Bahnhof) lohnt einen Besuch: Dort gibt es eine schöne *Anbetung* von Perugino (1512) und in der Kapelle San Francesco einen Freskenzyklus von Lo Spagna.

Palazzo Lucarini Contemporary
Via Lucarini 1. 0742 381 021.
Do–So 15.30–18.30 Uhr.
palazzolucarini.it

Umgebung: Etwa fünf Kilometer nördlich von Trevi steht die Kirche **Santa Maria a Pietrarossa** (14. Jh.). Ihren Namen hat sie von dem roten Stein *(pietra rossa)* im Presbyterium, dem Wunderkräfte zugeschrieben werden. Unter dem weitläufigen Portikus der Kirche verläuft ein riesiger Zyklus von Votivfresken (15. Jh.). Das Wasser der San-Giovanni-Quelle, die ein paar Schritte von der Kirche entspringt, soll Heilkraft besitzen.

Innenraum der Kirche San Martino

Hotels und Restaurants in Südumbrien *siehe Seiten 150f und 162–167*

Den von den Fonti del Clitunno gebildeten Teich säumen Weiden und Pappeln

❼ Fonti del Clitunno

Perugia. **Straßenkarte** D5. FS Campello sul Clitunno, Strecke Rom – Ancona, Trevi, 10 km, FCU-Strecke Perugia – Terni.

Die berühmten, seit der Antike bekannten Quellen entspringen in Vene an der Via Flaminia. Das kühle, klare Wasser der Karstquellen bildet einen großen, mit kleinen Inseln besetzten Teich und einen Fluss, der ebenfalls Clitunno heißt.

Römischer Tempietto

Der legendäre Ruf der Quellen beruht, literarisch gesehen, auf den Orakelkräften des Flussgotts Clitumnus. Diese Orakelfähigkeiten wurden von Dichtern aller Zeiten, von Vergil bis Lord Byron, gepriesen. Allerdings werden Menschen, die das Quellwasser trinken, noch lange keine guten Redner. Der Genuss des Wassers soll vielmehr das Verlangen nach Alkohol einschränken.

Tatsächlich verdankt die Gegend ihren Reichtum dem fruchtbaren Boden und dem vielen Wasser, das in solchen Mengen zutage tritt, dass der Fluss früher sogar schiffbar war. Das nutzten die Römer: Sie schufen hier einen Erholungsort, die Quellen dienten ihnen für Thermen. Der Ort war stark besiedelt, mit Villen entlang dem Flussufer, von denen heute kaum noch etwas zu sehen ist. Zu den Sakralbauten gehört der **Tempietto**, der jedoch, wie viele Fachleute meinen, erst im 6. bzw. 7. Jahrhundert aus Materialien eines frühchristlichen Bauwerks errichtet wurde. Der Tempel, der etwa einen Kilometer nördlich der Fonti steht, enthält eine Krypta und einen Kultraum. Letzterer ist mit Fresken aus dem 7. Jahrhundert ausgemalt, die als älteste Darstellungen religiöser Themen in Umbrien gelten.

Fonti del Clitunno
0743 521 141. tägl. ab 8.30, 9 oder 10 Uhr (siehe Website); Okt – Feb: Mittagspause 13 – 14 Uhr. 25. Dez. **fontidelclitunno.it**

Tempietto
0743 275 085. Di – So 12.15 – 17.45 Uhr.

Umgebung: Südlich der Quellen liegt das Dorf **Campello sul Clitunno**, dessen Kirche Madonna della Bianca Fresken aus dem 16. Jahrhundert zieren. Der steile Weg vom Dorf zum **Castello di Pissignano**, wo sich einst Friedrich Barbarossa aufhielt, bietet schöne Aussichten.

Trapezförmiger Turm des Castello di Pissignano

Umbrisches Olivenöl

Olivenöl aus Umbrien darf die Bezeichnung *denominazione di origine controllata* (kontrollierte Herkunftsbezeichnung) tragen, wenn es die hohen Qualitätsstandards für Olivenöl erfüllt. Umbrien ist in fünf Produktionsbezirke mit jeweils anderen Qualitätskriterien unterteilt. Die strengsten Regeln gelten in der Region um Trevi, einem der wichtigsten Olivenanbaugebiete Italiens.

❽ Parco Nazionale dei Monti Sibillini

Der Nationalpark wurde im August 1993 eröffnet. Das über 70 000 Hektar große Gebiet erstreckt sich zwischen Umbrien und den Marken und bietet eine hinreißende Kombination aus Natur und Geschichte. Man findet hier zahlreiche Klöster und mittelalterliche Bergstädte sowie eine reichhaltige Natur. Ein Wegenetz für Wanderer und Mountainbiker durchzieht den gesamten Park. Die windigen Hochebenen sind bei Paraglidern beliebt, im Winter locken die Berge Skifahrer an. Zu den hoch gelegenen Hütten zählen u. a. Rifugio Città di Ascoli (Passo di Forca Canapine), Capanna Ghezzi (über den Plateaus von Castelluccio) und Rifugio San Severino Marche.

Abbazia di Sant'Eutizio
Die Klosterbauten stammen aus dem späten 12. Jahrhundert, doch schon ab dem 6. Jahrhundert zog es Eremiten in diese Gegend, die im frühen Mittelalter politisch und kulturell bedeutend war.

Marcite di Norcia
Die künstlich bewässerten Wiesen beziehen das kostbare Nass aus Karstquellen.

Wildtiere in den Monti Sibillini

Der Park bietet vielen Arten einen idealen Lebensraum. An Säugetieren finden sich hier in kleiner Zahl Wölfe und Wildkatzen. Es gibt zudem Populationen von Mardern, Rehwild und vor allem Wildschweinen (deren Zahl jedoch langsam problematisch wird). Auch Luchse sind gesehen worden, die Sichtung von Abruzzen-Braunbären wird allerdings bezweifelt. Im Gebirge leben viele Vogelarten. Heimisch ist der Steinadler, ein eleganter Räuber, der leicht zu sichten ist. Wanderfalken und Hühnerhabichte bekommt man dagegen seltener zu sehen. Weitverbreitet sind Alpendohlen und Mauerläufer.

Steinadler

Hotels und Restaurants in Südumbrien *siehe Seiten 150f und 162–167*

Flora
An den Nordhängen blühen seltene Pflanzenarten, darunter Orchideen wie der Türkenbund oder die hier zu sehenden Asterazeen.

Infobox

Information
Straßenkarte F5.
Ente Parco, Visso, 0737 972 711 (Info Points in den Orten).
sibillini.net

Anfahrt

Lago di Pilato
In dem See soll Pilatus bestattet worden sein, als die Büffel, die seine Leiche zogen, sich weigerten weiterzugehen. Nach einer anderen Version ertränkte sich der reuige römische Prokurator selbst. Der See färbt sich bisweilen blutrot – dank einer seltenen roten Alge.

Monte Vettore
Mit 2476 Metern ist er der höchste Berg im Park und einer der höchsten des Apennin. Vom Gipfel hat man einen grandiosen Blick über das gesamte Massiv. Unten beherrscht das dunkle Wasser des Lago di Pilato das Gebiet.

Außerdem

① **Visso**, heute Sitz der Parkverwaltung, soll 907 Jahre früher als Rom gegründet worden sein. Vom Mittelalter bis zum 18. Jahrhundert war sein Gebiet in fünf Distrikte, sogenannte *guaite* (Wachen), unterteilt. Burgen und Wachtürme aus dieser Zeit sind erhalten.

② **Der Monte Sibilla** gab dem ganzen Park seinen Namen. Hier gibt es eine Grotte, in der die mythische Sibylle *(Sibilla)* lebte, eine weise Frau mit prophetischen Gaben.

Piani di Castelluccio
An den Westhängen des Nationalparks erstrecken sich drei Hochebenen in über 1300 Meter Höhe oberhalb des Dorfs Castelluccio (das für seine Linsen berühmt ist). Im Frühling bedeckt den Boden ein atemberaubend vielfältiger und bunter Blütenteppich, der als die *fioritura* bekannt ist.

Straßenkarte *siehe hintere Umschlaginnenseiten*

9 Spoleto

Spoleto mit seiner Lage am Hang des Monteluco und seinen großartigen Bauwerken gehört zu den wichtigsten Städten Umbriens. Bewundert wurde die Stadt bereits von den frühen Italienreisenden, seit 1958 kommt eine internationale Gästeschar zum Festival di Spoleto (Festival dei Due Mondi). Wahrscheinlich gründeten Umbrer die erste Bergsiedlung, später errichtete man hier eine Festung. Spuren der mächtigen Mauern (4. Jh. v. Chr.) sind noch zu sehen. Als Spoletium wurde der Ort 241 v. Chr. römische Kolonie, nicht zuletzt wegen seiner Nähe zur Via Flaminia, der wichtigen Straße von Norden nach Rom. Dann wurde Spoleto Sitz des langobardischen Herzogtums und schließlich eine bedeutende Kommune, aus der zahlreiche geistliche Orden hervorgingen. Über die Jahrhunderte konnte die Stadt ihre kulturellen Schätze bewahren. Seit 2011 ist der Tempietto del Clitunno UNESCO-Welterbe.

Blick auf die Stadt Spoleto über der Valle Spoletina

Überblick: Spoleto

Die meisten Besucher kommen von Norden, über den Ponte Sanguinario, eine römische Brücke, in die Stadt. Ab hier geht es bergauf, vorbei an den wichtigsten Bauten, zum höchsten und ältesten Teil der Stadt, wo der Duomo und die Rocca d'Albornoziana stehen – unerlässliche Sehenswürdigkeiten bei einem Besuch in Spoleto.

San Gregorio Maggiore

Piazza Garibaldi.

Gleich hinter dem Ponte Sanguinario, dem Tor zur Stadt, liegt die Piazza Garibaldi mit der Kirche San Gregorio Maggiore aus der frühchristlichen Ära (4. Jh.). Wie alle alten Kirchen der Stadt wurde sie außerhalb der Stadtmauern errichtet. Im 12. Jahrhundert wurde die Kirche unter Benutzung römischer Überbleibsel erneuert. Die Fassade zieren Statuen, ein massiver Campanile (beachten Sie die römischen Quader in der unteren Hälfte) und ein Portikus nach dem Vorbild des Duomo *(siehe S. 117)*. Trotz häufiger Umbauten und Renovierungen zeigt das romanische Innere noch immer Reste interessanter mittelalterlicher Fresken.

Fassade von San Gregorio Maggiore mit Portikus und Glockenturm

Das von gotischen Bogen gerahmte Portal von San Nicolò

San Nicolò

Via Cecili.

Von der Piazza Garibaldi führt die Via dell'Anfiteatro zum Zentrum, vorbei an den Ruinen des römischen Amphitheaters (2. Jh. n. Chr.). Die Via Cecili entlang kommt man zu der säkularisierten Kirche San Nicolò.

Was wie eine einzelne Kirche wirkt, ist in Wirklichkeit ein Komplex von Sakralbauten, die im Lauf der Jahrhunderte einer über den anderen gesetzt wurden. Die schöne gotische Kirche, in der 1512 Martin Luther weilte, ist heute ein Theater- und Konzertsaal.

San Domenico

Via Pierleone.

Die Via Cecili führt zur Piazza della Torre dell'Olio mit dem gleichnamigen Turm (14. Jh.). Von hier gelangt man durch die Via Pierleone zur großen Klosterkirche San Domenico (13. Jh.) mit ihrem unverwechselbaren rosafarbenen und weißen Streifenmuster.

Die um 1930 in ihrer gotischen Urform rekonstruierte Kirche besitzt ein einziges, ungewöhnlich langes Schiff mit Fresken aus dem 14. und 15. Jahrhundert, von denen einige erst in den letzten Jahrzehnten wiederentdeckt wurden. Lassen Sie sich vor allem Zeit für die Cappella di San Pietro Martire (die erste links), die Cappella di Santa Maria Maddalena (rechts von der Apsis) und die Cappella Benedetti di Montevecchio (links vom Presbyterium).

Spoletos römisches Theater aus dem 1. Jahrhundert n. Chr.

Infobox

Information
Perugia. **Straßenkarte** D5.
38 000. IAT, Piazza della Libertà 7, 0743 218 620.
Festival di Spoleto (Juni, Juli).
comunespoleto.gov.it

Anfahrt
FS Strecke Rom – Ancona, 892021. 075 963 7637.

Santi Giovanni e Paolo

Via Filitteria.

Von der gotischen San Domenico verläuft die Via Sant'Andrea am **Teatro Nuovo** vorbei, einem prunkvollen Theater, das über den Ruinen eines Klosters errichtet und im Jahr 1864 eingeweiht wurde. Kurz dahinter steht die säkularisierte Kirche Giovanni e Paolo (geweiht 1174). Ihre Fresken im Inneren sind einen Blick wert: Das älteste Fresko zeigt das *Martyrium Thomas Beckets*, das 1173 nach dessen Heiligsprechung gemalt wurde.

Palazzo Collicola Arti Visive

Piazza Collicola 1. 0743 464 34. Mitte März – Mitte Okt: tägl. 10.30 – 13, 15.30 – 19 Uhr; Mitte Okt – Mitte März: Mi – Mo 10.30 – 13, 15.30 – 17.30 Uhr.

Die Sammlung moderner Kunst des Museums im Palazzo Collicola (18. Jh.) wird in drei Abteilungen präsentiert. Interessant ist die erste Abteilung mit Werken zeitgenössischer italienischer Künstler, Teilnehmern am »Premio Spoleto«, darunter Arnaldo Pomodoro und Giulio Turcato.

Teatro Romano

Piazza della Libertà.

Wo der Corso Mazzini sich zur Piazza della Libertà erweitert, befindet sich ein römisches Theater (1. Jh. n. Chr.), das 3000 Personen fasst. Es wurde erst Ende des 19. Jahrhunderts ausgegraben und wird für Festivalaufführungen genutzt.

Im nahen Kloster Sant'Agata liegt das **Museo Archeologico Nazionale** mit vorrömischen Funden.

Museo Archeologico Nazionale

Via Sant'Agata 18. 0743 223 277. Mo – Sa 8.30 – 19.30 Uhr. 1. Jan, 1. Mai, 25. Dez.

Zentrum von Spoleto

1. San Gregorio Maggiore
2. San Nicolò
3. San Domenico
4. Santi Giovanni e Paolo
5. Palazzo Collicola Arti Visive
6. Teatro Romano
7. Sant'Ansano und Krypta von Sant'Isacco
8. Arco di Druso
9. Piazza del Mercato
10. Museo Diocesano und Sant'Eufemia
11. La Rocca d'Albornoziana
12. Duomo
13. San Ponziano
14. San Salvatore

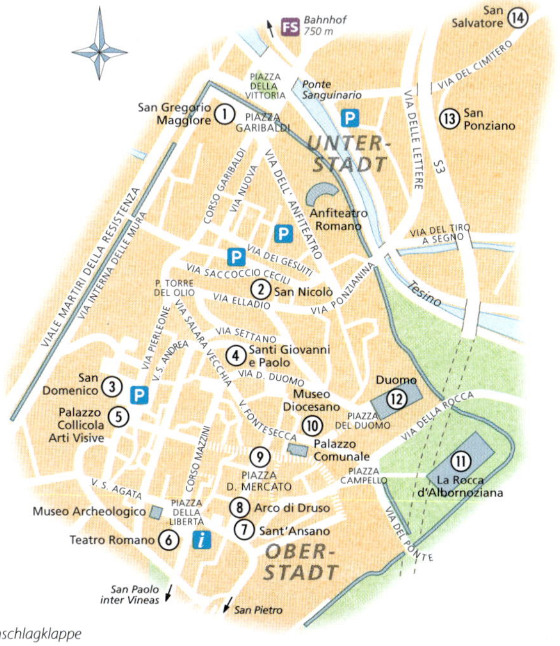

Zeichenerklärung *siehe hintere Umschlagklappe*

Straßenkarte *siehe hintere Umschlaginnenseiten*

Sant'Ansano und Krypta von Sant'Isacco

Via Brignone.

Beim Aufstieg zum ältesten Teil Spoletos folgt man der Route des *cardo maximus*, einer der Hauptstraßen durch die römische Siedlung. Die Kirche Sant'Ansano steht auf den Resten eines römischen Tempels. Ihr heutiges Äußeres erhielt sie im 18. Jahrhundert, doch ihre Baugeschichte ist wesentlich komplexer. Die Krypta von Sant'Isacco belegt, dass es im 12. Jahrhundert eine beiden Heiligen geweihte Kirche gab. Sie enthält römische Säulen und imposante Fresken im byzantinischen Stil. Die Kirche darüber schmückt eine *Madonna* von Lo Spagna (1. Hälfte 16. Jh.).

Die Krypta von Sant'Isacco unter der Kirche Sant'Ansano

Arco di Druso

Piazza del Mercato.

Der Drususbogen, einer der vielen Bogen überall in der Stadt, steht dort, wo der *cardo maximus* ins Forum (heute Piazza del Mercato) mündete. Er wurde 23 n.Chr. zum Gedenken an den Sohn von Kaiser Tiberius erbaut.

Piazza del Mercato

Der Platz liegt im Herzen des ältesten Teils von Spoleto. Mit seinem Markt, den Läden und Bars ist er immer von quirligem Leben erfüllt. Bemerkenswert ist der Brunnen, der Mitte des 18. Jahrhunderts unter Verwendung von Materialien anderer Bauten errichtet wurde, so u.a. aus vier Wappenschilden und einer Gedenktafel für Papst Urban VIII. In einer Ecke des Platzes steht der **Palazzo Comunale**, ursprünglich mittelalterlich, aber nach einem Erdbeben Ende des 18. Jahrhunderts umgestaltet. Das **Museo del Tessuto e del Costume** präsentiert 2500 Exponate aus dem 14. bis 20. Jahrhundert, darunter liturgische Gewänder, Fächer, Hüte und Trachten.

Der Brunnen (1746–48) auf der Piazza del Mercato

Die nahe **Casa Romana** (römisches Haus) aus dem 1. Jahrhundert v.Chr. hat schöne Mosaikfußböden.

Casa Romana
Via di Visiale. 0743 234 250.
tägl. 11–19 Uhr. Okt–März: Mo.

Museo del Tessuto e del Costume
Via delle Terme 5. 0743 459 40.
Sa, So 15.30–19 Uhr.

Museo Diocesano und Sant'Eufemia

Via A. Saffi 13. 0743 231 022.
Mi–So 11–13, 15–18 Uhr.

Die Baugeschichte des Palazzo Arcivescovile vor dem Palazzo Comunale stellt praktisch die Stein gewordene Geschichte von Spoleto dar. Sie begann mit dem Bau eines römischen Hauses (teils noch sichtbar), über dem offenbar der große Langobardenpalast errichtet wurde, als Spoleto Herzogtum war. Im 12. Jahrhundert wurde der Bau einem Kloster eingegliedert, bis er schließlich im 16. und 17. Jahrhundert zum Bischofspalais wurde. In seinem Inneren ist das **Museo Diocesano** untergebracht.

Im Innenhof steht die Kirche **Sant'Eufemia** (12. Jh.). Die restaurierte dreischiffige Basilika gehört eher der lombardischen als der umbrischen Romanik an und besitzt Frauengalerien über den Seitenschiffen.

La Rocca d'Albornoziana

Piazza Campello 1. 0743 224 952.
La Rocca und Camera Pinta tägl. 9.30–19.30 Uhr.
Museo Nazionale del Ducato di Spoleto Di–So 9–13.30 Uhr.

Als Spoleto 1359 ein Außenposten der zur Wiedereroberung Umbriens entschlossenen Kirche war, befahl Kardinal Albornoz, der päpstliche Legat von Innozenz VI., den Bau einer Festung *(rocca)* am höchsten Punkt der Stadt. Sie wurde mit dem dahinterliegenden Monteluco durch den imposanten Ponte delle Torri verbunden, der noch immer die Valle del Tessino überbrückt *(siehe S. 117)*. La Rocca ist per Bus (stündlich von der Piazza Campello) zu erreichen. Wer zu Fuß gehen will, dem helfen Rolltreppen.

Die Festung ist auf rechteckigem Grundriss um zwei Höfe erbaut, den Corte d'Armi und den Cortile d'Onore, beide sind von Türmen umgeben. Im Lauf

Blick auf die Rocca von der anderen Seite des Ponte delle Torri

der Zeit wohnten in der Burg etliche Berühmtheiten, darunter Lucrezia Borgia, deren Capricen vielleicht den Anlass gaben, dem Turm den Namen »della Spiritata« (der Besessenen) zu geben. Über 100 Jahre diente La Rocca als Gefängnis. 1984 wurde der Bau restauriert.

Sehenswert sind die Fresken in der **Camera Pinta** (in einem der Haupttürme). Die galanten Szenen wurden im 14. und 15. Jahrhundert von Künstlern der Schule von Terni gemalt. In der Festung befindet sich auch das **Museo Nazionale del Ducato di Spoleto**.

Hinter La Rocca überspannen die zehn Bogen des **Ponte delle Torri** den Fluss Tessino. Die Brücke ist 230 Meter lang und über 70 Meter hoch. Ihre Entstehungszeit ist ungewiss, möglicherweise entwickelte sich der heutige Bau aus einer römischen Brücke mit Aquädukt. Durch eine Öffnung in ihrer Mitte hat man einen fantastischen Blick.

Mosaik von Solsternus an der Fassade des Duomo

Duomo

Piazza del Duomo. tägl. 8.30–12.30, 15.30–19 Uhr (Nov–März: bis 17.30 Uhr).

Ein kurzer Aufstieg von der Piazza del Mercato führt zur abschüssigen Piazza del Duomo mit Spoletos Kathedrale. Als Kulisse des Festivals von Spoleto (Festival dei Due Mondi) ist das Bild der Kirche weltberühmt geworden.

Die Kathedrale (Ende 12. Jh.) ist der Santa Maria Assunta geweiht. Sie erhebt sich an einer Stelle, an der mindestens zwei ältere Sakralbauten gestanden haben. Die Fassade, eines der

Die Domfassade, Kulisse für das Festival di Spoleto (dei Due Mondi)

herrlichsten Beispiele umbrischer Romanik, gliedert sich in drei Schichten und ist das Ergebnis von wenigstens drei aufeinanderfolgenden Bauphasen.

In der ersten Phase wurde die Basilika gebaut, der Glockenturm stammt wahrscheinlich aus derselben Zeit (12. Jh.). In der zweiten Phase (frühes 13. Jh.) erfolgte die Errichtung der Fassade mit dem Mosaik von Solsternus (1207) und den drei oberen Fensterrosen, die die Rose im Cosmatenstil darunter rahmen. Der Portikus mit seinem prächtigen Mittelportal kam Ende des 15. Jahrhunderts hinzu. Die Bronzebüste Urbans VIII. über dem Portal schuf Gian Lorenzo Bernini im Jahr 1640.

***Himmelfahrt Mariä* von Filippo Lippi (Detail)**

Das Innere der Kirche wurde 1648 barock umgestaltet. Es hat den Grundriss eines lateinischen Kreuzes, unterteilt in drei durch eine Kolonnade getrennte Schiffe, und enthält bedeutende Kunstwerke. Direkt hinter dem Eingang rechts liegt die Cappella del Vescovo Costantino Eroli (1497), die zur Gänze mit Fresken von Pinturicchio ausgemalt ist. Beachten Sie vor allem diejenigen in der Altarnische, die *Gottvater und Engel* und *Madonna mit Kind, Johannes dem Täufer und St. Stephan* darstellen. In der Wölbung sieht man eine Reihe von Gestalten aus dem Alten Testament. Der zweite wichtige Freskenzyklus (1467–69) stammt von Filippo Lippi und befindet sich an den Wänden der Apsis. Sein Thema ist das Leben Mariä. Die Szenen zeigen u.a. die *Verkündigung*, die *Himmelfahrt Mariä*, die *Geburt Jesu* und die *Krönung Mariä*. Der Sarkophag des toskanischen Künstlers wird in der Kirche verwahrt, seine sterblichen Überreste dagegen befinden sich nicht mehr hier.

Beiderseits der Apsis öffnen sich zwei Kapellen, die Cappella della Santissima Icona und die Cappella del Sacramento. In der ersten befindet sich ein Bild der Jungfrau in Form einer Ikone. Sie wird stark verehrt, weil sie St. Lukas zugeschrieben wird. Links, in Richtung Querhaus liegt die hübsche Cappella delle Reliquie. Außer einigen schönen Fresken und Gemälden enthält sie eine Holzstatue der *Madonna mit Kind* aus dem 14. Jahrhundert und einen Brief, den der hl. Franz an seinen Schüler Fra' Leone geschrieben hat.

Im Langhaus am ersten Altar links hängt ein *Kruzifix* von Albertus Sotius, das auf Pergament gemalt und auf Holz aufgezogen worden ist (1187). Weitere ähnliche Schätze werden im Archivio Capitolare aufbewahrt.

Detail eines Pinturicchio-Freskos in der Cappella Eroli

Detail eines Reliefs an der Fassade von San Pietro Fuori le Mura

San Paolo inter Vineas

Via San Paolo.

Die erste der vier wichtigen Kirchen, die einen Bogen um die Ostseite der Altstadt von Spoleto bilden, liegt südlich der Stadt jenseits des Giardino Pubblico (Stadtpark) und des Stadions.

San Paolo inter Vineas wurde an der Stelle eines frühchristlichen Sakralbaus errichtet, den Gregor der Große schon im 6. Jahrhundert erwähnte. Die heutige romanische Kirche mit angrenzendem Kreuzgang stammt allerdings aus dem 12. bis 13. Jahrhundert und wurde in der zweiten Hälfte des 20. Jahrhunderts gekonnt restauriert. Am bedeutendsten im Inneren ist ein Freskenzyklus aus dem frühen 13. Jahrhundert, der als einer der ältesten der Region gilt. Er zeigt die *Propheten* und *Szenen aus der Schöpfungsgeschichte*.

Romanischer Kirchenbau: San Paolo inter Vineas

San Pietro Fuori le Mura

Via Matteotti, dann Via Roma, jenseits der Hauptstraße Strada Statale Flaminia.

Während bei San Paolo inter Vineas die Fresken im Kirchenschiff am bedeutendsten sind, sind es bei dieser Kirche die Dekorationen der Fassade.

San Pietro Fuori le Mura (»vor den Mauern«) erhebt sich südlich des Stadtzentrums über einer Treppenanlage auf einem Plateau mit schöner Aussicht.

Der Ursprung der Kirche reicht wahrscheinlich bis ins 5. Jahrhundert zurück, als die Reliquie der Kette Petri hierher überführt wurde. Der heutige Bau stammt vorwiegend aus dem 12. Jahrhundert.

Fassade von San Pietro Fuori le Mura

Die Steinreliefs an der Fassade gelten als eines der schönsten Beispiele umbrischer Romanik. Die Reliefs am unteren, älteren Teil des Bauwerks, die im 12. und 13. Jahrhundert entstanden, erzählen komplexe Geschichten mit vielfältiger Symbolik. Sie zeigen weltliche Episoden aus mittelalterlichen Enzyklopädien und fromme Geschichten mit Bezug auf das Leben Jesu.

San Ponziano

Strada Statale Flaminia, Straße zum Friedhof.

Die Kirche steht nordöstlich des Zentrums an der Via Flaminia am Fuß des Cinciano.

Hier befand sich einst das Grab des Märtyrers Ponziano, des Stadtpatrons, dessen am 14. Januar gedacht wird. San Ponziano ist eine Klosterkirche (erst der Klarissen, später der Augustinerinnen) mit romanischem Äußeren und einem Inneren, das 1788 von Giuseppe Valadier völlig umgestaltet wurde. Er entwarf auch die Türen und Altäre der Kirche.

Besonders interessant ist die original erhaltene Krypta. Sie ist wie die Kirche darüber dreischiffig und besitzt fünf Apsiden. Der Bau enthält römische

Festival di Spoleto (Festival dei Due Mondi)

Das wichtigste neuere Ereignis in Spoleto geht auf die Entscheidung des italienisch-amerikanischen Komponisten Gian Carlo Menotti zurück, das Festival dei Due Mondi fortan hier stattfinden zu lassen. Es sollte bald zu einem der bedeutendsten internationalen Kulturevents werden. Für den Standort Spoleto sprachen: die zentrale Lage in Italien, das historische Flair und die vielen Theater und Kinos der Stadt. Das erste Festival wurde 1958 mit Verdis *Macbeth* unter der Regie von Luchino Visconti eröffnet. Seitdem lockt das Festival (trotz Streitigkeiten, mit denen es immer wieder zu kämpfen hatte, und der Namensänderung in »Festival di Spoleto«) jeden Sommer Künstler sowie ein begeistertes Publikum aus der ganzen Welt in diese hinreißend schöne Stadt.

Schlusskonzert

Fragmente und schöne Votivfresken, von denen eines in der Apsis rechts den *Erzengel Michael* mit Globus und Schwert zeigt. In der Apsis links sieht man eine *Thronende Madonna*.

Das streng formelle Innere der Kirche San Salvatore

San Salvatore

Via del Cimitero, nahe der Strada Statale Flaminia.

Von San Ponziano führt die Straße zum Cinciano hinauf und schließlich zur letzten und historisch interessantesten der Kirchen bei Spoleto.

Die Kirche San Salvatore, ein UNESCO-Welterbe, ist ein außergewöhnliches, in Umbrien vielleicht einzigartiges Beispiel eines Baus, der hauptsächlich aus antiken Materialien errichtet wurde. Die Säulen, Zierelemente, Kapitelle, Architrave – kurz: der überwiegende Teil der Bauelemente der dreischiffigen Basilika – stammen fast alle aus der Römerzeit.

Aus diesem Grund war es für Kunsthistoriker schwierig, die Entstehung von San Salvatore genau zu datieren, doch zweifellos ist sie eine der ältesten Kirchen des Landes. Derzeit gibt es zwei Theorien zur Entstehungszeit: Der ersten zufolge stammt die Kirche aus frühchristlicher Zeit und belegt die Großartigkeit der spätrömischen Kunst in dieser Region, der Tempietto del Clitunno *(siehe S. 111)* wäre demnach aus derselben Zeit. Nach der zweiten Theorie jedoch ist der Bau im 8. und 9. Jahrhundert entstanden.

⑩ San Pietro in Valle

Perugia. **Straßenkarte** E5. **FS** Strecke Rom – Ancona, Terni, 20 km, FCU-Strecke Perugia – Terni. 🚌 ☎ 0744 780 129. **Abtei** ◯ Sommer: tägl. 10 – 13, 15 – 18 Uhr; Winter: tägl. 10 – 12 Uhr. **W** **sanpietroinvalle.com**

Es fällt schwer, umbrische Klöster in eine Rangfolge nach ihrer Bedeutung bringen zu wollen. Keinesfalls fehlen dürfte die Benediktinerabtei San Pietro in Valle. Sie liegt im unteren Teil der Valnerina unmittelbar nördlich des Dorfs Ferentillo *(siehe S. 127)*.

Die vor der Kulisse bewaldeter Hügel stehende Abbazia San Pietro in Valle ist vor allem künstlerisch und religiös von Interesse. Um die Abtei ranken sich diverse Mythen. Wie eines der Fresken im linken Querhaus der Kirche nahelegt, wurde sie wohl im 5. Jahrhundert gegründet, als der langobardische Herzog von Spoleto, Faroaldo II., dem syrischen Eremiten Lazarus begegnete. Petrus hatte dem Herzog in einem Traum geraten, aus der kleinen Kapelle des Einsiedlers ein mächtiges Kloster zu machen, was zur Gründung der Abtei führte. Faroaldo beschloss daraufhin, zu bleiben und fortan nach den mönchischen Regeln zu leben. Sein prunkvoller Sarkophag ist im rechten Querhaus zu sehen.

Kapitell, San Pietro in Valle

Im 9. Jahrhundert wurde die Abtei von den Sarazenen schwer beschädigt, jedoch um 1000 von Otto III. und seinem Nachfolger Heinrich II. wiederaufgebaut. Ab 1930 brachten umfassende Renovierungen die linearen mittelalterlichen Formen wieder zum Vorschein, die trotz aller Veränderungen erhalten geblieben waren. Heute ist die Abtei in Privatbesitz und ein gefragtes Hotel der Kette Relais & Chateaux. Teile sind allerdings auch für Nicht-Gäste zugänglich.

Die Abteikirche ist in staatlichem Besitz und einen Besuch wert. Die lange, strenge, einschiffige Kirche mit kurzem Querhaus und drei Apsiden enthält einige großartige Kunstwerke. An den Wänden gibt es einen Freskenzyklus, der in seiner Komplexität und präzisen Ausführung zu den Musterbeispielen romanischer Malerei in Italien zählt. Auf der Wand links und der Wand rechts oben sind *Szenen aus dem Alten Testament* zu sehen, während auf der verbleibenden Fläche auf der rechten Seite *Szenen aus dem Leben Jesu* dargestellt sind. Die Innenfassade und das Querhaus sind mit Fresken aus späteren Epochen ausgemalt.

Beachten Sie den gut erhaltenen langobardischen Altar (8. Jh.), der das Selbstporträt und die Signatur des Bildhauers trägt: »Ursus«.

Die mittelalterliche Benediktinerabtei San Pietro in Valle

Die weitläufige Piazza San Benedetto im Zentrum von Norcia

⓫ Norcia

Perugia. **Straßenkarte** F5. 5000. Piazza San Benedetto, Via Solferino 22, 0743 828 173. Mostra Mercato del Tartufo Nero (Feb).
norcia.net

Das am Fuß der Monti Sibillini, am Rand des Piano di Santa Scolastica und an der Grenze der alten Herzogtümer Spoleto und Benevento gelegene Norcia war jahrhundertelang Handelsstadt und Zwischenstation für Reisende und Händler. Heute ist die Stadt vor allem für ihre regionalen Produkte bekannt, insbesondere für die schwarzen Trüffeln, das edle Fleisch und die guten Würste. (Das Wort norcino – aus Norcia – ist ein Synonym für beste Fleischprodukte.) Die *salumerie* und Lebensmittelläden sind ein Muss für Besucher Norcias.

Die römische Stadtmauer – 290 v. Chr. eroberten die Römer Norcia – wurde im 13. Jahrhundert durch eine in Herzform ersetzt. Diese Mauer und die Stadt sind im Lauf der Jahre durch katastrophale Erdbeben zerstört worden. Die acht alten Tore sind jedoch entlang der Stadtgrenze noch auszumachen.

An der Porta Romana, einem der alten Tore, beginnt der Corso Sertorio, der zur Piazza San Benedetto führt, dem Zentrum der Stadt seit dem Mittelalter. In der Mitte steht eine Statue des hl. Benedikt (1880). Auf den Platz blickt der **Palazzo Comunale** (14. Jh.), der nach dem Erdbeben von 1859 teilweise neu gestaltet wurde. Der Portikus ist noch original erhalten, während der hohe Glockenturm im 18. Jahrhundert entstand.

Neben dem Palazzo steht die mittelalterliche Kirche **San Benedetto**, die 1389 und später mehrmals umfassend umgebaut wurde. Die Fassade aus dem 14. Jahrhundert beherrscht ein monumentales Portal (1578) mit zwei Statuen zu beiden Seiten, Darstellungen des hl. Benedikt und der hl. Scholastika. Rechts von der Kirche sieht man einen Portikus, den Portale delle Misure (16. Jh.), in dessen Steinstufe die Handelsmaße für den Kornverkauf eingemeißelt sind. Das Innere, das im 18. Jahrhundert rekonstruiert wurde, besitzt eine Krypta an der Stelle, an der der hl. Benedikt und die hl. Scholastika geboren worden sein sollen. In der Krypta sind Reste der alten Kirche und Freskenfragmente zu sehen.

Lünette des Portals von San Benedetto, Detail

Die Kirche **Santa Maria Argentea** aus dem 16. Jahrhundert (im 18. Jh. umgebaut) steht ebenfalls an der Piazza, ist aber weniger interessant. Viel eindrucksvoller ist die **Castellina**, eine 1554 für Papst Julius III. erbaute Festung. Die massive Anlage um einen Hof mit Loggia war das Werk des berühmten Architekten Jacopo Barozzi, genannt Vignola. Die Castellina beherbergt das **Museo Civico Diocesano**, zu dessen Highlights zwei Kruzifixe und eine aus fünf Figuren bestehende Skulpturengruppe der *Grablegung* (13. Jh.) gehören. Sie ist perfekt erhalten und ein wichtiger Beleg für die Volkskunst dieser Zeit (solche Skulpturen wurden bei Prozessionen präsentiert).

Ein Ausflug in Norcias Geschichte führt über die Via Roma bis zur Porta Ascolana und an mehrenen Kirchen vorbei. Alternativ gehen Sie vom Hauptplatz über die Via Anicia bis zum höchsten Punkt der Stadt. Die zu sehenden Palazzi stammen aus dem 17. und 18. Jahrhundert, als Norcia ein wichtiger Handelsplatz an den Grenzen zu den adriatischen Gebieten war. Hier steht auch **Sant'Agostino** mit schönen Fresken lokaler Maler (16. Jh.). Bemerkenswert sind zudem die gotische Kirche **San Francesco** (Piazza Garibaldi) und der **Tempietto** (14. Jh.; Via Umberto).

Museo Civico e Diocesano
Piazza San Benedetto. 0743 817 030. Jan – Juni, Okt – Dez: Mo – Fr 10 – 13, 15 – 17 Uhr (Sa, So: bis 17.30 Uhr); Juli – Sep: tägl. 10 – 13, 16 – 19.30 Uhr.

Innenhof der Castellina mit Loggia und Galerie

Land der Heiligen

Zwei der wichtigsten Heiligen Umbriens (neben dem hl. Franz) wurden in dieser Gegend, nur wenige Kilometer voneinander entfernt, geboren – allerdings mit einem zeitlichen Abstand von fast 1000 Jahren.

St. Benedikt, Gründer des ältesten Mönchsordens des Abendlands, erblickte (zusammen mit seiner Zwillingsschwester Scholastika) im Jahr 480 in Norcia das Licht der Welt. Nach Studien in Rom ließ er sich in Montecassino nieder und schrieb seine berühmte *Regola*, die großen Einfluss auf das mittelalterliche Klosterleben hatte. Der Tag des hl. Benedikt, des Schutzpatrons Norcias (und Europas), wird am 21. März gefeiert.

St. Rita (geboren als Rita Lotti, ihr Gedenktag ist der 22. Mai) wurde 1381 in Roccaporena nahe Cascia geboren. Die damaligen Kämpfe zwischen den Guelfen (Anhängern des Papsttums) und den Ghibellinen (Anhängern des Kaisers) bestimmten ihr Leben. Bereits ihre Eltern gehörten den sogenannten »Friedensstiftern Christi« an, Vermittlern zwischen den beiden verfeindeten Parteien. Rita setzte ihr Werk fort, auch nachdem ihr Gatte und kurz danach ihre zwei Söhne ermordet worden waren. Sie trat ins Augustinerinnenkloster Santa Maria Maddalena in Cascia ein, wo sie 40 Jahre bis zu ihrem Tod 1447 blieb. Von einer Wunde an ihrer Stirn hieß es, ein Dorn habe sie verursacht, der von einer Dornenkrone herabgefallen sei, als Rita im Gebet unter einer Christusstatue kniete, ihre Mitschwestern sahen darin ein Wundmal. Ritas wundersame Geschichte ließ einen volkstümlichen Kult entstehen, der bis heute fortlebt. Erst auf eine groß angelegte Kampagne hin wurde sie am 24. Mai 1900 heiliggesprochen.

Denkmal des hl. Benedikt (1880) von Giuseppe Prinzi

Blick auf Roccaporena mit dem Felsen der hl. Rita im Hintergrund

⑫ Cascia

Perugia. **Straßenkarte** E5. 3300. Piazza Garibaldi 1, 0743 711 47. Celebrazioni per Santa Rita (21./22. Mai).

Das wegen seiner strategischen Lage auf einem Hügel seit der Spätantike bewohnte Cascia blickt auf eine turbulente Vergangenheit: Es war umbrisch, dann römisch und byzantinisch, Teil des Herzogtums Spoleto und vom 10. Jahrhundert an unabhängig. Im frühen Mittelalter war es ghibellinisch und lag in erbittertem Kampf mit den papsttreuen Städten Norcia und Spoleto. 1517 wurde es von Rom erobert. Wegen seiner Lage an der Grenze zum Königreich Neapel war es strategisch wichtig und wurde in der Folge sehr reich.

Nach der Einigung Italiens verlor es an Bedeutung und erlebte eine Phase des Niedergangs. Im 20. Jahrhundert wurde dies durch den religiösen Tourismus gestoppt, der wegen der hl. Rita große Pilgerscharen nach Cascia brachte.

Der für Cascia noch immer wichtige Kult lenkt das Interesse der Besucher von der heute zerstörten Bergfestung eher auf die der Heiligen gewidmete moderne **Wallfahrtskirche** (1947), die eine Kirche von 1577 ersetzte. Links von ihr liegt das Kloster Santa Rita, in dem die Heilige den Großteil ihres Lebens verbrachte.

Außerdem sehenswert sind das **Museo Civico** (teils im Palazzo Santi und in der Kirche Sant'Antonio Abate) mit seinen schönen Holzskulpturen sowie die Kirchen **San Francesco** und Santa Maria.

Am Ortsrand von Cascia liegt Ritas Geburtsort **Roccaporena** am Fuß eines Felsens, der Scoglio (Fels) di Santa Rita genannt wird. Die vielen Burgen und Türme der Gegend, die einst ein wirksames Verteidigungssystem bildeten, zeugen von der historischen Bedeutung der Gegend.

Unweit von Cascia liegt der Parco Nazionale dei Monti Sibillini *(siehe S. 112f)*.

Fresko in der Lünette des Kirchenportals von San Francesco

⓭ Terni

Die zweite umbrische Provinzhauptstadt neben Perugia war und ist das Industriezentrum der Region – dank ihrer Lage in der Ebene und am Zusammenfluss von Nera, Serra und Tescino. Im 19. Jahrhundert war Wasserkraft unerlässlich für die Entwicklung der Schwerindustrie (das italienische Stahlwerk Acciaierie Breda hat hier seinen Sitz). Terni liegt zudem an der Via Flaminia, einer wichtigen Straße seit der Römerzeit, die Rom mit dem Norden und der Adria verbindet. Seine industrielle Bedeutung machte Terni zum Ziel schwerer Bombardements im Zweiten Weltkrieg. Verglichen mit den meisten umbrischen Städten wirkt die Stadt sehr modern. Alte Attraktionen sind die Römerruinen von Carsulae und die Cascata delle Marmore. Übrigens: Terni ist wohl nicht der Geburtsort des hl. Valentin, des Schutzpatrons aller Liebenden …

Madonna mit Heiligen von Benozzo Gozzoli

Überblick: Terni

Terni ist zwar ziemlich groß, doch man kann es – oder zumindest seine wichtigsten Sehenswürdigkeiten – in relativ kurzer Zeit und zu Fuß besichtigen: Die Altstadt am Westufer des Nera ist relativ kompakt.

Man lässt das Auto am besten am Bahnhof (nördlich vom Zentrum) stehen und folgt dem Viale della Stazione zur Piazza Tacito. Von dort führt der Corso Cornelio Tacito direkt ins Zentrum, das sich um die Piazza della Repubblica mit den wichtigsten öffentlichen Bauten und die Piazza Europa konzentriert. Hier steht der Palazzo Spada, den nach lokaler Überlieferung Antonio da Sangallo d. J. erbaut hat.

San Francesco

Piazza San Francesco. Tägl. 8–12.30, 15.30–19.30 Uhr.

Auf halber Strecke des Corso Tacito lohnt sich ein Abstecher nach rechts zu dieser Kirche (13. Jh.), die ursprünglich im franziskanischen Stil als einschiffige Kirche mit Querhaus errichtet worden war. Im 15. Jahrhundert kamen die Seitenschiffe und der Glockenturm hinzu. Die Cappella Paradisi im Inneren enthält einen Freskenzyklus *(Das Jüngste Gericht)* von Bartolomeo di Tommaso aus der Giotto-Schule. Der Zyklus entstand Mitte des 15. Jahrhunderts.

Centro Arti Opificio Siri (CAOS)

Viale Campofregoso 98. 0744 258 946. Di–So 10–13, 17–20 Uhr (Winter: 16–19 Uhr).

Die einstige Chemiefabrik beherbergt die Sammlung Aurelio de Felice moderner Kunst. Sie enthält u. a. Lithografen von Chagall, Mirò, Picasso und Kandinsky. Das Museum zeigt zudem mittelalterliche Werke der umbrischen Schule, etwa von Benozzo Gozzoli *(Heirat der hl. Katharina)*, Lo Spagna und Nicolò Alunno. Zudem gibt es junge, noch weniger bekannte Maler zu entdecken.

Sant'Alò

Via Sant'Alò. 320 252 8895. nach Vereinbarung.

Die romanische Kirche (11. Jh.) unweit der Via XI Febbraio fällt durch die Wiederverwendung römischer Statuen an der Fassade auf. Sie wurde wohl auf den Resten eines Tempels errichtet.

Duomo (Santa Maria Assunta)

Piazza Duomo. tägl. 9–12, 15.30–19 Uhr.

Der südlich des Zentrums beim Stadtpark gelegene Dom wurde an der Stelle früherer Kirchenbauten errichtet, von denen der erste schon im

Detail vom Hauptportal des Duomo

Riesige Gießpfanne in einem Stahlwerk

Industriestadt Terni

Die industrielle Bedeutung Ternis beginnt mit der industriellen Revolution in Italien Anfang des 19. Jahrhunderts, als sich das vatikanische Eisenwerk hier niederließ. Im Lauf des 19. Jahrhunderts kamen immer mehr Fabriken hinzu: Gießereien, Sägemühlen, Spinnereien und das sehr erfolgreiche Stahlwerk Acciaierie Breda. Sie fanden in der wasserreichen Ebene, die zudem für den Handel günstig gelegen war, ein ideales Umfeld. Die Industrie hat das Land wie die Stadt verändert. Inzwischen sind die Fabriken großteils abgerissen worden oder werden anders genutzt, doch die Industriearchitektur Ternis ist noch immer einen Besuch wert. Zudem gibt es auch andere Attraktionen: die Stadt selbst, die Cascate di Marmore und Narni sind ein einziges »Open-Air-Museum«.

6. Jahrhundert existierte. Ihm folgten später andere. Die heutige Basilika ist das Resultat eines Umbaus von 1653, Spuren der romanischen Kirche sind aber noch vorhanden. Beachten Sie beim Hineingehen die Tierreliefs am Hauptportal. Im Dom befindet sich das Museo Diocesano e Capitolare mit Sakralkunst.

Römisches Amphitheater

Piazza Duomo, Via dell'Anfiteatro. tägl. 10–13, 16–20 Uhr (Winter: bis 19 Uhr).

Die Ruine des Amphitheaters (1. Jh. n. Chr.) beim Dom gehört zu den besterhaltenen römischen Stätten Ternis. Das Theater diente als Steinbruch und wurde später überbaut, Mitte des 19. Jahrhunderts wiederentdeckt und um 1930 schließlich freigelegt.

Links davon steht der Palazzo Vescovile, dessen geschwungene rückwäritge Fassade den Verlauf der alten Bastionen aufnimmt. Vom Stadtpark aus hat man einen schönen Blick.

San Salvatore

Via San Salvatore. tägl. 9–12, 16–18 Uhr.

Die interessanteste Kirche der Stadt befindet sich unweit der

Die Rundkirche San Salvatore

Piazza Europa. Sie wurde über römischen Bauten errichtet, die Experten konnten sich allerdings nicht einigen, wann genau sie erbaut wurde. Einigen glauben, dass ihr Mittelstück über einem kreisrunden Grundriss ein römischer Sonnentempel gewesen sein könnte. Inzwischen datiert man den Bau ins 11. Jahrhundert. Der rechteckige Vorbau ist neuer und wohl im 12. Jahrhundert entstanden.

Im Inneren gibt es Spuren von Fresken, diejenigen der Cappella Manassei stammen aus dem 14. Jahrhundert.

Infobox

Information

Straßenkarte D6. 113 000.
IAT, Via Cassian Bon 4 (hinter Piazza Tacito), 0744 423 047.
Feste di San Valentino (14. Feb), Cantamaggio (Mai).
regioneumbria.eu

Anfahrt

Strecke Rom – Ancona, 892 021. 075 963 7637.

San Pietro

Piazza San Pietro. tägl. 8–12, 15.30–19.30 Uhr.

Die Kirche (14. Jh.) unweit des Palazzo Comunale wurde mehrmals vergrößert und umgebaut. Sie enthält viele für die lokale Schule typische Fresken des 14. und 15. Jahrhunderts.

Mostra Permanente di Paleontologia

Ehemalige Chiesa di San Tommaso, Largo Liberotti. 0744 285 946. Do 10–13, Sa 16–19 Uhr.

Die Ausstellung ist ein Muss für alle, die sich für die Frühgeschichte Umbriens interessieren. Sie zeigt eine Sammlung von Fossilien, die Reste mehrerer Ursäuger und ein Diorama von Umbrien, als es vom Wasser des vorzeitlichen Lago Tiberino bedeckt war.

Zentrum von Terni

1. San Francesco
2. Centro Arti Opificio Siri (CAOS)
3. Sant'Alò
4. Duomo
5. Römisches Amphitheater
6. San Salvatore
7. San Pietro
8. Mostra Permanente di Paleontologia

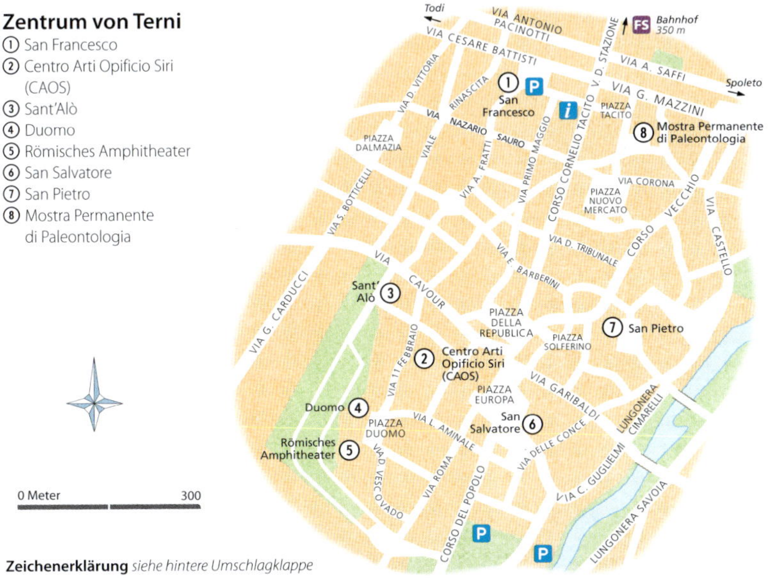

Zeichenerklärung *siehe hintere Umschlagklappe*

Straßenkarte *siehe hintere Umschlaginnenseiten*

⑭ Narni

Terni. **Straßenkarte** C6. 20 000. FS Strecke Rom – Ancona. IAT, Piazza dei Priori 2, 0744 715 362. Corsa dell'Anello (2 Wochen Mitte Mai). **comune.narni.tr.it**

Die schöne Bergstadt liegt oberhalb einer Windung des Nera. Narni ist der geografische Mittelpunkt Italiens. Seine Ursprünge gehen auf die umbrische Siedlung *Nequinum* zurück, die 299 v. Chr. von den Römern erobert und nach dem nahen Fluss in *Narnia* umbenannt wurde. Narni war unter den Römern eine wichtige Station an der Via Flaminia. Hier kam Kaiser Nerva (30 n. Chr.) zur Welt. Die Stadt wuchs, bis sie die gesamte Felsspitze über dem Fluss einnahm.

Das mittelalterliche Narni erlebte schwere Zeiten während der Kämpfe zwischen Papst und Kaiser, doch es wuchs weiter, selbst als es Mitte des 14. Jahrhunderts unter päpstliche Herrschaft kam. Der Bau der großen Festung auf Befehl von Kardinal Albornoz festigte die päpstliche Autorität.

Im 16. Jahrhundert wurde Narni von deutschen Landsknechten verwüstet, die nach dem Sacco di Roma auf dem Rückweg waren. Durch das langsame Wachstum der folgenden Jahrhunderte blieb das Stadtzentrum nahezu so erhalten, wie es sich heute präsentiert.

Die Domfassade, von der Piazza Garibaldi aus gesehen

Detail der Reliefs rechts am Portal des Palazzo del Podestà

Die Porta Ternana an der Via Flaminia ist der Hauptzugang nach Narni. Von hier führt die Via Roma zur Piazza Garibaldi, die früher Piazza del Lago hieß. Den Namen erhielt sie wegen der großen unterirdischen Zisterne, die der römische Aquädukt der Formina speiste. Er liefert noch heute das Wasser für den Brunnen (14. Jh.).

Die meisten Attraktionen liegen nahe der Hauptachse der Stadt, die von Via Garibaldi und Via Mazzini gebildet wird. An der Piazza Garibaldi steht Narnis **Duomo**, ein imposanter, dem Stadtpatron San Giovenale geweihter Bau aus dem Jahr 1047 (umgebaut im 12. Jh.). Die Fassade besitzt einen Portikus und ein mit Steinmetzarbeiten verziertes Portal. Im Inneren trennen zwei niedrige Arkaden die drei Schiffe. Rechts sieht man das Mausoleum des Bischofs von Narni, das ein Grabstein von 558 dominiert.

Detail des Brunnens auf der Piazza Garibaldi

Vom Dom führt ein kurzer Spaziergang die Via Garibaldi hinauf zur zentralen Piazza dei Priori, dem attraktiven Sitz der Bürgermacht in Narni. Den Platz säumen der **Palazzo dei Priori** mit einem Portikus und einer schönen Loggia von Gattapone – der auch den Palazzo dei Consoli in Gubbio *(siehe S. 64)* baute – und der **Palazzo del Podestà** (oder Palazzo Comunale), beide stammen aus dem 14. Jahrhundert. Das Atrium des Palazzo del Podestà schmücken römische und mittelalterliche Funde. Im Innern sind eine großartige *Krönung Mariä* von Ghirlandaio sowie Fresken von Benozzo Gozzoli u. a. zu sehen. Die **Casa Sacripanti** am selben Platz weist drei mittelalterliche Reliefs mit Greifen und Rittern auf.

Hinter der Piazza dei Priori setzt sich die Hauptstraße (nun als Via Mazzini) nördlich fort. Gleich auf der rechten Seite sieht man die Fassade der romanischen Kirche **Santa Maria in Pensole** (um 1175), deren Äußeres mit dem schönen Portikus und den drei Portalen mit klassischen Motiven besonders interessant ist. Kurz dahinter weitet sich die Straße zur Piazza XIII Giugno mit der Kirche **San Domenico** (12. Jh.). Sie wurde säkularisiert und beherbergt heute die Stadtbibliothek, das Historische Archiv und die städtische Gemäldegalerie. Ihre größte Attraktion sind die mittelalterlichen Fresken: Unter den oft verblichenen Fragmenten sind vor allem die Arbeiten der Brüder Zuccari in der großen Kapelle im linken Seitenschiff bemerkenswert. Auch viele Kunstwerke aus anderen Kirchen der Stadt befinden sich hier, darunter eine *Verkündigung* von Benozzo Gozzoli am Ende des rechten Seitenschiffs. In den Kellern der Kirche kann man die Inquisitionszellen mit den Graffiti der Gefangenen besichtigen.

Von San Domenico gehen Sie zur Piazza dei Priori zurück

und dann durch die engen Straßen parallel zur Via Mazzini. Hier finden Sie die Kirche **San Francesco**, die im 14. Jahrhundert dort erbaut wurde, wo der hl. Franz bei seinem Aufenthalt in Narni 1213 ein Bethaus gegründet haben soll. Die Kirche ist romanisch, weist aber einige gotische Elemente auf. Unter diesen ist vor allem das Portal mit einer Nische darüber von Interesse. Im Inneren bedecken Fresken jeden Quadratzentimeter der Mauern. Besonders schön sind diejenigen von Mezzastris in der ersten Kapelle, die *Szenen aus dem Leben des hl. Franz* und *Szenen aus dem Leben des hl. Benedikt* darstellen, sowie die Fresken von Alessandro Torresani (16. Jh.) in der Sakristei.

Auf dem Hügel über Narni steht eine gewaltige Festung, die **Rocca**. Sie wurde um 1370 von Gattapone auf Geheiß von Kardinal Albornoz errichtet. Der Kardinal war eine der wichtigsten Persönlichkeiten des frühen Mittelalters in Umbrien *(siehe S. 45)* und Auftraggeber vieler Festungen, die noch heute seinen Namen tragen. Die Rocca von Narni war lange Zeit verlassen, wurde aber mittlerweile restauriert. Sie ist täglich geöffnet und bietet Besuchern einen schönen Ausblick.

Auch die Unterwelt der Stadt kann mittlerweile besichtigt werden (Informationen unter: www.narnisotterranea.it).

Die Rocca, eine der vielen von Kardinal Albornoz erbauten Festungen

Die romanische Abtei San Cassiano aus dem 12. Jahrhundert

Umgebung: Bei der Fahrt von Narni in Richtung Terni gelangt man nach kurzem Abstecher Richtung Westen zu einer Brücke über den Nera. Sie ist zwischen den Industrieanlagen von Narni Scalo leicht zu verfehlen, doch sie bietet die beste Aussicht auf den majestätischen römischen Bogen mitten im Fluss, den einzigen, der vom **Ponte d'Augusto** (160 m lang, 30 m hoch) erhalten ist. Die Brücke des Augustus, so genannt, weil sie aus der Zeit des ersten Kaisers stammt (27 v. Chr.), gehörte zu den imposantesten in Umbrien. Der Bogen war übrigens eine der beliebtesten Sehenswürdigkeiten bei Italienreisenden im 18. Jahrhundert.

Fährt man auf derselben Straße über den Nera weiter, führt ein Anstieg zur **Abbazia di San Cassiano** hinauf, dem wohl bedeutendsten der vielen Kirchenbauten im Umland von Narni. Der romanische Komplex (12. Jh.) in hinreißender Lage ist von Mauern mit Zinnen umgeben und umfasst eine hübsche Kirche mit Glockenturm.

13 Kilometer südöstlich von Narni liegt der 1213 vom hl. Franz gegründete **Convento del Sacro Speco**. Der Heilige betete hier oft in einer nahen Höhle.

⓯ Visciano

Terni. **Straßenkarte** C7. FS Narni, 8 km, Strecke Rom – Ancona. 🚌 ℹ IAT Narni *(siehe S. 124)*.

Von Narni führt eine kurvenreiche, aber reizvolle Straße in südlicher Richtung zum Bergdörfchen Visciano. Sehenswert ist die kleine, schlichte Kirche **Santa Pudenziana** (das Tourismusbüro organisiert Besichtigungen). Das Musterbeispiel umbrischer Romanik wurde im 12. und 13. Jahrhundert unter Einbeziehung römischer Materialien errichtet. Die Kirche hat einen hohen steinernen Campanile und eine schlichte Fassade mit kleinem Portikus. Das dreischiffige Innere besitzt Böden mit Intarsien aus kostbarem Marmor und Fragmenten römischer Mosaiken.

Die Kirche ist für ihre Fresken berühmt. An der rückwärtigen Fassade sieht man *Christus*, *San Vittore, San Medico* und andere Heilige, dazu die *Madonna mit Kind*, alle aus der Zeit des Baus. Die anderen Figuren, z. B. *Santa Pudenziana*, stammen aus dem 14. und 15. Jahrhundert.

⑯ Parco Fluviale del Nera

Der Naturpark, ein »Wasserpark«, erstreckt sich am Lauf des Nera entlang von Terni bis nach Ferentillo. Er führt weiter in den Nationalpark der Monti Sibillini *(siehe S. 112f)*, beide Parks bilden so ein zusammenhängendes Schutzgebiet. Im Parco Fluviale findet man eine der bekanntesten Attraktionen Italiens, die Cascata delle Marmore, den höchsten Wasserfall des Landes, bei dem sich der Fluss Velino aus der Hochebene der Marmore in den Fluss Nera ergießt. Bitte beachten ist, dass der Wasserfall immer nur stundenweise zu bewundern ist (er funktioniert tatsächlich auf Knopfdruck), was von Monat zu Monat variiert. Man sollte sich daher vorab informieren. Der Park hat allerdings noch mehr zu bieten, beispielsweise ausgezeichnete Wassersportmöglichkeiten.

Märzveilchen blühen auf den Weiden im Park

Cascata delle Marmore
Das grandiose Schauspiel, ein beliebtes Ziel von Reisenden aller Altersstufen, ist dem Fluss Velino zu verdanken, der durch einen künstlichen Kanal hierhergelangt. Das Wasser stürzt in drei Stufen insgesamt 165 Meter in den Fluss Nera hinab. Den Wasserfall kann man von der unteren Straße (SS209) und der oberen Straße (S79) aus beobachten.

Legende

- Nebenstraße
- Panoramastraße

Bau eines künstlichen Wasserfalls

In der Antike stürzte der Velino nicht wie heute in den Nera, sondern staute sich in den Sümpfen der Hochebene von Rieti. 271 v. Chr. verbanden die Römer beide Flüsse durch einen Kanal, den Cavo Curiano, der noch heute den Hauptwasserfall speist. Seit damals ist die Cascata delle Marmore Zentrum des gesamten Flusssystems Mittelitaliens und hat erbitterte Debatten darüber ausgelöst, ob sie zu schließen oder zu erweitern sei. Letztere Variante wurde im 15. und 16. Jahrhundert von den Päpsten in Angriff genommen, die den großen Architekten der Zeit (Antonio da Sangallo, Giovanni Fontana und Carlo Maderno) die Umgestaltung übertrugen. Um 1920 wurde der Wasserfall zum Wasserkraftwerk ausgebaut.

Das Wasserkraftwerk der Cascata delle Marmore, eine wichtige Stromquelle Italiens

Hotels und Restaurants in Südumbrien *siehe Seiten 150f und 162–167*

Montefranco
Das kleine Dorf in herrlicher Lage ist ein Zentrum des Klettersports. Hier gibt es zahlreiche Kletterschulen und Felswände, die durchaus bezwingbar sind.

Infobox

Information
Terni. **Straßenkarte** D6. Via Cassian Bon, 0744 423 047. **Wasserfall** 0744 629 82. Jan: Sa, So 11–17 Uhr; Feb, Nov, Dez: tägl. 11–17 Uhr (Feb: Sa, So bis 18 Uhr); März: tägl. 10–18 Uhr (Sa, So bis 22 Uhr); Apr, Mai: Mo–Fr 10–19, Sa, So 9–22 Uhr; Juni–Sep: tägl. 10–22 Uhr (Sa, So ab 9 Uhr); Okt: Mo–Fr 10–18, Sa, So 10–20 Uhr. **marmorefalls.it**

Anfahrt
Terni, Strecke Rom–Ancona.

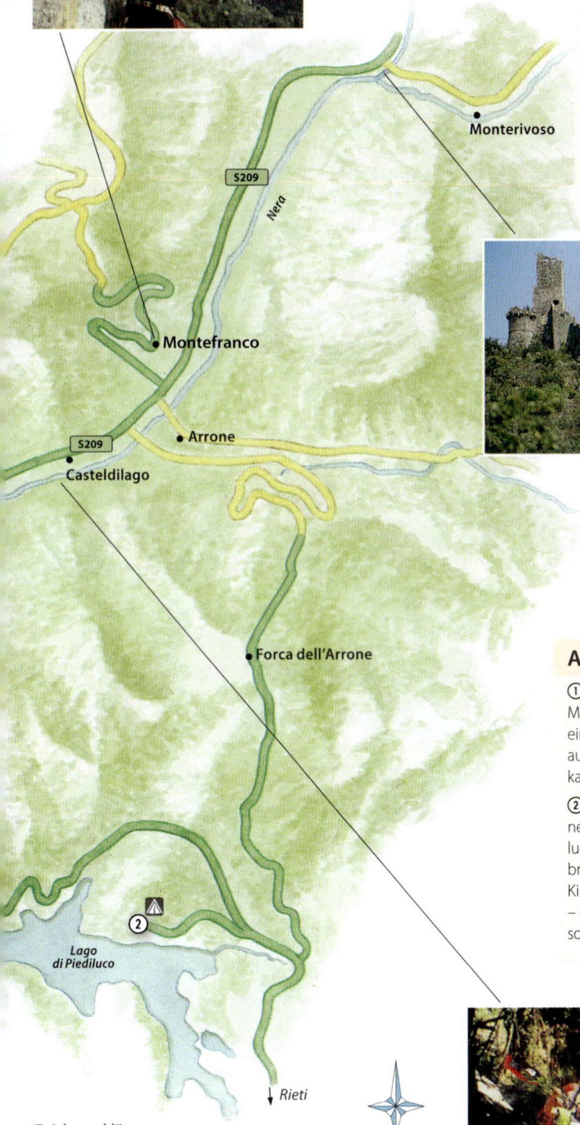

Ferentillo
Das von zwei Zitadellen (14. Jh.) bewachte Ferentillo ist ein bekanntes Kletterzentrum. Es ist auch wegen seiner Kirche Santo Stefano berühmt, in deren Krypta mehrere Mumien liegen.

Außerdem

① **Das Observatorium** im Dorf Marmore an der oberen Straße ist einer der vielen Punkte, von denen aus man den Wasserfall bestaunen kann. Es wurde 1781 errichtet.

② **Piediluco** lockt mit seiner schönen Lage am Ufer des Lago di Piediluco, des zweitgrößten Sees in Umbrien nach dem Lago Trasimeno. Die Kirche San Francesco ist sehenswert – und wenn man schon mal hier ist, sollte man eine Bootsfahrt machen.

Zeichenerklärung
siehe hintere Umschlagklappe

Rafting
Wasser ist das Hauptelement des Parks, entsprechend viele Wassersportmöglichkeiten gibt es, darunter Rafting und Wildwasserfahrten mit Kanus und Kajaks.

Straßenkarte *siehe hintere Umschlaginnenseiten*

Die Porta Romana (17. Jh.) in der antiken Stadtmauer

⓱ Amelia

Terni. **Straßenkarte** C6. 12 000. FS Narni, 11 km, Strecke Rom – Ancona. i IAT, Via Orvieto 1, 0744 981 453. i **comune.amelia.tr.it**

Die Ursprünge des auf einem Hügel zwischen Tiber- und Neratal thronenden Amelia reichen bis in die Antike zurück. Damals war es aufgrund seiner Lage an der Via Amerina, die das südliche Etrurien mit Umbrien verband, der wichtigste Handelsort der Gegend.

Teile der imposanten **Mura Poligonali** (Zyklopenmauern) der Umbrer stehen noch heute, mit die ältesten Stadtmauern Italiens. Ihr Alter ist ungewiss, sie stammen allerdings mindestens aus dem 5. Jahrhundert v. Chr. Die Bastionen (8 m hoch, 2 m dick) bestehen zum Großteil aus gewaltigen polygonalen Steinblöcken, die ohne Mörtel zusammengefügt sind. Die Mächtigkeit dieser Mauer ist am besten an der **Porta Romana** zu sehen, einem Torbogen im Stil des 17. Jahrhunderts.

Die Porta Romana ist auch der Hauptzugang zur Altstadt. Das **Museo Archeologico** im nahen Palazzo Boccarini zeigt vielfältige römische Funde, von Tafeln bis zu Sarkophagen. Interessant ist die großartige Statue des römischen Feldherrn Germanicus, die hier gefunden, aber jahrelang in Perugia aufbewahrt wurde. Nun ist sie wieder in Amelia – vorläufig jedenfalls.

Ein kurzes Stück die Via della Repubblica hinauf steht die Kirche **Santi Filippo e Giacomo** (13. Jh.). Sie enthält sieben Gräber der Familie Geraldini, einer der wichtigsten Dynastien in Amelia. Kardinal Alessandro Geraldini z. B. hatte großen Anteil daran, dass der spanische Königshof Kolumbus die erste Reise nach Indien gestattete. Zu den Grabmälern der Kirche gehören auch die für Elisabetta und Matteo Geraldini von Agostino di Duccio (15. Jh.).

Der **Palazzo Farattini**, unweit der Via della Repubblica, ist das eindrucksvollste private Bauwerk in Amelia. Er wurde im 16. Jahrhundert von Antonio da Sangallo d. J. für die Familie Farattini erbaut, der zweiten maßgeblichen Dynastie in der Stadtgeschichte. Die Via della Repubblica führt weiter zur Piazza Marconi und setzt sich dann als Via Duomo zum höchsten Punkt der Stadt und zum **Duomo** fort. Dessen heutiges Erscheinungsbild ist das Ergebnis eines fast völligen Neubaus im 17. Jahrhundert, der die originale romanische Kirche bis auf den Glockenturm (11. Jh.) ersetzte.

Im Inneren finden sich einige schöne Kunstwerke, darunter ein Tafelbild mit einer *Madonna mit Kind*, das Antoniazzo Romano zugeschrieben wird, sowie zwei Gemälde von Nicolò Pomarancio im Oratorio del Sacramento.

Detail des Grabmals von Matteo und Elisabetta Geraldini

Über die Via Geraldini gelangt man zurück in die Unterstadt und zur Piazza Matteotti, deren Attraktion der bezaubernde **Palazzo Comunale** ist.

Vor der Porta Romana kann man die Landkirche **Santa Maria delle Cinque Fonti** besuchen, die an jener Stelle steht, wo der hl. Franz 1213 gepredigt haben soll. Die Kirche trägt den Namen eines nahen Brunnens mit fünf Wasserspeiern.

Museo Archeologico
Piazza Augusto Vera. 0744 978 120. Apr – Juni, Sep: Di – So 10.30 – 14, 16 – 18 Uhr; Juli, Aug: Di – So 10.30 – 13.30, 16.30 – 19 Uhr; Okt – März: Fr – So 10.30 – 13, 15 – 17 Uhr. 1. Jan, 25. Dez.

Aus der Ferne wird deutlich, wie sich Amelia von oben nach unten ausgedehnt hat

◀ Cascata delle Marmore *(siehe S. 126f)*

Umgebung: Das Land rund um Amelia ist mit leicht erreichbaren, wunderschönen Klöstern und Wallfahrtskirchen übersät. Etwa vier Kilometer südwestlich von Amelia steht an der Straße nach Attigliano das **Kloster der Santissima Annunziata** (13. Jh.), das den Minoriten gehört. Eine Wand des Refektoriums schmückt ein *Abendmahl*.

Weiter ostwärts gelangt man hinter dem Dorf Capitone – das im Mittelalter die Burg des nahen Narni war – ins Dorf La Cerqua mit der **Wallfahrtskirche der Madonna della Quercia**. Sie wurde im 16. Jahrhundert für ein Bildnis der heiligen Jungfrau errichtet, das sich jetzt auf dem Altar der Apsis befindet.

Die römische **Via Amerina** ist an sich eine historische Attraktion. Sie hat ihre Rolle als Verbindungsstraße bewahrt.

Der Lago di Alviano an der Grenze zum benachbarten Latium

Das Innere von Santa Maria Assunta in Lugnano in Teverina

⓲ Lugnano in Teverina

Terni. **Straßenkarte** C6. 1500. FS Attigliano, 11 km, Strecke Mailand – Rom. i Pro Loco, Piazza S. Maria 1, 0744 902 566. Weihnachten sowie lebende Krippen (24. Dez – 6. Jan).
W **turismolugnanointeverina.it**

Fährt man über die Hauptstraße 205 von Amelia in Richtung Lago di Alviano, erreicht man nach etwa zehn Kilometern Lugnano in Teverina. Der von mittelalterlichen Mauern umschlossene Ort in traumhafter Lage an einer Hügelkette entstand um 1000 als Lehen eines provenzalischen Grafen. Zwar liegt Lugnano etwas abseits der Urlauberpfade, ist aber allein schon wegen der Kirche **Santa Maria Assunta**, einer der interessantesten romanischen Kirchen Umbriens, einen Besuch wert.

Kapitell, Santa Maria Assunta

Der Bau aus dem 12. Jahrhundert musste viele Veränderungen über sich ergehen lassen, vor allem im 15. Jahrhundert. Wie auch andere umbrische Kirchen aus dieser Zeit, etwa die Kathedrale in Spoleto, hat die Fassade einen schön verzierten Portikus, der zum Teil das Werk der berühmten römischen Steinmetze, der Cosmaten, ist. Weitere Cosmatenarbeiten gibt es im Inneren, z. B. den Fußboden im Schiff und den fein skulpierten Lettner in der Krypta. Auch sehenswert: ein Triptychon der *Verkündigung* von Niccolò Alunno in der Apsis und eine *Kreuzigung* aus der Giotto-Schule.

Umgebung: Unweit des Dorfs, in südwestlicher Richtung, finden sich Spuren des hl. Franz in der Kirche **San Francesco**. Sie wurde 1229 an der Stelle errichtet, wo sich das Wunder, das im Fresko über dem rechten Altar dargestellt ist, ereignet haben soll.

An der Ruine einer römischen Villa vorbei führt die Straße hinab zum Tiber und zum Marktflecken **Attigliano**. Folgt man der Via Amerina am Tiberufer nach Norden, erreicht man nach etwa acht Kilometern den **Lago di Alviano**. Er ist Teil eines Stausees, der zur Stromgewinnung angelegt wurde. Heute erstreckt sich hier ein Schutzgebiet des World Wild Fund for Nature, das Bestandteil des Parco Fluviale del Tevere *(siehe S. 137)* ist. Vom nahen mittelalterlichen Ort Alviano, dem Geburtsort des Condottiere Bartolomeo di Alviano, führt eine Treppe hinauf zur **Santa Illuminata**, einer Einsiedelei des Kamaldulenserordens.

Nach zehn Kilometern Fahrt auf der Via Amerina erreicht man den Ort **Montecchio** mit einer Nekropole (6. – 4. Jh. v. Chr.) in der Nähe.

Grabkammer der Nekropole in der Nähe von Montecchio

Eingangstor nach San Gemini

⑲ San Gemini

Terni. **Straßenkarte** D6. 5000. FS Strecke Rom – Ancona, Terni, 11 km, FCU-Strecke Perugia – Terni. i Piazza San Francesco 4, 0744 630 130. W **turismosangemini.it**

Die mittelalterliche Stadt wurde über einer römischen Siedlung an der Via Flaminia errichtet. Die einzigen Reste der Römerzeit sind ein Grab, die sogenannte Grotta degli Zingari, und die Ruine einer Villa.

Zentrum von San Gemini ist die Piazza di Palazzo Vecchio, an der der mittelalterliche **Palazzo Pubblico** steht, sein Turm wurde im 18. Jahrhundert modifiziert. Unter einem Bogengang sieht man das Bild des Stadtpatrons St. Georg. Das nahe **Oratorio di San Carlo** (13. Jh.) beherbergt eindrucksvolle Fresken.

Am Ortsrand stehen die Kirchen **San Francesco** mit einem gotischen Portal und **San Giovanni Battista** (13. Jh.) mit einem gotischen, mit Mosaiken verzierten Portal. Eine der Fassadeninschriften nennt das Datum ihrer Gründung, 1199, und die Namen der Künstler: Nicola, Simone und Bernardo.

Gleich außerhalb des alten Stadttors steht die säkularisierte Kirche San Nicolò. Das wunderbare romanische Portal ist allerdings eine Kopie, das Original befindet sich im Metropolitan Museum in New York. Weitere schöne (und originale) Skulpturen sind im Inneren zu sehen. Es gibt zudem ein interaktives Wissenschaftsmuseum, das Geolab.

Umgebung: Etwas weiter nördlich in der Ebene liegt der Kurort San Gemini Fonte. Hier werden die Mineralwässer Sangemini und Fabia abgefüllt. San Gemini war schon in der Antike bekannt und wird seit Ende des 19. Jahrhunderts kommerziell genutzt. Es enthält viel Kalzium, aber wenig Chlor und Natrium (ideal für Kinder). Fabia, ein leichtes Tafelwasser, hat durchschnittliche Mineralienmengen und ist gut für die Verdauung.

Die antike Quelle in den Terme di San Gemini

⑳ Carsulae

Terni. **Straßenkarte** D6. FS Strecke Rom – Ancona, Terni, 14 km, FCU-Strecke Perugia – Terni. i Dokumentationszentrum, Strada di Carsoli 8, 0744 334 133. **Archäologische Stätte** tägl. 8.30 – 19.30 Uhr (Ende Okt – März: bis 17.30 Uhr). W **carsulae.it**

Von San Gemini Fonte führt ein Abstecher von drei Kilometern über ein Stück der alten Via Flaminia zu der römischen Ruinenstadt Carsulae, die im 3. Jahrhundert v. Chr. an den Hängen des Hügels mit dem hübschen Namen Chiccirichì gegründet wurde.

Carsulae, zunächst nur ein Garnisonsort, später ein Dorf, wurde in Augustus' Region VI zur Stadt. Seine Blüte erlebte es zwischen 30 und 10 v. Chr., als erneut an der Via Flaminia gebaut wurde. Nachdem die Straße ihre Bedeutung verloren hatte, ging es mit dem Ort bergab. Carsulae wurde mehrmals überfallen und ausgeraubt und zudem durch Erdbeben schwer in Mitleidenschaft gezogen.

Vom 16. Jahrhundert an begannen Adelsfamilien der Region, insbesondere die Familie Cesi aus Acquasparta, auf der Suche nach interessanten Objekten für ihre Privatsammlungen in Carsulae zu graben. Moderne archäologische Grabungen starteten ab 1950 und legten verschiedene Bauten, darunter eine Basilika, das alte Forum und Tempel, frei. Das große Plus der Grabungsstätte liegt darin, dass die ursprüngliche Anlage großteils intakt geblieben ist – trotz des Baus der modernen Via Flaminia, die mitten durch das Gelände führt.

Die Kirche **San Damiano** wurde im 11. Jahrhundert aus Resten eines römischen Tempels errichtet. Von hier aus kann man ein Stück der antiken Via Flaminia bis zum **Forum** folgen, an das eine dreischiffige Basilika mit Apsis

Das Kirchlein San Damiano im Grabungsgebiet von Carsulae

Die Ruine des römischen Theaters in Carsulae, im Vordergrund der Unterbau der Zuschauerreihen

grenzt. Vor dem Forum liegt ein öffentlicher Platz, auf dem zahlreiche niedrige Mauern – die Reste religiöser und weltlicher Bauwerke – zu sehen sind, darunter die Fundamente der **Tempietti Gemelli** (Zwillingstempelchen) und die Reste der Thermen.

Weiter auf der alten Via Flaminia kommt man zum **Arco di San Damiano**, einem monumentalen, einst dreibogigen Tor, von dem nur der mittlere Bogen noch erhalten ist. Ein Gräberfeld liegt in der Nähe.

Hinter der Basilika, jenseits der modernen Via Flaminia, stehen in einer natürlichen Senke das **Amphitheater** und das **Theater**, von dem nur die Fundamente der Bühne und der Unterbau der Zuschauerreihen erhalten sind.

㉑ Acquasparta

Terni. **Straßenkarte** D6. 5000. Strecke Rom – Ancona, Terni, 20 km, FCU-Strecke Perugia – Terni. IAT, Via Cassian Bon 4, Terni, 0744 423 047. Arte estate (Juli, Aug). **comune.acquasparta.tr.it**

Erstmals erwähnt wurde Acquasparta im 10. Jahrhundert. Der Name ist den hiesigen Heilquellen entlehnt, die den Römern bekannt waren und angeblich auch vom hl. Franz aufgesucht wurden. Die heutige Architektur zeigt den Einfluss der Familie Cesi, die das Ortsbild im 15. und 16. Jahrhundert stark veränderten. Zu den Bauten aus dieser Zeit gehören ein Palazzo, Mauern und Türme.

Der **Palazzo Cesi**, mit dessen Bau die Familie Cesi den Architekten Giovanni Domenico Bianchi beauftragte, wurde 1565 vollendet. Das Innere ist reich dekoriert: Giovan Battista Lombardelli schuf die ersten Gemälde, ein Künstler aus dem Norden war für den Rest verantwortlich. Die Räume besitzen prunkvolle Kassettendecken, diejenige in der Sala di Ercole (Herkulessaal) ist besonders schön. Der Palazzo Cesi gehört heute zur Universität Perugia und wird für Seminare und Vorlesungen und im Sommer für eine Kunstausstellung genutzt.

Der Palazzo Cesi, der jetzt zur Universität Perugia gehört

Am Corso Umberto I, der Hauptstraße, stehen die Kirche **Santa Cecilia** und das **Oratorio del Sacramento**, in das ein Mosaikfußboden aus den Ruinen von Carsulae eingefügt worden ist.

Der 200 000 Jahre alte versteinerte Wald von Dunarobba

Umgebung: Etwa 15 Kilometer westlich von Acquasparta führt die Straße an Casteltodino vorbei zum versteinerten Wald von **Dunarobba**, nahe dem Dorf Avigliano Umbro. Der Wald aus dem Pliozän besteht aus rund 40 versteinerten Stümpfen riesiger Bäume, die heutigen Mammutbäumen ähneln. Die aufrecht stehenden Stämme waren jahrtausendelang unter einer Lehmdecke am Ufer des Lago Tiberino (der einst das Tibertal ausfüllte) begraben und so konserviert.

Weiter nördlich findet sich das Dorf **Casigliano** mit mittelalterlicher Burg. Ihr Palazzo Atti wurde von Antonio da Sangallo d. J. nach römischen Vorbildern erbaut – er war Inspiration für den Palazzo Cesi.

㉒ Todi

Auf halber Strecke zwischen Perugia und Terni thront Todi auf einem Hügel. Die umbrische Gründung wurde später von den Etruskern (ihr Name leitet sich vom etruskischen Wort *tutere*, »Grenze«, her) und 89 v. Chr. von den Römern besetzt. Sie nivellierten die beiden Hügel von Todi, um Platz für die Piazza del Popolo zu schaffen, und errichteten neue Mauern um die etruskischen. Das heutige Todi dürfte im Mittelalter nicht viel anders ausgesehen haben. Es war eine Zeit großen Glanzes, als sich die Stadt nach Süden ausdehnte und von einer dritten Ringmauer umschlossen wurde. Todi kam wie alle umbrischen Städte unter päpstliche Herrschaft, erlebte aber in der Renaissance nur geringfügige Veränderungen.

Überblick: Todi

Zentrum der Stadt ist, wie schon in römischer Zeit, die Piazza del Popolo. An dem schönen Platz stehen der Duomo sowie drei Gebäude der weltlichen Macht: die Palazzi del Popolo, del Capitano und dei Priori. Nach jahrelangen Untersuchungen wurde der weitgehend mittelalterliche Platz als Ausgangspunkt für Grabungen gewählt, die die notwendigen Informationen zur Rekonstruktion der antiken Stadtanlage erbracht haben.

Der Adler von Todi, Palazzo dei Priori

Palazzo dei Priori

Piazza del Popolo. ☎ 075 894 4148. ● für Besucher.

Er steht an der Südseite der Piazza del Popolo und ist der am wenigsten attraktive der drei Palazzi. Erbaut wurde er zwischen 1293 und 1385. An der Fassade links oben sieht man einen Bronzeadler, das Emblem der Stadt, den Giovanni di Gigliaccio 1339 schuf. (Der Legende nach erbauten die Umbrer die Stadt an der Stelle, wo ein Adler das einer hier wohnenden Familie geraubte Tischtuch fallen ließ.) Im Lauf der Jahrhunderte war der Palazzo Sitz der unterschiedlichen Lenker der Stadt, so auch der Führer der mittelalterlichen Kommune und der päpstlichen Statthalter.

Palazzo del Popolo

Piazza del Popolo. ☎ 075 894 41 48. ○ wie Palazzo del Capitano.

Mit dem Bau des Palazzo, eines der ältesten Gebäude seiner Art in Italien, wurde 1213 begonnen. Mit der Zeit wurde er erheblich umgestaltet. Der im lombardisch-gotischen Stil errichtete Bau geht mit der linken Seite auf die Piazza del Popolo, seine Fassade mit Schwalbenschwanzzinnen (ein guelfisches Motiv) dagegen auf die nahe Piazza Garibaldi. Über dem laubenartigen Erdgeschoss, in dem früher öffentliche Versammlungen stattfanden, führt eine Außentreppe zur Halle im ersten Stock hinauf.

Der Palazzo teilt sich den Eingang mit dem Palazzo del Capitano und enthält einen Teil des Museo Pinacoteca.

Dreigliedriges Fenster im Palazzo del Capitano

Palazzo del Capitano

Piazza del Popolo.

Museo Pinacoteca ☎ 075 894 4148. ○ Apr–Okt: Di–So 10–13.30, 15–18 Uhr; Nov–März: Di–So 10.30–13, 14.30–17 Uhr. ● 25. Dez.

Der Palazzo stammt aus dem späten 13. Jahrhundert und blickt auf die Ostseite des Platzes. Die Fassade besitzt gotische, mit Säulen unterteilte Fenster und eine monumentale Freitreppe, die sowohl in den Palazzo del Capitano selbst als

Die Piazza del Popolo, ein großartiges Beispiel für einen gut erhaltenen mittelalterlichen Platz

Hotels und Restaurants in Südumbrien *siehe Seiten 150f und 162–167*

auch in den angrenzenden Palazzo del Popolo führt. Die Sala del Capitano ist mit Fresken, mittelalterlichen Wappen und einer *Kreuzigung* (14. Jh.) geschmückt.

Skulpturendetail des Domportals

Das **Museo Pinacoteca** erstreckt sich über beide Palazzi. Es beherbergt eine bescheidene archäologische Sammlung, das **Museo Etrusco-Romano** und eine Gemäldegalerie, deren Highlight eine *Krönung Mariä* (1507–11) von Giovanni di Pietro, genannt Lo Spagna, ist.

Duomo

Piazza del Popolo. 075 894 30 41. Mo–Fr 8–13, 15–18 Uhr (So, Feiertage: ab 8.30 Uhr).

Der Dom Maria Santissima Annunziata wurde im 12. Jahrhundert wahrscheinlich über einem römischen Tempel errichtet, aber erst 200 Jahre später vollendet. Im Lauf der Jahrhunderte wurde er mehrfach erweitert. Die schlichte Fassade ist von waagrechten Simsen unterteilt. Eine Treppe (18. Jh.) führt zu einem Portal aus dem 16. Jahrhundert. Es ist mit dekorativem Rahmenwerk versehen, über dem, der Schlichtheit der romanischen Fassade angemessen, eine schöne Fensterrose (1515) zu sehen ist. Lisenen, kleine Loggien und zweibogige Fenster schmücken die rechte Fassadenseite sowie die Außenseite der hohen Apsis.

Das Kircheninnere besitzt einen schönen Dachstuhl, prachtvolle gotische Kapitelle und einen prächtigen Chor (16. Jh.). Der Mittelteil und die Kapellen enthalten viele Kunstwerke, von denen die besten in der Nähe des Altars hängen: rechts und links zwei Gemälde von Lo Spagna und darüber ein bemaltes Holzkruzifix aus dem 13. oder 14. Jahrhundert. In der Krypta sind drei Figuren zu sehen, die ursprünglich die Fassade schmückten, sowie einige wenige römische Überreste.

Infobox

Information
Perugia. **Straßenkarte** C5.
17 000. IAT, Piazza del Popolo 29/30, 075 8956 227. Todi Festival (Sep). **visitodi.eu**

Anfahrt
FCU-Strecke Perugia–Terni.
Umbria Mobilità, 075 963 7637.

Die prachtvolle Fensterrose in der Fassade der Kathedrale

Zentrum von Todi

1. Palazzo dei Priori
2. Palazzo del Popolo
3. Palazzo del Capitano
4. Duomo
5. San Fortunato
6. Corso Cavour
7. Nicchioni
8. Santa Maria della Consolazione

Zeichenerklärung *siehe hintere Umschlagklappe*

Straßenkarte *siehe hintere Umschlaginnenseiten*

Detail vom Hauptportal der Kirche San Fortunato

San Fortunato

Piazza Umberto I. Nov – März: Di – So 10.30 – 13, 14.30 – 17 Uhr; Apr – Okt: Di – So 10.30 – 13, 15 – 18.30 Uhr. 25. Dez.

Geht man die Via Mazzini nach Süden, vorbei am mittelalterlichen Zentrum von Todi, gelangt man zur gewaltigen Kirche San Fortunato.

Sie ist eine Franziskanerkirche, allerdings mit vielen Abweichungen: So ist sie nicht dem Heiligen aus Assisi, sondern Fortunato, dem Patron von Todi, geweiht. (Die Kirche ersetzte nämlich einen von Benediktinermönchen genutzten Bau.) Sie wurde in zwei Phasen errichtet: von 1292 bis 1328 sowie nach 1400. Den Auftrag dazu gab Matteo d'Acquasparta, der Bischof von Todi.

Die unvollendete Fassade mit romanischen und gotischen Elementen erhebt sich über einer imposanten Treppenanlage. Hinter dem gotischen Mittelportal öffnet sich das graziöse gotische Innere, das nicht dem traditionellen franziskanischen Modell folgt. Es ist vielmehr das in Italien seltene Beispiel einer Hallenkirche: Die Seitenschiffe sind genauso hoch wie das Mittelschiff (wenn auch schmaler). Sehenswert sind die schönen Kreuzrippengewölbe, das Chorgestühl (16. Jh.), die erhöhten Kapellen an den Seiten und das gotische Taufbecken.

Fresken zieren viele der Kapellen. Sie zeigen u. a. in der fünften Kapelle links Szenen aus dem *Leben Johannes' des Täufers* (Giotto-Schule) und in der vierten Kapelle rechts eine *Madonna mit Kind* (1432) von Masolino di Panicale.

Berühmt ist die Kirche auch für das Grab von Jacopone da Todi in der Altarkrypta. Jacopone war ein reicher Kaufmann, der nach dem Tod seiner frommen Frau Mystiker und Dichter wurde. Sein Glaubenseifer war angeblich so extrem, dass ihn sogar die Franziskaner ablehnten. Er wurde mehrmals der Ketzerei bezichtigt und ist vor allem wegen seiner *Laudi* bekannt, eines der Texte, die für die Entstehung der italienischen Literatur von Bedeutung waren. Der in Todi geborene Jacopone starb 1306. In der Kulturgeschichte Todis ist er die bekannteste Gestalt, sein Schaffen steht exemplarisch für die mittelalterliche Stadt.

Westlich von San Fortunato liegt ein großer Stadtpark, in dem bis 1503 eine von Kardinal Albornoz in Auftrag gegebene Festung stand.

Die unvollendete Fassade von San Fortunato

Corso Cavour

Über die Stufen der Via San Fortunato hinab gelangt man zum steilen Corso Cavour, der »Rua degli Speziali« (Straße der Gewürzhändler) des mittelalterlichen Todi. Etwa auf der Hälfte steht ein Brunnen, die **Fonte Rua** (1606) oder Fonte Cesia (nach dem Bischof, der ihn erbauen ließ), und am Ende die **Porta Marzia**, ein mittelalterliches Tor aus Materialien früherer Bauwerke.

Fonte Rua (17. Jh.) am Corso Cavour

Nicchioni

Piazza del Mercato Vecchio.

Hinter der Porta Marzia biegt links die Via Mercato Vecchio ab, die zur Piazza Garibaldi (einem Parkplatz) führt. Der ebene Teil der Straße, der mittelalterliche Marktplatz, wird von vier römischen Bogen beherrscht, den Nicchioni (großen Nischen), die wahrscheinlich aus augusteischer Zeit sind und entweder eine Hochstraße trugen oder zur Mauer einer römischen Basilika gehörten.

Santa Maria della Consolazione

Viale della Consolazione. Apr – Juni, Sep, Okt: 9 – 12.30, 15 – 18.30 Uhr; Juli, Aug: 9.30 – 12.30, 15.30 – 18.30 Uhr; Nov – März: 9.30 – 12.30, 14.30 – 17 Uhr. Di (außer Weihnachtsferien).

Die Kirche außerhalb der Mauern ist eines der Meisterwerke der umbrischen Renaissance. Der 1508 begonnene und

Die Kirche Santa Maria della Consolazione außerhalb von Todi

1607 vollendete Bau wurde oft Bramante zugeschrieben, dem Architekten von St. Peter in Rom, allerdings gibt es keine Belege dafür. Dennoch ist es möglich, dass Cola di Caprarola, der den Bau begann, Zeichnungen Bramantes benutzt hat. Baldassare Peruzzi, Vignola und Ippolito Scala haben mit Sicherheit am Bau mitgearbeitet.

Die Kirche – man kennt sie von den Umschlägen Dutzender Bücher über Todi – erhebt sich über einem quadratischen Grundriss und gipfelt in einer mächtigen Kuppel. Den Hauptbau erweitern kleeblattartig vier Apsiden mit zwei Pilasterordnungen, unterschiedlichen Kapitellen und eleganten Fenstern. Der Tambour, der die große Kuppel trägt, ist enger als der Hauptkörper der Kirche, sodass Platz für eine Terrasse blieb. Sie wird von vier Adlern bewacht, die Antonio Rosignoli im 17. Jahrhundert schuf. Von ihr hat man eine fantastische Aussicht. Die barocken Portale stammen aus dem 18. und 19. Jahrhundert.

Das lichte Innere in Form eines griechischen Kreuzes ist ebenfalls barock und enthält Statuen der Apostel. Zum Schutz des verehrten Freskos der *Madonna della Consolazione* (15. Jh.) in der Apsis ist die Kirche einst erbaut worden.

Adler auf der Terrasse von Santa Maria della Consolazione

㉓ Parco Fluviale del Tevere

Terni. **Straßenkarte** B5. FS Orvieto, Strecke Mailand – Rom, Todi, FCU-Strecke Perugia – Terni. 🚌 ℹ Via Cesare Battisti 13, Montecchio, 0744 951 409. **W parks.it**

Der Flusspark mit seiner reichen Flora und Fauna erstreckt sich auf einer Fläche von gut 7295 Hektar vom Ponte di Montemolino vor den Toren Todis nach Süden bis zum Lago di Alviano. Er umschließt ca. 50 Kilometer Land entlang des Tibers, des längsten Flusses Mittelitaliens, sowie zwei künstliche Seen (Alviano und Corbara). Der Haupteingang liegt im mittelalterlichen Bergdorf Baschi, etwa 24 Kilometer von Todi entfernt, nahe der Kreuzung der S448 und der Autobahn.

Der Tiber, einmal gemächlich fließend und im nächsten Moment reißend, ist der Lebensraum einer Vielzahl von Vögeln, etwa des Blaureihers und Eisvogels, sowie vieler Süßwasserfische. Seine Ufer sind mit typischer Vegatation, darunter Pappeln, Erlen und Weiden, bewachsen.

Enge Täler ziehen sich von hier bis zum Apennin, das wildeste ist das der **Gole del Forello**, eines der interessantesten Biotope der Region. Am Nordufer des Lago di Corbara, unweit des befestigten Dorfs Prodo, öffnet sich die tiefe Schlucht der **Gole di Prodo**, ein Paradies für Wanderer sowie erfahrene und gut ausgerüstete Bergsteiger. In diesen unwegsamen Gebieten, in denen die Vegetation vor allem aus Steineichen, Hainbuchen, Besenginster und Heide besteht, kann man verschiedene Raubvögel, darunter Bussarde, Sperber und Rote Milane, beobachten. Die Sümpfe im Becken des Lago di Alviano *(siehe S. 131)* mit ihrem eigenen Vogel- und Pflanzenleben sind ebenfalls interessant.

Neben seiner Naturschönheit und den Outdoor-Möglichkeiten bietet der Park historisch und archäologisch interessante Orte. Es gibt diverse Grabungen, so im Vallone di San Lorenzo (mit mehreren Nekropolen) und um den antiken Flusshafen **Pagliano** am Zusammenfluss von Paglia und Tiber. Die Existenz des Hafens Belegt die Bedeutung des Tibers als Verbindungsroute für die mittelitalischen Völker.

Die wilden Gole del Forello, Lebensraum für viele Tiere

㉔ Orvieto

Orvieto liegt einzigartig – auf einem nackten Tuffsteinfelsen, dem zerklüfteten Rest eines urzeitlichen Vulkans, der jäh aus der Ebene aufsteigt. Rundherum wachsen auf fruchtbaren Böden die Reben des berühmten Weißweins der Region. In etruskischer Zeit stand hier ein Ort namens Velzna, den der Handel mit Kaufleuten aus dem Norden und vom Tyrrhenischen Meer im Süden reich machte. Die Römer übernahmen 264 v. Chr. die Macht und zerstörten die Stadt. Erst im Mittelalter ging es wieder aufwärts, als sich Orvieto trotz Bürgerkriegen zu einer mächtigen, unabhängigen Kommune entwickelte. Die Pest von 1348 war verheerend. Danach geriet Orvieto unter päpstliche Herrschaft. Die Altstadt mit ihrem prächtigen Dom hat sich in den letzten 500 Jahren wenig verändert. Orvieto ist Mitglied von Cittaslow und zieht zahlreiche Besucher an.

Die eindrucksvolle Tuffplattform, auf der Orvieto steht

Duomo

Siehe S. 140f.

Museo Archeologico Nazionale

Piazza del Duomo. ☎ 0763 341 039. ◯ tägl. 8.30–19.30 Uhr. ● 1. Jan, 1. Mai, 25. Dez.

An der Piazza del Duomo stehen neben der massiven Kathedrale die **Palazzi Papali**, drei Gebäude (14. Jh.), die von den Päpsten Urban IV., Gregor X. und Martin IV. in Auftrag gegeben und später zu einem Komplex vereinigt wurden.

Das Museo Archeologico Nazionale im Palazzo del Martino IV zeigt eine schöne etruskische Sammlung, u. a. von Bronzen und Spiegeln. Es gibt zudem Grabmale und -beigaben, etwa Fresken aus Gräbern des 2. Jahrhunderts v. Chr. sowie zwei bemalte Gräber (4. Jh.) aus Settecamini.

Museo dell'Opera del Duomo

Piazza del Duomo. ☎ 0763 343 592. ◯ Apr–Sep: Mi–Mo 9.30–19 Uhr; Okt, März: Mi–Mo 10–17 Uhr; Nov–Feb: Mi–Mo 10–13, 14–17 Uhr.

Ein Museum in den Palazzi Papali ist der Kathedrale gewid-

Zentrum von Orvieto

1. *Duomo S. 140f*
2. Museo Archeologico Nazionale
3. Museo dell'Opera del Duomo
4. Palazzo Soliano
5. Palazzo Faina
6. San Francesco
7. Torre del Moro
8. Sant'Andrea
9. Palazzo del Popolo
10. San Domenico
11. Pozzo di San Patrizio
12. Rocca dell'Albornoz

0 Meter 250

Zeichenerklärung
siehe hintere Umschlagklappe

Unterirdisches Orvieto

Parco delle Grotte

Società Speleotecnica. 0763 344 891, 339 733 2764. Führungen starten an der Piazza del Duomo (vorab buchen).
orvietounderground.it

Pozzo di Via della Cava

Trattoria Sciarra, Via della Cava 28. 0763 342 373. Di–So 8–20 Uhr. So nach 6. Jan–2. Feb.
pozzodellacava.it

Gänge unter der Stadt

Die Bewohner von Orvieto sind es gewohnt, mit der Unterwelt zu leben. Jedes Haus hat seine eigene Höhle und jede Familie ihre eigene Geschichte dazu. Marco Marino etwa, ein Antiquitätenhändler in der Via della Cava, fand bei Grabungen in seinem Keller Reste des ältesten bekannten Keramikbrennofens. Er stellt dort eine Sammlung von Keramiken des 15. Jahrhunderts aus. Höhlenfreunde haben ein Projekt entwickelt, das einige Höhlen für Besucher öffnet. Die Società Speleotecnica ist eine der Gruppen, die Führungen veranstalten. Die Höhlen unter dem Damm, der das Hospital von den Felswänden trennt, sind typisch für die Unterwelt Orvietos: Sie wurden im Lauf der Jahrhunderte als Werkstätten oder Speicher für Korn, Öl und Wein genutzt. Neben dem faszinierenden Pozzo di San Patrizio *(siehe S. 142)* ist auch der Pozzo di Via della Cava, ein etruskischer Brunnen, einen Besuch wert. Der bis zum 16. Jahrhundert benutzte und dann zugeschüttete Brunnen gehört heute zum Keller eines Restaurants.

met. Gezeigt werden Gemälde, Statuen und andere Kunstwerke vom Mittelalter bis zum 18. Jahrhundert, die sich früher im Duomo befanden. Zu sehen sind Gemälde von Simone Martini, eine Reihe imposanter Statuen aus der Kathedrale und eine schöne Sammlung von Kirchenschmuck.

Detail eines etruskischen Freskos, Museo dell'Opera del Duomo

Palazzo Soliano und Museo Emilio Greco

Piazza del Duomo. 0763 344 605. tägl. 10.30–13, 14.30–17 Uhr.

Der strenge Tuffstein-Palazzo Soliano wurde 1297 von Papst Bonifaz VIII. in Auftrag gegeben, allerdings erst 1359 fertiggestellt. Schon früh diente er als Magazin der Fabbrica del Duomo (Domwerkstatt). Ab Mitte des 16. Jahrhunderts wurde der Saal im Parterre auch von Orvietos Steinmetzen genutzt.

Der schlichte Bau besteht aus zwei großen, übereinander angeordneten Räumen. Der untere Raum weist eine Reihe von Pilastern und Bogen auf und öffnet sich auf ein prachtvolles Treppenhaus.

Der Palazzo Soliano birgt eine reiche Sammlung von Skulpturen, Zeichnungen und Lithografien aus dem 20. Jahrhundert, die der in Italien sehr bekannte sizilianische Künstler Emilio Greco (1913–1995) der Stadt vermacht hat.

Infobox

Information
Perugia. **Straßenkarte** B5. 21 000. IAT, Piazza del Duomo 24, 0763 341 772. Fronleichnamsprozession, Festa della Palombella (Pfingsten).
orvietoviva.com

Anfahrt
FS Mailand–Rom, 892021.

Palazzo Faina (Museo Civico, Museo Claudio Faina)

Piazza del Duomo 29. 0763 341 511. Apr–Sep: tägl. 9.30–18 Uhr; Okt–März: Di–So 10–17 Uhr.
museofaina.it

Der Palazzo (19. Jh.) liegt gegenüber dem Dom und beherbergt zwei Museen: das Museo Civico im Erdgeschoss und das interessantere Museo Claudio Faina, das auf einer kostbaren, im 19. Jahrhundert zusammengetragenen Privatsammlung der Grafen Faina gründet. Hier findet man schöne etruskische Vasen, Schmuck ab dem 5. Jahrhundert v. Chr. und exquisite attische Vasen. Vom obersten Stock hat man einen guten Ausblick auf den Dom.

Aschenurne im Museo Civico, Palazzo Faina

San Francesco

Piazza dei Febei.

Die romanische Kirche San Francesco stammt aus dem Jahr 1240, wurde aber im Lauf der Jahrhunderte stark verändert. Ihre Tuffsteinfassade weist drei Portalbogen und Fenster mit Mittelpfosten auf. Das Gewölbe wird durch einen Dachstuhl gestützt, der für die Zeit seiner Entstehung gewaltige Ausmaße besitzt.

Sehenswert ist das hölzerne **Kruzifix** aus dem 14. Jahrhundert, das Maitani (der am Dombau beteiligt war) bzw. seiner Schule zugeschrieben wird.

Orvieto: Duomo

Orvietos meisterlicher gotischer Dom beherrscht unangefochten das Stadtbild. Er wurde 1290 von Papst Nikolaus IV. in Auftrag gegeben, doch die Dinge ließen sich schlecht an: 1308 wurde der Sieneser Architekt und Bildhauer Lorenzo Maitani hinzugezogen, um den Bau zu retten. Die Fertigstellung dauerte weitere 300 Jahre. Maitani und seine Bauhütte sind weitgehend für die 52 Meter hohe Fassade verantwortlich. Sie weist detailreiche Reliefszenen des Alten und Neuen Testaments, eine prächtige Fensterrose, Statuen aus dem 16. Jahrhundert und farbige Mosaiken auf. Das äußere Streifenmuster setzt sich im Langhaus fort, das von Säulen mit kunstvollen Kapitellen unterteilt ist. Das Meisterwerk im Inneren ist die Kapelle der Madonna di San Brizio mit Fresken von Fra Angelico und Luca Signorelli sowie Porträts berühmter Dichter, darunter Ovid und Dante.

Bleiglasfenster
Zu den Apsisfenstern gehört diese *Geburt Jesu* von Giovanni Bonino aus Assisi.

Chor
Seine Wände zieren Fresken (14. Jh.), u.a. von Ugolino di Prete Ilario, einem lokalen Künstler, von dem *Die Anbetung der Könige* stammt.

Außerdem

① **Die Außenmauern** zieren waagrechte Bänder aus weißem Travertin und blaugrauem Basalt.

② **Der Reliquario del Corporale**, welcher der Domfassade nachgestaltet ist, enthält das mit Blut getränkte Altartuch des Wunders von Bolsena.

③ **Die Fensterrose** (um 1360) zeigt Christus im Zentrum. Sie ist das Werk des Florentiners Malers und Bildhauers Andrea Orcagna (eigentlich Andrea di Cione). Das Fenster ist von Skulpturen umgeben.

Cappella del Corporale
In dieser Kapelle befinden sich die grandiose *Madonna dei Raccomandati* (links) des Sieneser Malers Lippo Memmi sowie Fresken (1357–64) vom *Wunder von Bolsena* und den *Wundern des Sakraments* von Ugolino di Prete Ilario.

Fresken von Luca Signorelli

Die Wände der Cappella della Madonna di San Brizio (ursprünglich Cappella Nuova) nimmt ein faszinierender Freskenzyklus ein, der die Ereignisse der Apokalypse erzählt. Signorelli behandelt figurenreich die Themen des Jüngsten Gerichts – *Weltgericht, Predigt des Antichristen, Auferstehung der Toten, Höllenfahrt der Verdammten, Himmelfahrt der Erlösten* und *Engel geleiten die Erwählten ins Paradies*. Er greift dabei auf antike Bildwerke zurück, arbeitet dabei aber vor allem die menschliche Anatomie und Bewegung heraus. Die Dreidimensionalität und die den Gestalten eigene Energie steigern die Dramatik und nehmen Michelangelos Gestaltung der Sixtinischen Kapelle schon vorweg.

Detail des Freskos *Weltgericht* von Signorelli

Infobox

Information
Piazza Duomo. 0763 341 167, 0763 343 592 (Tickets).

Duomo und Kapelle
Apr – Sep: tägl. 9.30 – 19 Uhr; Okt, März: tägl. 9.30 – 18 Uhr (Apr – Okt: So, Feiertage 13 – 17.30 Uhr); Nov – Feb: tägl. 9.30 – 13, 14.30 – 17 Uhr (So 14.30 – 16.30 Uhr).
opsm.it

★ Cappella della Madonna di San Brizio
Der Freskenzyklus der gotischen Kapelle wurde von Fra Angelico und Benozzo Gozzoli begonnen (1447) und später von Luca Signorelli vollendet (1499 – 1504). Er ist eines der großen Kunstwerke der Renaissance.

★ Fassade
Flachreliefs und Statuen (einige Originale stehen im Museo dell'Opera del Duomo), Mosaiken, Pilaster und Bogen kennzeichnen die perfekte Synthese aus Architektur und dekorativen Künsten. Die Fassade ist ein Meisterwerk der italienischen Gotik.

Hauptportal
Die mit Reliefs verzierten Bronzetüren des Hauptportals schuf der Bildhauer Emilio Greco in den 1960er Jahren.

Torre del Moro

Corso Cavour 87. 0763 344 567. März, Apr, Sep, Okt: tägl. 10–19 Uhr; Mai–Aug: tägl. 10–20 Uhr; Nov–Feb: tägl. 10.30–13 Uhr.

Der »Turm des Mauren« erhebt sich 42 Meter über den Corso Cavour, Orvietos Hauptstraße, wo diese auf die Via del Duomo trifft. Benannt ist er nach der Figur im Wappen der hiesigen Familie Pucci. Seine Glocke (14. Jh.) läutet noch.

Neben dem Turm steht der **Palazzo dei Sette** (1300), der als Sitz der sieben *(sette)* Richter der Kommune errichtet wurde und später Sitz des päpstlichen Statthalters war.

Die Torre del Moro überragt die Dächer von Orvietos Altstadt

Sant'Andrea

Piazza della Repubblica.

Die Kirche aus dem 7. Jahrhundert ist einer der ältesten Bauten Orvietos. Sie wurde wohl auf etruskischen Fundamenten errichtet, auf denen ein römischer Tempel gestanden hatte. Im 12. bis 14. Jahrhundert wurde sie mehrmals umgebaut.

Sant'Andrea war einmal die wichtigste Kirche Orvietos. In ihr rief Papst Innozenz III. 1201 zum Vierten Kreuzzug auf, hier wurde Martin IV. 1281 im Beisein von Karl von Anjou zum Papst gekrönt.

Bedeutsam sind das gotische Portal von Marco da Siena, das Maestro Vetrino entwarf (1487), und der imposante zwölfeckige Glockenturm mit drei Reihen zweibogiger Fenster und diversen Wappenschildern, die hier bei den Restaurierungsarbeiten 1920/30 angebracht wurden.

Das Innere, das von grandiosen, vermutlich römischen Granitsäulen gestützt wird, enthält Freskenfragmente und eine Kanzel aus dem 10. Jahrhundert.

Die Kirche Sant'Andrea mit ihrem ungewöhnlichen Turm

Palazzo del Popolo

Piazza del Popolo. für Besucher.

An der Piazza del Popolo, dem alten Zentrum der Stadt, steht der Palazzo del Popolo, der in der Stadtchronik vom Ende des 13. Jahrhunderts zum ersten Mal beschrieben wird. Der Bau aus hiesigem Tuffstein, den ein Glockenturm krönt, ist ein wichtiges Beispiel städtischer Architektur aus jener Zeit Orvietos. Ihn zieren eine Freitreppe, eine offene Loggia, Zinnen und zweibogige Fenster, die ein Gesims verbindet. Heute ist der Palazzo ein Kongresszentrum.

Detail im Palazzo del Popolo

Die Fassade von San Domenico mit den originalen Pilastern

San Domenico

Piazza XXIX Marzo.

An dieser Kirche wurde im späten 13. Jahrhundert zum ersten Mal die Schichtmauerung aus dunklem Basalt und hellem Travertin ausprobiert. Die Technik wurde dann großflächig am Duomo eingesetzt und so zum Kennzeichen der Stadt. Trotz wesentlicher barocker Umgestaltungen hat die Fassade ihre schlichte romanisch-gotische Strenge bewahrt. Sie besitzt ein schönes Portal, ein hohes zweibogiges Fenster und eine Fensterrose, die das Motiv der Zweifarbigkeit aufnimmt.

Die Kirche wurde im 20. Jahrhundert zur Hälfte abgerissen, um Platz für eine Kaserne zu schaffen. Der heutige Innenraum enthält das ursprüngliche Querhaus und die Empore. Bedeutende Kunstschätze der Kirche sind das prächtige Grabmal des Kardinals Guglielmo de Braye von Arnolfo di Cambio (1282), aber auch ihre Fresken und Skulpturen.

Pozzo di San Patrizio

Viale Sangallo. 0763 343 768. Apr–Sep: tägl. 10–18.45 Uhr; Okt–März: tägl. 10–17.45 Uhr.

Am östlichen Ende des Corso Cavour findet man eines der bekanntesten Monumente Orvietos. Der 1527 von Papst Clemens VII. in Auftrag gegebene und von Antonio da Sangallo d. J. erbaute 62 Meter tiefe

Hotels und Restaurants in Südumbrien *siehe Seiten 150f und 162–167*

Der Schwindel erregende Schacht des Pozzo di San Patrizio

Brunnen ist eine Meisterleistung: Er enthält zwei Wendeltreppen mit je 248 Stufen, von denen eine abwärts- und eine aufwärtsführt, sodass sich die Esel, die die Wasserbehältnisse schleppten, nicht begegnen konnten. 72 Öffnungen lassen Licht ins Treppenhaus.

Blick von den Bastionen der Rocca d'Albornoz auf die Ebene

Rocca dell'Albornoz

Viale Sangallo. 24 Std.

An der Ostseite Orvietos, nahe der Station der Standseilbahn, die die Altstadt mit dem Bahnhof in der Ebene verbindet, steht die **Rocca**, die Kardinal Albornoz 1364 bauen ließ, um die Macht des Papsttums zu stützen. Die Einwohner zerstörten sie bald danach, viel ist nicht mehr von ihr übrig.

Die Rocca bietet eine wunderbare Aussicht über die Stadt und die Ebene und ist, umgeben von schönen Gartenanlagen, ein Ort angenehmer Ruhe.

Umgebung: Etwa 1,5 Kilometer nördlich von Orvieto, am Fuß des Tuffsteinfelsens, liegt die **Necropoli del Crocifisso del Tufo**. Das etruskische Gräberfeld aus dem 6. bis 3. Jahrhundert v. Chr. besteht aus kleinen, aus Tuffsteinblöcken gebauten Grabkammern. Sie enthalten meist eine Steinbank, auf die der Leichnam gelegt wurde. Auf dem Türsturz jedes Grabes steht der Name der dort bestatteten Person oder Familie. Das Ganze scheint nach einer Art »Bebauungsplan« angelegt worden zu sein, vergleichbar heutiger Stadtplanung.

Die Nekropole wurde im 19. Jahrhundert entdeckt, die Funde an den Louvre und das British Museum weitergeleitet. Erst 1880 begann die behutsame wissenschaftliche Erforschung der Stätte, die endlich das Interesse der italienischen Behörden erregte.

Bis jetzt wurden über 100 Gräber gefunden. Die Mehrzahl der Objekte, die in den Gräbern entdeckt wurden, sind inzwischen unter Orvietos Museen aufgeteilt worden.

An der Südseite des Felsens liegt die **Necropoli della Cannicella**, ein Gräberfeld, das die Etrusker vom 7. bis 3. Jahrhundert v. Chr. nutzten. Die Anlage ähnelt der Necropoli del Crocifisso del Tufo.

Etwa drei Kilometer südlich von Orvieto, unweit der SS71, steht die **Abbazia di Santi Severo e Martino**, ein großer mittelalterlicher Klosterkomplex. Das heute teilweise in ein Hotel umgewandelte Kloster gehörte bis 1221 den Benediktinern und ging danach an die Prämonstratenser (einen 1120 von St. Norbert gegründeten französischen Orden).

Von den Hotelräumen abgesehen, sind die Klosteranlagen zu besichtigen. Vieles stammt noch vom ursprünglichen Bau (12./13. Jh.). Der herrliche zwölfeckige romanische Turm datiert aus dem 12. Jahrhundert. Die Kirche, die man durch ein schönes Portal (13. Jh.) betritt, ist einschiffig und hat ein Kreuzrippengewölbe. Sie besitzt zudem einen marmornen Einlegeboden im Cosmatenstil und Fragmente mittelalterlicher Fresken. Das Oratorio del Crocifisso, einst Refektorium der Mönche, ziert ein Fresko aus dem 13. Jahrhundert, das eine *Kreuzigung mit Heiligen* zeigt. Interessant ist auch das Haus des Abts, ebenfalls aus dem 13. Jahrhundert.

Necropoli del Crocifisso del Tufo

0763 343 611. tägl. 8.30–19 Uhr (Winter: bis 17 Uhr).

Die Necropoli del Crocifisso del Tufo (6. Jh. v. Chr.)

LACOSTE

ZU GAST IN UMBRIEN

Hotels

Das Hotelgewerbe in Umbrien hat sich in den letzten Jahren gut entwickelt und bietet mittlerweile vielfältige Übernachtungsmöglichkeiten. Neben traditionellen Hotels in den Altstädten, von denen viele für ihren Charme bekannt sind, gibt es in der Region zahlreiche Gasthöfe und Gästehäuser. *Agriturismo* (Wohnen auf dem Bauernhof) ist weitverbreitet. Hinzu kommen luxuriöse Landhotels, teilweise mit Spas oder Wellness-Centern. Im Vergleich zu Hotels in italienischen Städten bieten sie ein exzellentes Preis-Leistungs-Verhältnis. Auch Bed & Breakfast ist mittlerweile populär, zumal es gute B & B-Agenturen sowohl auf dem Land als auch in den Städten gibt. Für (Pilger-)Gruppen, aber auch für Individualreisende offerieren kirchliche Institutionen einfache Unterkünfte. Camping ist in Umbrien, dem »grünen Herz Italiens«, eine weitere beliebte Option.

Klassifizierung und Preise

Die Klassifizierung der Hotels in Umbrien folgt den Standards in ganz Italien. Sie reicht von einem bis zu fünf Sternen sowie einer Luxusklasse (L). Der Service ist in der Regel gut. Die Preise variieren je nach Jahreszeit und steigen während Festivals und großen Kulturereignissen. Die meisten Hotels akzeptieren Kreditkarten, fragen Sie aber sicherheitshalber nach.

Buchung

Eine Haupt- und Nebensaison gibt es in Umbrien eigentlich nicht, zwischen November und Februar gehen die Besucherzahlen allerdings zurück. Eine Buchung ist empfehlenswert. Oft wird eine Buchungsbestätigung per E-Mail verlangt.

Hotelkonsortien

Viele Hotels der größeren umbrischen Städte sind in regionalen Konsortien organisiert. Auf diese Weise sind Standards eher durchzusetzen, was dem Interesse sowohl von Gästen als auch von Hotels dient. Das Fremdenverkehrsamt Perugia (APT) veröffentlicht alljährlich entsprechende Listen mit Preisen.

Historische Hotels

Alle Orte Umbriens, ob groß oder klein, bergen Spuren der Vergangenheit: eine Burg, ein Kloster oder ehemalige Adelsresidenzen. Zahlreiche historische Gebäude wurden zu Hotels umgewandelt. Die Vorschriften sind in diesen Fällen streng, die Häuser sollen ihren Charakter und Charme nicht verlieren. Bei der Ausstattung überwiegen historische Möbel und Kunstschätze.

Wer Ruhe sucht, findet sie in den Abteien und Klöstern der Region. Ein Aufenthalt an (einstigen) religiösen Orten bietet sich etwa im Kloster La Badia (13. Jh.) gleich außerhalb von Orvieto *(siehe S. 151)* oder im Eremo delle Grazie nahe Spoleto *(siehe S. 151)* an.

Rezeptionsbereich im Hotel Le Silve in Assisi *(siehe S. 148)*

Luxuriöser Hotelkomplex in Bauernhäusern aus dem 17. Jahrhundert

Wer gern in die Rolle eines Burgherrns schlüpfen würde, kann in einer der zum Hotel umgewandelten Burgen bzw. Festungen übernachten, etwa im üppig ausgestatteten Relais Il Canalicchio (*siehe S. 149*) in Deruta oder im Castello di Castigliano (*siehe S. 150*) in Acquasparta, das sowohl Cottages (16. Jh.) als auch Zimmer in der Festung anbietet.

Agriturismo und Landhotels

Das Rezept des *agriturismo* ist einfach: Bewirtschaftete Höfe auf dem Land bieten Besuchern Zimmer – teilweise auf B & B-Basis oder in Ferienwohnungen als Selbstversorger. Sie gewähren einen Einblick ins ländliche Alltagsleben Umbriens. Die Zusatzangebote reichen von Swimmingpools und Fahrradvermietung bis zu Ausritten mit Pferden. Hinzu kommen weitere Aktivitäten, etwa Koch-, Keramik- und Yogakurse. Die Gäste können auch aktiv an Arbeit und Leben des Bauernhofs teilnehmen.

Die traditionellen Mahlzeiten werden aus lokalen Produkten, bisweilen rein aus Produkten des Hofs, zubereitet und so-

◀ **Tische im Freien auf der Piazza IV Novembre in Perugia *(siehe S. 88–95)***

wohl den Gästen als auch Nicht-Gästen angeboten.

Unterkünfte für Selbstversorger erfordern meist einen längeren Aufenthalt sowie Vorauszahlung (vor allem in der Hauptsaison).

Die etwas anpruchsvollere Variante ist ein Landhotel. Diese Häuser liegen ebenfalls idyllisch, bieten aber luxuriösere Zimmer und Restaurants (oft mit Bio-Produkten) sowie mehr Sportanlagen und Wellnessbereiche.

Die Tourismusbüros vor Ort versorgen Besucher mit den nötigen Informationen über Angebote und Preise.

Camping

Campingplätze findet man in ganz Umbrien: Alle historischen Orte haben mindestens einen. Um den Lago Trasimeno gibt es eine Reihe von Plätzen, die für Zelte und Wohnmobile oder auch Wohnwagen geeignet sind.

Alle Campingplätze sind behördlich registriert und in Führern der Fremdenverkehrsämter Perugia und Terni verzeichnet. Sie sind gewöhnlich sauber und gut geführt und liegen oft in attraktiver Umgebung.

Übernachtstopps von Wohnmobilen sind streng geregelt: In historischen Altstädten sind sie verboten, in modernen oder weniger touristischen Orten gibt es für sie aber oft gekennzeichnete Parkpätze.

Bed & Breakfast

Bed & Breakfast findet man in der gesamten Region, sowohl in den Städten als auch auf dem Land. Bei den Angeboten handelt es sich meist um einfache, aber anheimelnde Zimmer. Da das Angebot nach wie vor begrenzt ist, sollte man frühzeitig buchen – vor allem wenn man an bestimmten Orten übernachten will.

Ferienapartments

Eine gute Option für längere Aufenthalte ist die Anmietung einer Wohnung, sei es in der Stadt, in einem Dorf, an einem See oder in den Bergen. Es gibt auch eine gute Auswahl an Wohnungen für Kurzzeitaufenthalte.

Agriturismo – hier wurde ein ganzer Weiler entsprechend umgewandelt

Einige Apartments sind an ein *agriturismo* angeschlossen, andere befinden sich in größerer Zahl in Feriendörfern.

Unterkünfte für Pilger

Viele religiöse Gemeinschaften bieten Besuchern einfache Unterkünfte. Manche von ihnen unterhalten schmucklose Pilgerhotels. Einige Klöster offerieren auch besondere Logis speziell für Pilger. Ein breites Angebot gibt es im Wallfahrtsort Assisi, doch es lohnt sich auch, in kleineren Orten wie Bevagna oder Spello nachzufragen. Mahlzeiten werden normalerweise nicht angeboten, Ausnahmen sind die stark frequentierten Herbergen in Assisi. Die Unterkunftslisten der Tourismusbüros bieten die besten Informationen.

Jugendherbergen und Studentenunterkünfte

In der Universitätsstadt Perugia gibt es Jugendherbergen und Studentenunterkünfte (Infos *siehe S. 175*).

Hotelkategorien

Die Hotelauswahl *(siehe S. 148–151)* dieses Reiseführers enthält unterschiedliche Hotels. Sie sind nach »Luxus«, »Historisch«, »Ländlich«, »Boutique« und »Preiswert« kategorisiert, wobei manche in mehrere Kategorien passen würden. Sie sind alphabetisch nach Orten und nach Preiskategorien aufgelistet. In Umbrien gibt es eine große Anzahl an luxuriösen und historischen Häusern – die besten wurden ausgewählt. Unter ländlichen Hotels sind Häuser in Dörfern oder Hotels in idyllischer Umgebung zu verstehen. Die Boutique-Hotels haben ihren Unterkünften in letzter Zeit ein schickes, zeitgenössisches Aussehen und Ambiente verpasst. Die Region bietet auch eine gute Auswahl an preiswerten Hotels und erlaubt Ihnen, gut zu übernachten, ohne allzu viel dafür ausgeben zu müssen.

Die **Vis-à-Vis-Tipps** heben bestimmte Hotels hervor – Häuser mit außergewöhnlichem Service, historischem Flair, grandioser Lage, schöner Ausstattung oder einer Kombination aus allem.

Auf einen Blick

Agriturist Umbria
W **agrituristumbria.com**

Perugia
Via Savanarola 38. T 075 32028.

IAT Perugia
Piazza Matteotti 18.
T 075 573 6458.
W **turismo.comune.perugia.it**

IAT Terni
Via Cassian Bon 4.
T 0744 423 047.
W **marmore.it**

Umbria Bed and Breakfast
W **bed-and-breakfast-in-umbria.it**

Informationen zu Umbrien
W **regioneumbria.eu**
W **bellaumbria.net**
W **lamiaumbria.it**

Hotelauswahl

Nordumbrien

ASSISI:
Tre Esse Country House €
Ländlich SK D4
Via di Valecchie 41, 06081
075 816 363
countryhousetreesse.com
Das jahrhundertealte Steinhaus befindet sich in ruhiger Lage auf einem Hügel, einen Kilometer außerhalb der Stadt. Die Zimmer sind mit Antikmöbeln eingerichtet. Schöne Gärten.

ASSISI: Fontebella €€
Historisch SK D4
Via Fontebella 25, 06081
075 812 883
fontebella.com
Hier wohnt man in einem Gebäude aus dem 17. Jahrhundert mit Stil und Eleganz. Schöne Ausblicke über die Ebene, wenig Parkplätze.

ASSISI: Hotel Giotto €€
Luxus SK D4
Via Fontebella 41, 06081
075 812 209 ● Jan, Feb
hotelgiottoassisi.it
Vom Hotel Giotto hat man die beste Aussicht auf die Stadt, liegt es doch fast am höchsten Punkt von Assisi. Schöne Suiten, exzellente Küche sowie Spa.

ASSISI:
Romantik Hotel Le Silve €€
Ländlich SK D4
Località Armenzano 82, Parco Regionale del Monte Subasio, 06081
075 801 9005
lesilve.it
Das Hotel in einem Bauernhaus (10. Jh.) östlich von Assisi bietet schöne Zimmer und Apartments. Außerdem: Spa, Pool, gutes Essen sowie Ausritte mit Pferden.

BETTONA:
Relais La Corte di Bettona €€
Ländlich SK C4
Via Santa Caterina 2, 06084
075 987 114
relaisbettona.com
Das Landhotel besitzt üppig ausgestattete Zimmer, Gewölbedecken und schönes Dekor. Es gibt eine Wellness-Suite und ein Gourmetrestaurant.

CALZOLARO: La Preghiera €€
Ländlich SK B2
Via del Refari, Calzolaro, 06019
075 930 2428
lapreghiera.com
Das 800 Jahre alte, abseits liegende Kloster mit Kapelle hat attraktive Zimmer, schöne Gärten, Sonnendecks und Pool sowie ein Wellness-Center. Es bietet zudem Kochkurse an.

CIGLIANO:
Agriturismo Cigliano €
Preiswert SK D3
Frazione Colpalombo 22, 06020
075 925 3333
agriturismo-cigliano.it
In diesem *agriturismo* gibt es kein elektrisches Licht, sondern nur Kerzenschein – ideal, um dem Alltagsstress zu entkommen. Mahlzeiten auf Anfrage.

Vis-à-Vis-Tipp

CITTÀ DELLA PIEVE:
Hotel Vannucci €€
Boutique SK A4
Via Icilio Vanni 1, 06062
0578 298 063
hotel-vannucci.com
Das schicke Hotel liegt in einem Palazzo von König Vittorio Emanuele II (19. Jh.). Die Antikmöbel, moderne Kunst, ein ummauerter Garten mit Pool, eine Wellness-Suite, das Gourmetrestaurant und grandiose Zimmer machen das Haus zu etwas Besonderem.

CITTÀ DELLA PIEVE:
Hotel Relais dei Magi €€€
Ländlich SK A4
Via Santa Lucia 53, 06062
0578 298 133
hotelpiccoloeden.it
Das Hotel liegt ideal, um sowohl Umbrien als auch die Toskana zu erkunden. Die stilvolle Villa (18. Jh.) in den Hügeln außerhalb der Stadt ist von Wäldern, aber auch von französischen Gärten umgeben. Das Haus bietet nur 14 Zimmer sowie einige Apartments. Hervorragendes Panoramarestaurant sowie aufmerksamer Service.

Preiskategorien
Die Preise gelten für ein Standard-Doppelzimmer pro Nacht (Hauptsaison), inklusive Steuern und Service.

€	unter 100 Euro
€€	100–160 Euro
€€€	über 200 Euro

CITTÀ DI CASTELLO:
Hotel Garden €
Preiswert SK B2
Via Aldo Bologni, 06012
075 855 0593
hotelgarden.com
In dem geräumigen Hotel mit Wellness-Suite, Restaurant und Gartenanlagen herrscht dezente Eleganz.

CITTÀ DI CASTELLO:
Hotel Tiferno €€
Historisch SK B2
Piazza R. Sanzio 13, 06012
075 855 0331
hoteltiferno.it
Das zentral gelegene ehemalige Kloster ist nun ein Hotel mit eleganten Zimmern und Lounges. Die Bilder des Besitzers Alberto Burri schmücken die Wände.

CORCIANO: La Contea €
B&B SK C3
Via Cattaneo 25, San Mariano di Corciano, 06073
+39 320 662 5469
bblacontea.it
Das anheimelnde B&B in der Nähe eines Golfplatzes befindet sich in einem 500 Jahre alten Haus mit Gewölbedecken.

DERUTA:
Antica Fattoria del Colle €
Boutique SK C4
Strada Colle delle Forche 6, 06053
075 972 201
anticafattoriadelcolle.it
Das *agriturismo* mit Sonnenterrasse und Pool bietet hübsche Zimmer. Mahlzeiten basieren auf Produkten aus eigenem Anbau.

Entspanntes Ambiente am Pool im Hotel Vannucci, Città della Pieve

Hotelkategorien *siehe Seite 147*

Vis-à-Vis-Tipp

DERUTA:
Relais Il Canalicchio €€
Luxus **SK** C4
Via della Piazza 13, Collazzone, 06053
075 870 7325
Nov – März
relaisilcanalicchio.it
Der gut 1000 Jahre alte burgähnliche Bau besitzt noch viele originale Teile: u.a. Steinbogen, Balkendecken, eine alte Presse und einen Mühlstein. Die luxuriöse Unterkunft verfügt zudem über ein Fitness-Center, eine Entspannungs-Suite sowie einen holzgetäfelten Speiseraum.

GUBBIO: La Rocca €
Boutique **SK** D2
Via Monte Ingino 15, 06024
075 922 1222
laroccahotel.net
Mit dem Korblift gelangt man in zwei Minuten von der Altstadt Gubbios auf den Monte Ingino und zu diesem stilvollen Hotel.

GUBBIO:
Park Hotel ai Cappuccini €€
Wellness-Hotel **SK** D2
Via Tifernate, 06024
075 9234
parkhotelaicappuccini.it
Das attraktive Hotel in einem restaurierten Kloster (17. Jh.) ist nur einen kurzen Spaziergang vom Stadtzentrum entfernt. Es bietet geschmackvoll eingerichtete Zimmer, Restaurant, Weinladen, Kunstgalerie, Spa und Wellness-Center, darunter ein beleuchtetes Schwimmbad und einen Wasserpark sowie einen Raum für Hydro-Massage.

GUBBIO: Relais Ducale €€
Luxus **SK** D2
Via Galeotti 19, 06024
075 922 0157
relaisducale.com
Das Nebengebäude des Palazzo Ducale liegt im historischen Zentrum Gubbios und bietet luxuriöse Unterkünfte. Es ist ein kinderfreundliches Haus mit hübscher Gartenterrasse. Haustiere sind willkommen.

CASTIGLIONE DEL LAGO:
Bandita €
Preiswert **SK** B3
Località Vitellino
075 965 3082
casedelmelograno.it
Das restaurierte Steinhaus ist in komfortable Apartments mit Seeblick unterteilt. Es gibt zudem Pool und Tennisplätze.

Alles im Blümchenmuster: Zimmer im Relais Il in Deruta

CASTIGLIONE DEL LAGO:
Miralago €
Preiswert **SK** B3
Piazza Mazzini 6, 06061
075 951 157
hotelmiralago.com
Das Miralago in einem Gebäude aus dem 19. Jahrhundert dominiert den Hauptplatz der befestigten Stadt. Man speist auf der Gartenterrasse mit Seeblick.

ISOLA MAGGIORE: Da Sauro €
Ländlich **SK** B3
Via Guglielmi 1, 06060
075 826 168
dasauro.it
Das familiengeführte Hotel liegt idyllisch in einem Fischerdorf auf der Isola Maggiore. Hübsche Zimmer sowie exzellentes Fischlokal.

PASSIGNANO: Hotel Kursaal €
Preiswert **SK** B3
Via Europa 24, 06065
075 828 085 Dez – März
kursaalhotel.net
Die elegante Villa aus den 1930er Jahren bietet komfortable Zimmer, ein beliebtes Restaurant und einen baumbestandenen Pool am Ufer des Lago Trasimeno.

MIGLIANO DI MARSCIANO:
Il Casale di Buccole €€
Luxus **SK** B4
Vocabolo Buccole 25, 06050
075 870 8126
ilcasaledibuccole.it
Einige Zimmer in diesem Bauernhaus (19. Jh.) haben Himmelbetten. Vom Pool aus genießt man eine Panoramasicht.

PANICALE:
Villa di Monte Solare €€
Luxus **SK** C4
Tavernelle di Panicale, 06068
075 83 2376
villamontesolare.com
Die efeuüberwachsene Villa liegt in einem Olivenhain. Luxuriöse Zimmer, Spa und Top-Restaurant.

PERUGIA: Hotel Rosalba €
Preiswert **SK** C3
Via del Circo 7, 06121
075 572 8285
hotelrosalba.com
Das einfache, gleichwohl charmante Hotel in einem Gebäude aus dem 18. Jahrhundert liegt zentral und bietet hoteleigene Parkplätze.

Vis-à-Vis-Tipp

PERUGIA:
Etruscan Chocohotel €€
Boutique **SK** C3
Via Campo di Marte 134, 06124
075 583 7314
chocohotel.it
In diesem Hotel dreht sich alles um Schokolade – vom Dekor und der Möblierung der Zimmer, inklusive der Schokosnacks auf Tischen und Nachttischen, bis zum Geschirr und der schokolastigen Frühstücksauswahl. Pool sowie Restaurant, das umbrische Klassiker serviert.

PERUGIA: Brufani Palace €€€
Luxus **SK** C3
Piazza Italia 12, 06100
075 573 2541
brufanipalace.com
Das Hotel bietet Fünf-Sterne-Eleganz in jedem Detail: vom Restaurant und den supereleganten Zimmern bis zum spektakulären Pool, durch dessen Glasplatten man die darunterliegenden etruskischen Ruinen sieht.

PETRIGNANO DI ASSISI:
Parco dei Cavalieri €€
Historisch **SK** D3
Via Matteotti 47, 06081
075 809 8012
parcodeicavalieri.it
Das mittelalterliche Gebäude mit seinen üppig ausgestatteten Zimmern und dem eleganten Restaurant ist von einer weitläufigen Gartenanlage umgeben.

Die reinste Idylle mit Aussicht: Le Tre Vaselle in Torgiano

Vis-à-Vis-Tipp

PIEGARO: Ca' de' Principi €€
Luxus **SK** B4
Via Roma 43, 06066
T 075 835 8040
W **dimorastorica.it**
Fresken schmücken diesen Palazzo aus dem 18. Jahrhundert. Im Restaurant mit Gewölbedecken werden Mahlzeiten aus Produkten des hauseigenen Agrarbetriebs serviert. Die luxuriösen Zimmer enthalten auch Möbel aus dem 18. Jahrhundert. Ebenfalls im Angebot: Pool und Terrasse.

TORGIANO: Le Tre Vaselle €€
Boutique **SK** C4
Via Garibaldi 48, 06089
T 075 988 0447
W **3vaselle.it**
Das stilvolle Hotel mit Spa und Wellness-Center liegt in einer Villa (17. Jh.) in idyllischer Umgebung.

Südumbrien

ACQUASPARTA: Agriturismo Santomanno €
Preiswert **SK** D6
Strada delle Molinelle 142, 05021
T +39 338 297 5216
W **santomanno.com**
Das *agriturismo* bietet fünf Apartments im Bauernhaus sowie Pool, Kinderspielplatz und Grillplätze.

ACQUASPARTA: Castello di Casigliano €
Historisch **SK** D6
Piazza Corsini 1, 05021
T 0744 94 3428
W **castellodicasigliano.com**
Die Unterkünfte in den Cottages und Zimmern einer geschmackvoll restaurierten Festung spiegeln den rustikalen Stil der Anlage wieder. Das Haus bietet zudem ein Gourmetrestaurant und einen schönen Garten mit Panoramablick.

BASCHI: La Penisola Villa Bellago €
Preiswert **SK** B6
Località Pian delle Monache 138 (Straße Todi – Baschi), 05023
T 0744 950 521
W **lapenisola.com**
Das jahrhundertealte Haus am Ufer des Lago di Corbara vermittelt ein Gefühl der Ruhe und Gelassenheit. Es gibt auch ein Fischlokal sowie Tennisplätze.

BEVAGNA: L'Orto degli Angeli €€
Luxus **SK** D4
Via Dante Alighieri 1, Bevagna 06031
T 0742 360 130
W **ortoangeli.it**
In dem eleganten Hotel, das sich auf zwei historische Gebäude verteilt, werden historische und zeitgenössische Möblierung gekonnt kombiniert. Edles Restaurant sowie Spa. Gäste haben die Qual der Wahl, da die Zimmer sehr unterschiedlich sind.

BRUFA DI TORGIANO: Borgo Brufa €€
Luxus **SK** C4
Via del Colle 38, 06089
T 075 985 267
W **borgobrufa.it**
In dem luxuriösen ländlichen Rückzugsort werden Gäste verwöhnt. Das Wellness-Center bietet einen verbundenen Innen- und Außenpool, eine Sauna sowie viele Anwendungen. Schöne Zimmer, Gourmetrestaurant sowie Freizeitangebote, etwa Pferdeausritte und Tennis.

Vis-à-Vis-Tipp

CASCIA: Casale Sant'Antonio Agriturismo €
Ländlich **SK** E5
Casale Sant'Antonio 59, 06043
T +39 333 321 2344
W **casalesantantonio.it**
Das Restaurant des *agriturismo* verwendet die Bio-Produkte vom eigenen Hof. Das Anwesen liegt in einem Schutzgebiet an den Hängen des Monte Meraviglia mit vielen Wanderwegen. Zimmer und Apartments sind in elegantem Landhausstil eingerichtet.

FOLIGNO: Le Mura €
Preiswert **SK** D4
Via Bolletta 27, 06034
T 0742 357 344
W **lemura.net**
Das altmodische Hotel liegt nahe den mittelalterlichen Mauern und San Giacomo. Die Zimmer sind ansprechend, das Restaurant serviert umbrische Küche.

NARNI: Colle Abramo delle Vigne Agriturismo €
Ländlich **SK** C6
Strada di Colle Abramo 34, Vigne, 05035
T 0744 796 428
W **colleabramo.com**
Die Zimmer und Apartments in den traditionellen Bauernhäusern in unberührter Natur vermitteln Wohlgefühl. Man kann die Mahlzeiten im Freien einnehmen. Weitere Pluspunkte: üppige Gärten, Sonnenterrasse, Pool und Kinderspielplatz. In der Nähe gibt es Reitställe.

NARNI: Terra Umbra €€
Modern **SK** C6
Strada Provinciale, Maratta Bassa 6, 05036
T 0744 750 304
W **terraumbra.it**
Das smarte Hotel mit Fitness-Center und Sauna bietet auch ein Restaurant, das exzellente umbrische Küche serviert.

NORCIA: Il Casale nel Parco dei Monti Sibillini €
Ländlich **SK** F5
Località Fontevena 8, 06046
T 0743 816 481
W **casalenelparco.com**
Die einstigen Bauernhäuser sind gekonnt in Gästezimmer umgewandelt worden – mit erhaltenen Holzbalken und Steinwänden. Das *agriturismo* bietet allerdings nicht nur schöne Zimmer und öffentliche Bereiche, sondern auch Bio-Hofladen, Restaurant, Pool und Reitstall.

ORVIETO:
Agriturismo Titignano €
Ländlich **SK** B5
Località Titignano, 05010
0763 308 000
titignano.com
Das Wein produzierende *agriturismo* am Lago Corbara liegt in einer Burg. Die Zimmer sind klassisch-umbrisch ausgestattet.

ORVIETO: Hotel Duomo €€
Preiswert **SK** B5
Vicolo di Maurizio 7, 05018 Orvieto
0763 341 887
orvietohotelduomo.com
Das zentral gelegene beliebte Hotel ist nach dem Duomo benannt, den man von vielen Zimmern aus sieht. Stilvoller Mix von Antiquitäten und Kunst.

Vis-à-Vis-Tipp

ORVIETO: La Badia €€
Luxus **SK** B5
Località Badia 8, 05019
0763 301 959
labadiahotel.it
Die uralte Abtei (6. Jh.) mit ihrem 1103 hinzugefügten zwölfseitigen Turm wurde behutsam in ein schönes Hotel umgewandelt, ein Wahrzeichen der Stadt. Die romantischen Zimmer und das edle Restaurant sind mit Antiquitäten ausgestattet. Spa vom Feinsten.

PARRANO:
Il Poggiolo di Parrano €€
Ländlich **SK** B6
Contrada Bagno 43, 05010
0763 838 471
ilpoggiolo.com
Die Zimmer und das Restaurant befinden sich in stilvoll restaurierten Bauernhäusern. Diese liegen inmitten von Olivenhainen, die für ihr exzellentes Ölivenöl bekannt sind.

PRECI: Hotel Agli Scacchi €
Preiswert **SK** E5
Quartiere Scacchi 12, Preci, 06047
0743 992 21
hotelagliscacchi.com
Die einfachen, gleichwohl hübschen Zimmer und ein Bio-Restaurant liegen in einem Palazzo im Nationalpark Monti Sibillini.

SAN GEMINI:
Albergo Duomo €€
Historisch **SK** D6
Piazza Duomo 4, 05029 San Gemini
0744 630 015
albergoduomosangemini.it
Der einstige Adelssitz weist schöne Fresken aus dem 18. Jahrhundert auf. Gepflegte Zimmer sowie eine Wellness-Suite.

SPELLO: Hotel del Teatro €
Historisch **SK** D4
Via Giulia 24, 06038
0742 301 140
hoteldelteatro.it
Das Hotel mit gut ausgestatteten Zimmern und hübschem Dekor liegt in einem Gebäude aus dem 18. Jahrhundert, einige Teile sind sogar mittelalterlich.

SPELLO: Terme Francescane €€
Luxus **SK** D4
Via delle Acque, 06038
0742 301 186
termefrancescane.com
Das Wellness-Resort nutzt die natürlichen Schwefelquellen für Gesundheitsanwendungen. Elegante Zimmer und Restaurants.

SPOLETO: Clitunno €€
Boutique **SK** D5
Piazza Sordini 6, 06049
0743 223 340
hotelclitunno.com
Das restaurierte Stadthaus beim Duomo beherbergt ein familiengeführtes Hotel. Moderne Zimmer und ein beliebtes Gourmetrestaurant.

Vis-à-Vis-Tipp

SPOLETO:
Eremo delle Grazie €€
Historisch **SK** D5
Strada per Monteluco 13, Monteluco, 06049
0743 496 24
eremodellegrazie.com
Der Aufenthalt in diesem einstigen Kloster (5. Jh.) ist ein besonderes Erlebnis. Balkendecken, Wandmalereien und Antiquitäten vermitteln Geschichte pur. Behaglich-anheimelnde Zimmer, Bibliothek, Restaurant und Weinkeller tragen zum Charme des Hauses bei.

Zimmer im L'Orto degli Angeli in Bevagna

SPOLETO: Palazzo Leti €€
Luxus **SK** D5
Via degli Eremiti 8–10, 06049
0743 224930
palazzoleti.com
Der klassizistische Palazzo mittelalterlichen Ursprungs liegt inmitten schöner Gärten. Prachtvoll ausgestattete Zimmer.

TODI: Hotel Bramante €€
Historisch **SK** C5
Via Orvietana 48, 06059
075 894 8381
hotelbramante.it
Außerhalb der Stadtmauern bietet die restaurierte, 800 Jahre alte Abtei dezenten Luxus in Hotel, Restaurant und Spa.

TODI: San Lorenzo Tre €€
Historisch **SK** C5
Via San Lorenzo 3, 06059
075 894 4555
sanlorenzo3.it
Das Landhotel mit grandioser Aussicht gehört zu den Wahrzeichen Todis. Im Gebäude aus dem 19. Jahrhundert dokumentieren schöne Antiquitäten und alte Fotografien die Geschichte der Familie Gagliardi-Pellegrini, die einst hier lebte. Die eleganten Zimmer haben WLAN.

TODI: Relais Todini €€
Luxus **SK** C5
Vocabolo Cervara 24, Collevalenza, 06059
075 887 521
relaistodini.com
Das Todini ist ein charmantes Hotel in einem Herrenhaus aus dem 14. Jahrhundert. Die Überbleibsel aus jener Epoche werden mit der entsprechenden Möblierung unterstrichen. Fantastisches Spa.

TREVI:
Antica Dimora Alla Rocca €
Preiswert **SK** D5
Piazza della Rocca 1, 06039
0742 385 41
hotelallarocca.it
Die Stilmöbel passen zum Dekor des Palazzo aus dem 17. Jahrhundert. Das zentral gelegene Hotel gehört zu den besten Häusern in Trevi.

TREVI: Casa Giulia €€
Ländlich **SK** D5
Località Corciano, Bovara, 06039
0742 782 57
casagiulia.com
Die Casa Giulia liegt in einem Herrenhaus (17. Jh.) nahe den Fonti del Clitunno. Das Haus bietet helle, freundliche Zimmer, Restaurant und einen Pool mit Panoramablick auf die umbrische Ebene.

Restaurants

Ein nicht unwichtiger Grund, Umbrien zu besuchen, ist das hervorragende Essen. Das Land kräftiger Aromen und alter kulinarischer Traditionen quillt über von heimeligen familiengeführten Trattorien und Restaurants, in denen man die regionale Küche probieren kann – oft in historischem Ambiente. Viele Restaurants bieten mittlerweile aber auch als Ergänzung der umbrischen Gerichte internationale Küche, Seafood oder Vegetarisches, insbesondere in größeren Städten.

Auf vielen Festivals, Jahrmärkten sowie traditionellen Feierlichkeiten *(sagre)*, etwa Kirchweih, Weinlese etc., geht es meist auch um Essen, sie sind ideal, um die kulinarischen Schätze Umbriens kennenzulernen. Einige Feste drehen sich ausschließlich um bestimmte Erzeugnisse, etwa Pilze, Maronen, Trüffeln oder Oliven. Viele Bauernhöfe mit *agriturismo* servieren ihren Gästen (und teilweise auch Nicht-Gästen) Mahlzeiten, für die Produkte des Hofs verwendet werden.

Öffnungszeiten und Preise

Die Öffnungszeiten von Restaurants und Trattorien in Umbrien ähneln denen in ganz Mittelitalien. Das Mittagessen wird in der Regel von 12 bis 14.30 Uhr, das Abendessen ab 19 Uhr serviert – Letzteres den Urlaubern zuliebe, die früher zu essen gewohnt sind. Der Geschäftsschluss hängt von der Jahreszeit und der Art des Lokals ab: früher in Trattorien und im Winter, später im Sommer und in den schicken Restaurants der Altstädte. Im August schließen viele Lokale für ein oder zwei Wochen.

Die Preise variieren enorm. In renommierten Restaurants zahlt man pro Kopf leicht über 50 Euro, und das ohne Wein, in einer Dorftrattoria dagegen nur 20 bis 30 Euro. Viele Lokale verlangen ein *coperto* – meist ein bis drei Euro pro Person. Als Trinkgeld sind fünf bis zehn Prozent der Rechnung üblich.

Erzeugniss aus Umbrien

Die Küche Umbriens schöpft aus uralten Traditionen, die gelegentlich von den Küchenchefs neu interpretiert werden. Die Region liefert beste Agrarprodukte und zunehmend auch Bio-Produkte.

Umbrien ist für seine guten Rot- und Weißweine bekannt. Die Region produziert zudem mit das beste Olivenöl Italiens. Pilze sind eine weitere Delikatesse. Hier findet man auch einige der besten Trüffeln der Welt, seien sie schwarz oder weiß. Die Wurstwaren aus Norcia sind begehrt. Im Lago Trasimeno und den anderen Seen fängt man schmackhafte Süßwasserfische. Das Dörfchen Castelluccio in den Monti Sibillini liefert die nach ihm benannte wohlschmeckende Linsensorte.

Speisesaal im Restaurant Le Mura in der Altstadt von Foligno

Top-Restaurants

Die wachsende Zahl anspruchsvoller Urlauber hat in Umbrien zur Eröffnung von Spitzenrestaurants geführt – schon allein wegen ihnen lohnt sich eine Reise in die Region.

Eines der berühmtesten ist das Restaurant von Gianfranco Vissani in Baschi *(siehe S. 162)* am Ufer des Lago di Corbara. Doch es gibt noch weitere Gourmetrestaurants, darunter das Il Postale *(siehe S. 161)* von Marco Bistarelli in Perugia. Da die Plätze in diesen und anderen Spitzenrestaurants sehr gefragt sind, sollte man unbedingt lange im Voraus reservieren.

Trattorien

Eine traditionelle Trattoria ist eine gute Wahl, wenn man umbrische Küche und lokale Spezialitäten probieren will. Die oft familiengeführten Lokale haben teilweise noch eine ganztags geöffnete Bar und manchmal einen Laden mit dabei. Einfache Trattorien findet man in fast jedem Ort. Sie werden von den Einheimischen bevorzugt, wenn sie auswärts oder mit Freunden essen wollen – deshalb kann man hier auch gut Leute beobachten.

Agriturismo

Bauernhöfe mit *agriturismo* verwenden für Mahlzeiten lokale Produkte, oft wachsen oder gedeihen sie auf dem

Delikatessen vom Lago Trasimeno, inklusive Wein und Olivenöl

Tische im Freien vor dem Restaurant San Francesco in Assisi

eigenen Hof. Die bisweilen begrenzte Auswahl an Gerichten wird durch abwechslungsreiche und aromatische Zubereitung und die warmherzige Atmosphäre wettgemacht. Vor allem gibt es hier meist viel Platz und zudem Spielplätze – ideal für kleinere Kinder.

Kochkurse

Mittlerweile sind in der Region viele Kochschulen entstanden, in denen Profis und Amateure die Geheimnisse der umbrischen Küche erlernen können. Auch viele *Agriturismo*-Höfe bieten solche Kurse an.

Bars und Cafés

Bars sind ein wichtiger Teil des italienischen Alltags – das gilt auch für Umbrien. Die Einheimischen nehmen hier meist einen schnellen Espresso oder Aperitif im Stehen. Doch Bars und Cafés bieten auch viele Sitzplätze – sowohl drinnen wie draußen – für alle, die sich bei einem Getränk etwas erholen und die Szenerie, etwa eines mittelalterlichen Platzes, auf sich wirken lassen wollen. Der Service an den Tischen ist etwas teurer. Meist gibt es auch warme und kalte Snacks. In einer *bar-pasticceria* kann man gute Kuchen genießen.

Feste und Märkte

Eine gute Gelegenheit, regionale Spezialitäten und Weine zu vernünftigen Preisen zu kosten, bieten die traditionellen Märkte und Festivals überall in Umbrien. Bei solchen Ereignissen wimmelt es stets von Besuchern, und nicht nur italienischen. Die Leute strömen u. a. nach Norcia (im Februar) und Città di Castello (im November), um die kostbaren Trüffeln zu probieren, während in Todi, Torgiano und vor allem beim Sagrantino-Festival in Montefalco (im September) Weine im Mittelpunkt stehen.

Ein Großereignis ist der Mercato delle Gaite in Bevagna *(siehe S. 108)*. An zwei Terminen (April und Mai) kehrt der Ort zu Kleidung und Sitten des 14. und 15. Jahrhunderts zurück, und die Restaurants bieten Menüs traditioneller, ungewöhnlicher Gerichte an.

Ein moderneres Event ist die Eurochocolate in Perugia.

Behinderte Reisende

Immer mehr Hotels und Restaurants in Umbrien bauen ihre Häuser bzw. Lokalitäten so um, dass behinderte Gäste leichteren Zugang haben. Allerdings sind die Straßen in den mittelalterlichen Orten Umbriens oft steil und Treppen weitverbreitet.

Rauchen

In Restaurants, Cafés und Bars ist das Rauchen seit Januar 2005 verboten. Geraucht werden darf nur noch im Freien, auf der Terrasse oder in separierten Räumen mit Lüftung. Die Geldstrafen für unerlaubtes Rauchen in öffentlichen Räumen sind hoch.

Restaurantkategorien

Die Restaurantauswahl *(siehe S. 156–167)* dieses Reiseführers gliedert sich in Nord- und Südumbrien, die jeweiligen Restaurants sind alphabetisch nach Ortschaften und nach Preiskategorien geordnet. Umbrien bietet eine große Zahl an traditionellen Restaurants. Charakteristisch ist eine bodenständige und regional-naturbelassene Küche mit einigen luxuriös-raffinierten Gerichten. Daneben gibt es Lokale mit internationaler Küche, die allerdings meist einige umbrische Klassiker auf der Speisekarte haben. Die Region bietet zudem exzellente Fischlokale sowie gute vegetarische Restaurants.

Die **Vis-à-Vis-Tipps** listen besondere Häuser auf – etwa Lokale mit außergewöhnlich guten Gerichten, schöner Aussicht, historischem Ambiente – oder einer Kombination aus allem.

Die Festa di San Benedetto in Norcia im März

Umbrische Küche

Umbriens bodenständige Küche basiert auf saisonal verfügbaren Produkten, die das Land hervorbringt. Wie ihre etruskischen Vorfahren sind die Umbrer sehr naturverbunden und erfreuen sich an den essbaren Schätzen ihrer Region. Im Frühling wächst hier wilder Spargel, im Sommer erntet man Früchte und Kräuter und macht den Überschuss haltbar. Herbst und Winter bieten spezielle Genüsse. Wenn es kälter wird, hat Wild Saison – Hasen, Fasane, Waldtauben, Schnepfen und Wachteln, aber auch Maronen, Steinpilze und Trüffeln. Beliebt ist auch Wintergemüse wie *cavolo nero* (Palm- bzw. Schwarzkohl).

Schwarze Trüffeln

Regionale Oliven und Chilis auf einem Marktstand

Nordumbrien

Die Binnenregion konnte früher für Fischgerichte nur auf ihre Flüsse und Seen zurückgreifen. In Fischerdörfern werden Karpfen, Forellen, Hechte, Barsche, Schleien und Aale fangfrisch zu Suppen und Eintöpfen verarbeitet oder mit Kräutern pochiert. Aal wird oft mit frischen Tomaten zubereitet, Forelle gern mit wildem Fenchel.

Karpfen werden – ähnlich wie Spanferkel – gegrillt *(regina in porchetta)*. Von den Bergen kommt hochwertiges Lammfleisch. Die Regionalhauptstadt Perugia ist für edles Fleisch vom Chianina-Rind bekannt– und für Schokolade.

Auf den fruchtbaren Feldern wachsen viele Gemüse- und Getreidesorten, darunter Dinkel und Gerste. Olivenhaine sieht man häufig: Ihr Öl gehört zu den besten Italiens. Bei religiösen Festen gibt es spezielle Süßwaren. Perugias Schutzpatron San Costanzo wird mit dem *torcolo* geehrt, einem ringförmigen Kuchen mit Anis, Pinienkernen und Trockenfrüchten. In Assisi gibt es an Allerseelen *ossa di morta* (»Marzipanknochen«).

Auswahl an frischem umbrischen Gemüse und Pilzen

Typische Gerichte und Spezialitäten

Baci

Schinken, Salami und schwarze, mit Orangenschalen marinierte Oliven sind typische Antipasti. Spargel findet sich in Tomaten- oder Käsesaucen mit Pasta, oder man brät ihn mit Eiern zu einer *frittata*. Eine spezielle Pastasorte sind *ciriole* (ähnlich wie Tagliatelle), die oft mit Zwiebeln und Knoblauch serviert werden. *Porchetta* ist ein mit Innereien und Kräutern gefülltes Spanferkel, das am Spieß über Feuer geröstet wird. Die Scheiben werden in Brötchen gegessen. Wild wird gebraten oder in Wein geschmort. So entstehen Eintöpfe wie *piccione in salmi* (Waldtaube). *Torta al testo* ist ein Fladenbrot mit Olivenöl, das mit Kräutern, Wurst oder Schinken gefüllt wird. *Pan pepato* enthält kandierte Früchte und Nüsse. Zum Kaffee schmecken Baci, die »Schokoküsse« aus Perugia *(siehe S. 171)*.

Tegamaccio ist ein Fischeintopf vom Lago Trasimeno. Er enthält Barsch, Forelle, Schleie und Aal in einem Tomaten-Wein-Sud.

Kurz vor der Verteilung einer frisch zubereiteten *porchetta*

Südumbrien

Südumbrien hat fruchtbare Gebiete, etwa die Hochebene von Castelluccio, wo die berühmten kleinen Linsen wachsen, die gern in herzhaften Gemüsesuppen verarbeitet werden. Zu den Gemüsen gehört auch Cardy *(cardone)*, die distelartige Gemüseartischocke, deren bittere Stiele und Blätter gegessen werden.

Traditionell wird Fleisch gegrillt oder am Spieß über Feuer zubereitet, oft gewürzt mit Salbei und Rosmarin. Das Gastro-Zentrum Norcia ist für seine schwarzen Trüffeln sowie edle Schinken *(prosciutti)*, Salami und Würste bekannt. In ganz Italien bezeichnet *norcineria* eine Metzgerei. Dutzende Rezepte stammen aus der Stadt, etwa *mazzafegati* (Würste aus Schweineleber mit Rosinen, Pinienkernen und Orangenschalen) und *beccacce alla norcina* (Waldschnepfe mit einer Füllung aus Würsten, Kräutern und Trüffeln). Orvieto ist Weinbauregion, von hier stammt die *gallina ubriaca* (in Wein geschmortes »betrunkenes Huhn«). Orvieto ist auch für seine Wachteln *(quaglie)* im Brotmantel bekannt. Todis Spezialität ist Ochsenzunge *(lingua di bue)* in süßsaurer Sauce *(agrodolce)*.

Reife Trauben – das Ausgangsprodukt für gute Weine

Umbrische Trüffeln

Trüffeln werden üppig verwendet und verfeinern einfache Gerichte wie Rührei. Sie werden über Risottos gerieben oder kommen in feinen Scheiben auf *crostini*. Schwarze Trüffeln finden sich auch im Käse *(pecorino tartufato)*. Sie können konserviert werden. Die selteneren weißen Trüffeln werden frisch gegessen.

Regionale Weine

Orvieto Die Weißweine der Gegend sind frisch und trocken. Weniger bekannt sind die Rot- und Dessertweine.

Torgiano Rosso Riserva Er gehört mit zu den edlen Rotweinen und wird aus Sangiovese-Trauben hergestellt.

Sagrantino di Montefalco Der vollmundige Rotwein wird schon seit Jahrhunderten um Montefalco hergestellt.

Colli Perugini Die Rot- und Weißweine entstehen aus den Rebsorten Pinot Grigio, Grechetto und Montepulciano.

Vin Santo Der Wein aus halbgetrockneten Grechetto- oder Malvasia-Trauben ist ziemlich süß.

Cinghiale alla cacciatore ist in Rotwein mit Kräutern und Gemüse zart geschmortes Wildschwein.

Lenticche di Castelluccio – die zarten Linsen werden oft als Beilage zu mit Fenchel aromatisierten Schweinewürsten serviert.

Strangozzi – die süße Pasta enthält Walnüsse, Zimt, Kakao und Limonen und kommt an Heiligabend auf den Tisch.

Restaurantauswahl

Nordumbrien

ASSISI: Enoteca San Pietro €
Traditionell umbrisch **SK** D4
Via Borgo San Pietro 18, 06081
075 813 303 Mo
Das freundliche Lokal mit Steinwänden und Rattanbestuhlung liegt zwischen Hügeln inmitten von Abteien. Auf der Karten finden sich neben umbrischen Klassikern aus regionalen Zutaten auch Trüffelgerichte. Regionale Biere und Weine.

ASSISI: La Fortezza €
Traditionell umbrisch **SK** D4
Vicolo della Fortezza/Piazza del Comune, 06081
075 812 993 Do
Die Kombination aus einfachen Gerichten der umbrischen Küche und Gourmetgerichten wirkt anziehend. Spezialität des Hauses sind *cannelloni all'assisiana* (mit Kalbfleisch).

ASSISI: Pasticceria Pizzeria Bagnoli €
Pizza & Pasta **SK** D4
Via Patrono d'Italia 3, Santa Maria degli Angeli, 06081
075 804 0611
Die kleine Pizzeria mit dem verführerischen Duft aus dem Holzkohlenofen verkauft Pizza Napoletana und Pizza Salmino Piccante besonders häufig.

ASSISI: Pizzeria Il Duomo €
Pizza & Pasta **SK** D4
Via Porta Perlici 11, 06081
075 816 326
Die Pizzeria liegt in einem Steinhaus mit Bogen und einer Galerie. Sie ist eigentlich immer rappelvoll und für ihre fantasievollen Pizzabeläge bekannt.

L'Antico Forziere liegt in einem Landhaus in Casalina bei Deruta

ASSISI: Armentum €€
Gourmet **SK** D4
Località Armenzano, 06081
075 801 9000
Das Lokal im Hotel Le Silve bietet einen schönen Ausblick von der Terrasse. Gute Speisen- und Weinauswahl.

ASSISI: Brilli Bistrot €€
Café-Patisserie **SK** D4
Via Los Angeles 83, 06081
075 804 3433 mittags außer So; So abends für Gourmets
Das Restaurant im Bistro-Stil außerhalb der Stadt serviert appetitlich angerichtete Speisen. Hier gibt es Antipasti, Pizza, Fisch, Gebäck und unwiderstehliche Desserts. Serviert werden auch einige Liköre.

Vis-à-Vis-Tipp

ASSISI: Buca di San Francesco €€
Traditionell umbrisch **SK** D4
Via Eugenio Brizi 1, 06081
075 812 204 Mo
Das elegante Lokal serviert umbrische Gerichte wie saftige Filetsteaks mit Trüffeln und als Dessert etwa *ciaramicola* (in Alchermes-Likör getränkter Ringkuchen mit Meringuebelag). La Buca liegt in den renovierten mittelalterlichen Kellergewölben eines Stadthauses in Assisis Altstadt. Im Sommer stehen Tische im Freien.

ASSISI: Castel San Gregorio €€
Traditionell umbrisch **SK** D4
Via San Gregorio 16, 06081
075 803 8009
Das atmosphärische Hotel-Restaurant liegt in einer Burg aus dem 13. Jahrhundert außerhalb der Stadt. Hier kommen herzhafte Gerichte wie Wildschwein oder Wildbret auf den Tisch – oft von Trüffeln begleitet. Zum Abschluss sollten Sie die grandiosen Desserts kosten.

ASSISI: Da Erminio €€
Traditionell umbrisch **SK** D4
Via Montecavallo 19, 06081
075 812 506 Do
Die schicke Trattoria serviert Gerichte wie Wildschwein oder Hase in Kräutern sowie Pasta-Gerichte, etwa die Spezialität des Hauses *strangozzi alla boscaiola* (mit Walnüssen). Gute Weine.

Preiskategorien
Die Preise gelten für ein Drei-Gänge-Menü für eine Person, inklusive einer halben Flasche Wein, Steuern und Service.

€	unter 30 €
€€	30 – 50 €
€€€	über 50 €

ASSISI: Il Frantoio €€
Traditionell umbrisch **SK** D4
Vicolo Illuminati 10, 06081
075 812 977
Das elegante Lokal liegt in einer ehemaligen Olivenmühle (17. Jh.) auf dem Gelände des Hotels Fontebella. Eine gute Weinkarte ergänzt die Speisekarte mit umbrischen Klassikern. Lecker: *strangozzi paesani* (Strangozzi/Stringozzi mit Tomaten, Artischocken und Chiliflocken).

ASSISI: La Bella Stazione €€
Pizza & Pasta **SK** D4
Piazza Dante Alighieri 5, Santa Maria degli Angeli, 06081
075 804 1647
In dem anheimelnden Lokal mit Panoramablick auf die Stadt isst man traditionelle Pizza- und Pasta-Gerichte, die durch fantasievolle Beläge und Saucen einen modernen Touch erhalten. La Bella Stazione liegt im Obergeschoss des Bahnhofs.

ASSISI: Medio Evo €€
International **SK** D4
Via Arco dei Priori 4, 06081
075 813 068 Mo
Die anheimelnde Trattoria in Gewölben aus dem 13. Jahrhundert ist nur dezent erleuchtet. Hier kann man ein denkwürdiges Esserlebnis haben. Spezialität des Hauses ist der Trüffel-Risotto.

ASSISI: Ristorante Carfagna €€
Traditionell umbrisch **SK** D4
Ponte San Vittorino, 06081
075 813 063
Das große Restaurant befindet sich unterhalb der Basilica di San Francesco. Es gehört zu einem *agriturismo*. Verwendet werden hier nur regionale Produkte. Das Lokal hat vom Frühstück bis spätabends geöffnet.

ASSISI: Ristorante da Cecco €€
Traditionell umbrisch **SK** D4
Piazza San Pietro 8, 06081
075 812 437 Do
Das Hotel-Restaurant zelebriert Essen als Kunst. Unbedingt probieren: *agnello al tartufo* (Lammfleisch mit Trüffeln) und *tagliata di chianina* (Filetsteak vom Chianina-Rind). Ausgezeichnete Weinkarte.

Restaurantkategorien *siehe S. 153*

ASSISI: Ristorante da Elide €€
Pizza & Pasta **SK** D4
Via Patrono d'Italia 48, 06081
075 804 0867
Der Mix aus herbstlichem Dekor, einer Speisekarte mit dem Schwerpunkt auf Pasta und einer unglaublichen Auswahl an Eissorten tragen zur Beliebtheit dieser Hotel-Trattoria bei. Für die kleinen Besucher gibt es eine Kinderkarte.

ASSISI: Trattoria degli Orti €€
Traditionell umbrisch **SK** D4
Via Salita degli Orti, 06081
075 812 5049 Mo
Die familiengeführte Trattoria in einem alten Steinbau liegt in einer ruhigen Seitengasse nahe der Piazza Santa Chiara. Im Angebot sind umbrische Gerichte wie Omelett mit Trüffeln oder *strangozzi orto* (mit Blumenkohl und Tomaten).

ASSISI: Trattoria Pallotta €€
Traditionell umbrisch **SK** D4
Vicolo della Volta Pinta 3/Via San Rufino 4, 06081
075 812 649 Di
Das schöne Lokal erreicht man über eine hübsche Gasse mit Fresken aus der Renaissance. Die Antipasti sind umfangreich und dazu gedacht, dass man sie teilt. Sie gehen umbrischen Klassikern wie *strangozzi* voran.

Vis-à-Vis-Tipp

ASSISI:
La Locanda del Cardinale €€€
Gourmet **SK** D4
Piazza del Vescovado 8, 06081
075 815 245 Di
Das elegante Restaurant, ein Hangout der Prominenz, ist sowohl für seine Gerichte als auch für sein Dekor bekannt. Die Tische stehen auf einem Glasboden, durch den man die Überreste der Domus Romana sehen kann. Auf der Karte stehen umbrische Klassiker in Gourmetqualität. Der Weinkeller bietet über 1000 Labels.

ASSISI: San Francesco International €€€
SK D4
Via San Francesco 52, 06081
075 812 329
Steinpilz-Carpaccio, hausgemachte Pasteten und Steaks mit Trüffeln gehören zu den Highlights der Speisekarte. Das klassische Restaurant liegt rechts neben der Basilica di Francesco im Zentrum von Assisi. Auch die edleren Weine gibt es hier glasweise. Die Aussicht von der Terrasse ist famos.

Das elegante La Locanda del Cardinale ist bei Promis beliebt

BETTONA: Il Poggio degli Olivi La Veranda €€
Gourmet **SK** C4
Località Montebalacca, 06084
075 986 9023
Das Restaurant eines *agriturismo* liegt in einem Bauernhaus aus dem 16. Jahrhundert. Serviert werden Gerichte mit regionalen Trüffeln, Olivenöl, Honig und Bohnen. Einen Test wert: Risotto mit Waldtaube, gefolgt von einem mit Orangenschalen aromatisierten Hasenragout.

BETTONA: Osteria dell'Oca €€
Traditionell umbrisch **SK** C4
Corso Marconi 3, 06084
075 988 5019 Mo
Das stilvolle Restaurant residiert in einem jahrhundertealten Kellergewölbe. Auf der Karte stehen *strangozzi*, verführerische Desserts und gute Weine.

Vis-à-Vis-Tipp

BETTONA:
La Taverna del Giullare €€€
Gourmet **SK** C4
Vicolo del Forte 11, 06084
075 987 254 So abends
Die beliebte Taverne in einer schön restaurierten Olivenmühle mit Steinbogen und Terrasse serviert umbrische Gerichte mit Gourmet-Touch. Eine mögliche Menüfolge: Omelett mit Trüffeln und Spargelcreme, Pasta des Hauses, Lammfleisch mit Zitronen oder Hasenbraten. Exzellente Weinauswahl.

CITTÀ DELLA PIEVE: Trattoria Bruno Coppetta €
Traditionell umbrisch **SK** A4
Via Pietro Vannucci 90, 06062
0578 298 108 Mo
Das Lokal mit schönen Fresken liegt nahe der Kirche Santa Maria dei Bianchi. Es ist auf preisgünstige Fleischgerichte vom Holzkohlengrill spezialisiert, die zwischen Vorspeisen wie Gänseragout und den hausgemachten Desserts serviert werden.

CITTÀ DI CASTELLO: Trattoria da Noi €
Traditionell umbrisch **SK** B2
Via XI Settembre 12, 06012
075 372 0342 Mo, Di
Die beliebte Trattoria hat Tische im Freien. Sie bietet eine gute Weinkarte und hausgemachtes Brot und Pasta. Auf der Speisekarte finden sich *agnolotti al ragù* (gefüllte Teigtaschen), Tagliatelle mit Rindfleisch, *salumi*, Käseteller, *bruschetta pasta* sowie diverse Fleischgerichte.

CITTÀ DI CASTELLO: Amici Miei €€
Traditionell umbrisch **SK** B2
Via del Monte 2, 06012
075 855 9904
Das charmante Lokal liegt in den Gewölben eines Palazzo (16. Jh.). Die Spezialität des Hauses ist *cinghiale in umido con fagioli*, ein Eintopf mit Wildschwein und Bohnen.

CITTÀ DI CASTELLO: La Miniera di Galparino €€
Traditionell umbrisch **SK** B2
Vocabolo Galparino 34, Sansecondo, 06010
075 854 0784
Hier werden umbrische Gerichte in ehemaligen Ställen serviert. Das *agriturismo* ist bei den Einheimischen beliebt. Honig, Wein und Olivenöl stammen vom Hof.

DERUTA: L'Antico Forziere €€
Traditionell umbrisch **SK** C4
Via della Rocca 2, Casalina, 06053
075 972 4314 Mo
Das elegant-rustikale Landhaus bietet Fleischgerichte vom Holzkohlengrill, Fisch, Pasta, Eintöpfe und hausgemachte Desserts. Gute Weinauswahl.

DERUTA: Osteria Il Borghetto €€
Traditionell umbrisch **SK** C4
Via Garibaldi 102, 06053
075 972 4264 So
Das familiengeführte Lokal vermittelt eine freundliche, ungezwungene Atmosphäre. Serviert werden Klassiker sowie Schafskäse vom eigenen Hof. Lecker: der Lammeintopf und das Wildschwein nach Art des Hauses.

DERUTA: La Fontanina €€€
Gourmet **SK** C4
Via Solitaria 14, 06053
075 972 4112
Das Lokal in einem imposanten Steinhaus (13. Jh.) interpretiert umbrische Klassiker zeitgemäß. Empfehlenswert: Strangozzi mit Wildschwein-Sugo. Gute Weine und attraktiver Garten.

GUBBIO: Alcatraz €
Traditionell umbrisch **SK** D2
Località Santa Cristina 53, 06020
075 922 9938
Das Essen im Lokal des *agriturismo* ist gesund, bunt und meist zu 100 Prozent Bio. Man sucht sich die Gerichte am Büfett aus.

GUBBIO: Del Lupo €€
Traditionell umbrisch **SK** D2
Via Ansidei 21, 06024
075 927 4368
Das elegante Restaurant in mittelalterlichen Mauern bietet innovative umbrische Gerichte. Spezialitäten des Hauses sind Tagliatelle mit Trüffeln und Perlhuhn in Wacholdersauce.

GUBBIO: Grotta dell'Angelo €€
Pizza & Pasta **SK** D2
Via Gioia 47, 06024
075 927 1747 Di
In der Hotel-Trattoria in Räumen aus dem 13. Jahrhundert gibt es eine große Auswahl an Pizzabelägen – von napolitanisch bis zu Seafood. Auch die Pasta und die Fleischgerichte sind nicht zu verachten. Schöne Terrasse.

GUBBIO:
Locanda del Cantiniere €€
Traditionell umbrisch **SK** D2
Via Dante 30, 06024
075 927 6851
Das freundliche, elegante Restaurant wirkt mit seinen Ziegelwänden und Holzbalken einladend. Hier gibt es selbst hergestellte Brote und Pasta.

GUBBIO: Bosone Garden €€€
Gourmet **SK** D2
Via Galeotti 18, 06024
075 922 1246
Das raffinierte Restaurant im schönen Palazzo Raffaelli, einst das Heim einer wohlhabenden Familie, serviert exquisite umbrische Gerichte. Sie enthalten meist Trüffeln.

Schon der Zugang zum Bosone Garden ist einladend

Vis-à-Vis-Tipp

GUBBIO:
Villa Montegranelli €€€
Gourmet **SK** D2
Località Monteluiano, 06024
075 922 0185
Das Lokal ist für seine Trüffelkreationen bekannt. Der Clou: Die Villa Montegranelli verwendet die weißen Trüffeln Gubbios, um köstliche Pasta herzustellen. Auch der Pecorino und der Formaggio di Fossa werden so aromatisiert und mit Crostini serviert. Von der Villa (18. Jh.) hat man einen Panoramablick. Guter Weinkeller.

LAGO TRASIMENO – CASTIGLIONE DEL LAGO:
La Cantina €
Fisch/Seafood **SK** B3
Via Vittorio Emanuele 93, 06061
075 965 2463
Das Restaurant des attraktiven *agriturismo* bietet Tische im Freien. La Cantina serviert wohlschmeckende Fischgerichte. Probieren Sie *tegamaccio*, einen Eintopf aus Süßwasserfischen vom Lago Trasimeno.

LAGO TRASIMENO – CASTIGLIONE DEL LAGO:
Antica Trattoria La Piazzetta €€
Fisch/Seafood **SK** B3
Piazza Mazzini 8, 06061
075 951 157
Auf der Speisekarte des Hotel-Restaurants dominiert Fisch. Das Lokal mit seiner hübschen Terrasse mit Blick auf den Lago Trasimeno ist bei den Einheimischen beliebt. Der marinierte Flussbarsch mit Polenta schmeckt hervorragend.

LAGO TRASIMENO – CASTIGLIONE DEL LAGO:
L'Acquario €€
Fisch/Seafood **SK** B3
Via Vittorio Emanuele 69, 06061
075 965 2432
Das L'Acquario innerhalb der Mauern soll das älteste Lokal von Castiglione sein. Probieren Sie die mit Kräutern aromatisierten Fischgerichte. Spezialität des Hauses ist der Trasimeno-Kaviar. Guter Weinkeller.

LAGO TRASIMENO – CASTIGLIONE DEL LAGO:
L'Essenza €€€
Gourmet **SK** B3
Località I Giorgi, Petrignano del Lago, 06061
075 968 9008
Hier gibt es sowohl umbrische als auch toskanische Küche, begleitet von den Weinen beider Regionen. Das elegante Hotel-Restaurant im Corte del Sole liegt romantisch inmitten mittelalterlicher Bauten.

Vis-à-Vis-Tipp

LAGO TRASIMENO – ISOLA MAGGIORE:
Da Sauro €€
Fisch/Seafood **SK** B3
Via Guglielmi 1, 06060
075 826 168
Das Restaurant des Hotels Da Sauro erreicht man nur mit dem Boot. In dem romantischen Lokal werden fangfrische Fische aus dem See und vom Meer in kreative Gerichte verwandelt. Empfehlenswert: *tartine di pesce* (Fisch-Canapés) mit Eiswein, gefolgt von *gnocchetti alla Trasimeno* (Gnocchi mit Barsch) oder *lattarini fritti* (frittierter Ährenfisch). Zum Dessert gibt es eine verlockende Auswahl an süßen Sünden.

LAGO TRASIMENO – PASSIGNANO: Trattoria del Pescatore €€
Fisch/Seafood **SK** B3
Via San Bernardino 5, 06065
075 829 6063
Die anheimelnde Trattoria in einem Hotel in der Altstadt bietet fischen Fisch aus dem See – und gute Kontaktmöglichkeiten mit den Einheimischen. Spezialität des Hauses sind die *tagliatelle alla crema di persico* (mit Flussbarsch).

LAGO TRASIMENO – PASSIGNANO: Il Fischio del Merlo €€€
Fisch/Seafood **SK** B3
Località Calcinaio 17a, 06065
075 829 283 Di
Von dem einladenden Restaurant blickt man auf den Garten und den Lago Trasimeno dahinter. Hier werden Fische aus dem See, etwa Barsch, Aal und Karpfen, verarbeitet und mit leckeren Saucen angeboten.

LISCIANO NICCONE: Ristorante da Gianna €
Fisch/Seafood **SK** B3
Via del Palazzo, 06060
075 844 358 Mo
Das beliebte familiengeführte Restaurant serviert gute hausgemachte Pasta, knusprige Pizzas mit vielerlei Belägen, darunter auch mit Fisch aus dem Lago Trasimeno.

MAGIONE: La Fattoria di Montemelino €
Traditionell umbrisch **SK** B3
Via dei Montemelini 22, Località Montemelino, 06063
075 843 606
Das Restaurant des *agriturismo* bereitet Speisen mit Produkten vom eigenen Hof zu – von den Fleischgerichten bis zum Gemüse. An den Wänden hängen alte Landwirtschaftsgeräte.

MAGIONE: Al Coccio €€
Traditionell umbrisch **SK** B3
Via del Quadrifoglio 12a/b, 06063
075 841 829
In dem Lokal im Zentrum von Magione gibt es *maialino*, gekräutertes Spanferkel aus dem Ofen mit hausgemachter Pasta. Behalten Sie sich noch etwas Appetit für die Desserts vor.

MAGIONE: Rosso di Sera €€
Fisch/Seafood **SK** B3
Via Fratelli Papini 81, 06063
075 847 6277 Di, Mi
Das beliebte, geschmackvoll dekorierte Lokal listet auf der Karte fantasievolle Fischgerichte – mit Fisch vom Lago Trasimeno. Lecker: Ravioli mit Barschfüllung.

MONTELEONE DI SPOLETO: Trattoria da Gigetto €€
Traditionell umbrisch **SK** E5
Statale 471, km 12,800, Ruscio, 06045
0743 701 11
In der traditionellen Trattoria kommen mittags und abends herzhafte Suppen, Pasta- und Fleischgerichte auf den Tisch. Empfehlenswert ist das Lammgericht *agnello alla cacciatora.*

MONTONE: Taverna del Verziere €€
Traditionell umbrisch **SK** C2
Via dell'Ospedale 25, 06014
075 930 6512
Die traditionelle Taverne hat eine schöne Panoramaterrasse. Das Rezept für die hausgemachten Strangozzi mit Trüffeln existiert schon seit Generationen.

NOCERA UMBRA: La Costa €
Traditionell umbrisch **SK** D3
Frazione Costa di Salmata, 06025
0742 810 042
Im Lokal des *agriturismo* in einem mittelalterlichen Bauernhaus außerhalb von Nocera wird u. a. *cinghiale alla cacciatora* (Wildschweinschmorbraten in Wein-Kräuter-Sauce) serviert.

Vis-à-Vis-Tipp

PACIANO: La Loggetta €€
Traditionell umbrisch **SK** B4
Via Guglielmo Marconi 36, 06060
075 830 144 Di
Hier kann man drinnen oder auf der Terrasse speisen. Die Gerichte sind toskanisch-umbrisch. Probieren Sie die frisch zubereiteten *pici* (dicke Spaghetti mit diversen Saucen), den Lauch mit Schweinebacken, Amaretti und Pfirsichkuchen. Gut sind auch das Steak vom Chianina-Rind oder Perlhuhn mit Gemüse und Cannellini-Bohnen. Exzellente Weinauswahl.

PANICALE: Ristorante Pizzeria Il Tempo €
Pizza & Pasta **SK** B4
Via Perugia 27, 06068
075 868 1196 Mo
Hier wird mit frischen regionalen Zutaten gearbeitet. Das bei den Einheimischen beliebte Lokal bietet etwas für jeden Geschmack – Weizensalat, Steaks, Bio-Pasta oder Risotto. Sogar die Pizzas bestehen aus Bio-Mehl. Man isst im hübschen Speiseraum, an den Tischen im Freien oder nimmt sein Essen mit. Gute Desserts.

PANICALE: Lillo Tatini €€€
Gourmet **SK** B4
Piazza Umberto I 3, Panicale, 06064
075 837 771 Mo
Das ausgesprochen beliebte elegante Restaurant am mittelalterlichen Hauptplatz von Panicale serviert hauptsächlich klassische Pasta-Gerichte. Empfehlenswert sind z. B. die Ravioli mit Trüffeln. Sehr gute Weinkarte.

PANICALE: Villa di Monte Solare €€€
Gourmet **SK** B4
Via Montali 7, 06068
075 832 376
Das Restaurant in einer ansprechenden Villa (18. Jh.) in schönen Gartenanlagen zählt zu den edelsten der Region. Die Speisekarte listet umbrische Klassiker auf – doch jedes Gericht ist exquisit zubereitet.

PERUGIA: Il Falchetto €
Traditionell umbrisch **SK** C3
Strada Fontana La Trinita 2d, 06132
075 573 1775 Mo
Die Trattoria liegt in einem Palazzo aus dem 14. Jahrhundert. Spezialität des Hauses ist *falchetti verdi*, Spinat-Ricotta-Gnocchi, die langsam in Tomatensauce köcheln und mit Käse überbacken werden.

La Costa, das Restaurant des *agriturismo* in Nocera Umbra

PERUGIA: Les Cre Fantastique €
Café-Patisserie **SK** C3
Via Volte della Pace 28, 06100
075 966 0392 ● Mo
Hier gibt es glutenfreie Kost: herzhafte und süße Crêpes ebenso wie *piadine* und Pizza. Das rustikal-gemütliche Lokal ist bei Kindern und Einheimischen beliebt.

PERUGIA: Osteria Il Gufo €
Traditionell umbrisch **SK** C3
Via della Viola 18, 06122
075 573 4126
Das freundliche Restaurant serviert leichte Kost, vegetarische Gerichte, Salate, Käse und köstliche Desserts. Es gibt auch ein Menü zum Festpreis.

PERUGIA: Pizzeria Mediterranea €
Pizza & Pasta **SK** C3
Via Guglielmo Marconi 11, 06121
075 572 4021
Ein riesiger Holzkohlenofen beherrscht den Speiseraum der Pizzeria. Es gibt diverse Pizzabeläge – von Peperoni bis Seafood.

PERUGIA: Ristorante dal Mi'Cocco €
Traditionell umbrisch **SK** C3
Corso Garibaldi 12, 06123
075 573 2511 ● Mo
Die Zutaten für Vor-, Haupt- und Nachspeisen stammen aus regionaler Produktion. Erstaunlich gutes Preis-Leistungs-Verhältnis.

PERUGIA: Ristorante Il Bacio €
Pizza & Pasta **SK** C3
Via Boncambi 6, 06123
075 5720 909
Die Pizzas aus dem Holzkohlenofen kann man im hübschen Speisesaal oder an einem der Tische in der Fußgängerzone Corso Vannucci genießen. Es gibt auch sehr gute Pasta, Salate und Desserts.

PERUGIA: Ristorante Nana €
Traditionell umbrisch **SK** C3
Corso Cavour 202, 06121
075 573 3571 ● So
Das volle, bei den Einheimischen beliebte Lokal nahe San Domenico ist für authentische Gerichte bekannt. Probieren Sie die Gnocchi und die herzhaften Suppen.

PERUGIA: Altromondo €€
Traditionell umbrisch **SK** C3
Via Cesare Caporali 11, 06100
075 572 6157 ● So
Die zentral gelegene Trattoria bietet eine täglich wechselnde Karte mit Gerichten aus qualitativ hochwertigen Zutaten. Empfehlenswert ist u. a. *arrosto misto* (Lammbraten mit anderen Bratenstücken).

PERUGIA: Caffè di Perugia €€
Pizza & Pasta **SK** C3
Via Giuseppe Mazzini 10, 06121
075 573 1863 ● Di
Das Lokal auf mehrere Ebenen bedient viele Geschmacksrichtungen. Immer gut: Pizzas und umbrische Klassiker. Es gibt auch ein Café und eine Bar.

PERUGIA: Da Cesarino €€
Traditionell umbrisch **SK** C3
Piazza IV Novembre 4 – 5, 06123
075 572 8974 ● Mi
Das etwas altmodische Lokal bietet Tische im Freien. Serviert werden Klassiker der regionalen Küche.

PERUGIA: Enone Enoteca Cucina €€
Gourmet **SK** C3
Corso Cavour 61, 06121
075 572 1950 ● Mo
In dem trendigen Restaurant mit Bar darf man fantasievolle Gerichte aller Art erwarten. Beliebt sind Trüffel-Risotto, herzhafte Gnocchi und Sushi.

PERUGIA: L'Opera €€
Fisch/Seafood **SK** C3
Via dell'Allodola 9, Ponte San Giovanni, 06135
075 393 337 ● Mo
Das von einem Ehepaar aus Agrigento geführte Lokal entzückt mit sizilianischen Fischspezialitäten und sizilianischen Desserts. Wer keinen Fisch mag, wird auch mit anderen Gerichten zufriedengestellt. Exzellente Weinkarte.

PERUGIA: La Taverna €€
Traditionell umbrisch **SK** C3
Via delle Streghe 8, 06123
075 572 4128
Zu den Spezialitäten des beliebten Restaurants gehört Tagliatelle mit Entenragout, gefolgt von *baccalà* (Stockfisch) mit Pflaumen. Die Desserts sind eine Sünde wert.

Herzhafte und süße Crêpes sind die Spezialität des Les Cre Fantastiques

PERUGIA: Osteria a Priori €€
Traditionell umbrisch **SK** C3
Via dei Priori 39, 06123
075 572 7098 ● Di
Das beliebte Lokal in der Nähe des Palazzo dei Priori legt den Schwerpunkt auf regionale Gerichte. Probieren Sie unbedingt die Kürbisravioli mit *torta al testo* (umbrisches Fladenbrot, das angeblich seit den Etruskern bekannt ist) und die delikaten Kuchen.

PERUGIA: Osteria del Turreno €
Traditionell umbrisch **SK** C3
Piazza Danti 16, 06122
075 572 6397 ● abends; Sa
Das beliebte Restaurant serviert nachhaltiges gesundes Essen aus regionalen Produkten. Die frisch zubereiteten Gerichte holt man sich am Büfett und verzehrt sie im hübschen Speiseraum oder an den Tischen auf der Piazza Danti mit ihrem Brunnen.

Vis-à-Vis-Tipp

PERUGIA: Ristorante del Sole €€
Gourmet **SK** C3
Via Rupe 1, 06121
075 573 5031 ● Mo
Das gehobene Restaurant mitten in der Altstadt von Perugia bietet Essgenuss mit Blick auf mittelalterliche Architektur – sowohl vom Speiseraum wie auch von der Terrasse aus. Zu essen gibt es umbrische Fleisch-, Fisch- und Pasta-Gerichte mit modernem Touch, etwa Käse-Ravioli mit Orangen oder Lammfleisch mit Feigen. Gut sortierter Weinkeller.

PERUGIA: Ubu Re €€
Gourmet **SK** C3
Via Baldeschi 17, 06123
075 573 5461
● Mo abends; Sa u. So mittags
Das edle Restaurant mit seinem warmen rustikalen Ambiente ist ein Dauerbrenner bei Gourmets. Probieren Sie die selbst gemachten Ravioli mit mildem *Caciocavallo*-Käse.

PERUGIA: Antica Trattoria San Lorenzo €€€
Gourmet **SK** C3
Piazza Danti 19a, 06122
075 572 1956 ● So
In dem hübschen Restaurant in der Nähe des Duomo wird umbrische Gourmetküche zelebriert – u. a. mit handwerklich bester Pasta. Dazu gibt es grandiose Saucen. Exzellente Auswahl an Weinen sowie traumhafte, ungewöhnliche Eissorten.

Restaurantkategorien *siehe Seite 153* **Preiskategorien** *siehe Seite 156*

Speiseraum des gestylten Le Melograne in Torgiano

PERUGIA: Giò Arte e Vini €€€
International **SK** C3
Via Ruggero d'Andreotto 19, 06124
075 573 1100 So
Im stilvollen, künstlerisch angehauchten Restaurant des Giò Jazz Hotel etwas außerhalb von Perugia gibt es gut zubereitete und schön präsentierte umbrische Gerichte. Umfassende Weinkarte.

PERUGIA: Il Postale €€€
Gourmet **SK** C3
Strada Monteville 3, Residenza d'Epoca Castello di Monterone, 06126
075 852 1356
Das Sterne-Restaurant im Castello di Monterone hat nur vier Tische (und einen fünften in der Küche). Küchenchef Marco Bistarelli kreiert hier innovative Variationen der umbrischen Küche. Il Postale gilt als bestes Restaurant der Stadt und hat nur abends geöffnet.

PERUGIA: La Rosetta €€€
Gourmet **SK** C3
Piazza Italia 19, 06123
075 572 0841
Das elegante Restaurant nahe der Fontana Maggiore serviert delikates Lammfleisch, Wildschwein oder in Rotwein (Sagrantino di Montefalco) geschmorten Rinderbraten. Gute Weinkarte.

PETRIGNANO:
Locanda ai Cavalieri €€
International **SK** D3
Via Matteotti 47, 06086
075 803 0011
Das stilvolle Restaurant des Hotels Locanda ai Cavalieri serviert zu seinen internationalen Gerichten hausgemachte Pasta und selbst hergestelltes Brot. Probiermenüs, hausgemachte Desserts und Spitzenweine.

TORGIANO: Il Toscanino €€
Traditionell umbrisch **SK** C4
Località Signoria, Torgiano, 06089
075 982 447 So
In dem attraktiven Lokal gibt es umbrisch-toskanische Küche. Als typischer erster Gang finden sich Strangozzi mit herzhaften Saucen. Als Hauptspeisen gibt es u. a. Wildgerichte oder *Bistecca alla Fiorentina*. Man kann hier aber auch Pizza bestellen.

TORGIANO:
Le Delizie di Monet €€
Gourmet **SK** C4
Corso Vittorio Emanuele 19, 06089
075 988 0788 Di
Im Monet erhalten die seit Generationen tradierten Rezepte einen modernen Touch. Spezialitäten des Hauses sind Risotto mit Pilzen oder Spargel mit Käse und Spaghetti.

TORGIANO: Osteria I Birbi €€
Traditionell umbrisch **SK** C4
Località Vocabolo Casella, Miralduolo, 06089
075 988 9041
mittags unter der Woche
Die Osteria I Birbi ist für die ausgezeichneten Steaks und die hausgemachte Pasta bekannt. Das Lokal liegt in einem Bauernhaus, von dessen Terrasse man einen fantastischen Ausblick hat.

TORGIANO: Ristorante Siro €€
Traditionell umbrisch **SK** C4
Via Giordano Bruno 16, 06089
075 982 010
Das gemütliche Hotel-Restaurant zieht schon seit Jahrzehnten Gäste an. Besonders beliebt sind die Antipasti mit weißen Trüffeln und die authentischen umbrischen Hauptgerichte. Gute Weinauswahl.

TORGIANO: Le Melograne €€€
Gourmet **SK** C4
Via Giuseppe Garibaldi 48, 06089
075 988 0447
Im gestylten Speiseraum des Le Melograne im Boutique-Hotel Tre Vaselle sollten Sie die Seafood-Antipasti probieren, gefolgt von katalanischem Hummer. Die schöne Lage in ländlicher Kulisse und die Top-Weinkarte ziehen viele Gäste an.

Vis-à-Vis-Tipp

UMBERTIDE:
L'Abbazia di Montecorona €€
Gourmet **SK** C2
Vocabolo Montecorona, 06019
075 941 3501 Mo
Die alte Abtei in schöner Umgebung außerhalb von Umbertide wurde liebevoll restauriert und ist nun der spektakuläre Rahmen für dieses Restaurant. Im Speiseraum sieht man Bogen und Steinwände. Auf der Karte finden sich Gerichte mit Fischen aus dem nahen Lago Trasimeno wie Barsch und Forelle. Der Weinkeller bietet eine sehr gute Auswahl.

UMBERTIDE: La Chiusa €€
Traditionell umbrisch **SK** C2
Strada Statale 146 del Niccone, nahe Umbertide
075 941 0848
La Chiusa ist ein Bio-Restaurant, in dem es Fleisch vom eigenen Hof gibt. Gemüse und Kräuter wachsen im eigenen Garten. Die Weine kommen von einer speziellen Winzerei in der Nähe.

UMBERTIDE: La Rocca €€
Fisch/Seafood **SK** C2
Piazza Caduti del Lavoro 4, 06019
075 941 1828 Mo
Das attraktive kleine Restaurant liegt gleich bei Umbertides Festung. Es ist auf Fisch spezialisiert. Gönnen Sie sich als ersten Gang das wunderbare Fisch-Carpaccio und als Hauptgang Risotto mit Gambas.

UMBERTIDE:
Locanda di Nonna Gelsa €€
Traditionell umbrisch **SK** C2
Via Caduti di Pentola 31, Niccone, 06019
075 941 0699 Di
Die elegante Trattoria mit traditionellem Dekor und Leinentischtüchern liegt malerisch. Serviert werden umbrische Gerichte wie Wildbret und Hase. Umbrische und toskanische Weine.

Vis-à-Vis-Tipp

UMBERTIDE:
Poggiomanente €€
Traditionell umbrisch **SK** C2
SS 219, E45 Ausfahrt Umbertide/Gubbio, 06019
075 941 3085
Im raffiniert-rustikalen Kellerlokal eines Bauernhauses aus dem 15. Jahrhundert gibt es knusprige Pizzas, herzhafte Suppen, Eintöpfe und getrüffelte Hauptspeisen.

UMBERTIDE:
Ristorante Albergo Capponi €€
Traditionell umbrisch **SK** C2
Piazza XXV Aprile 19, 06019
☎ 075 941 3192
Favoriten auf der Speisekarte des beliebten Lokals sind *anatra in porchetta* (in Speckhülle gegrillte Ente), der getrüffelte Lammbraten oder langsam in Wein geschmortes Wildbret.

UMBERTIDE:
Taverna del Verziere €€
International **SK** C2
Straße von Umbertide nach Montone, Via Ospedale 25, 06014
☎ 075 930 6512 ● Mo
Pluspunkte des Berglokals sind die Terrasse mit Ausblick auf die Ebene sowie die Karte mit umbrischen und sardischen Speisen und Weinen.

Südumbrien

AMELIA: Anita €
Traditionell umbrisch **SK** C6
Via Roma 31, 05022
☎ 0744 982 146 ● Mo
Das familiengeführte Restaurant bietet eine große Anzahl an hausgemachter Pasta, Schmorbraten und Desserts.

ARRONE: Il Grottino del Nera €
Traditionell umbrisch **SK** D6
Strada Statale Valnerina 209, Vocabolo Colleporto 21, 05031
☎ 0744 389 104 ● Mi
Die Osteria gehört zu den langansässigen Lokalen des Orts und serviert klassische umbrische Küche in Form von Wildbret, Wildschwein und Forellen. Empfehlenswert: die Tagliatelle mit Trüffeln. Schöne Terrasse.

Vis-à-Vis-Tipp

ARRONE: La Locanda €€
Gourmet **SK** D6
Via Arrone 1, 05031 Arrone
☎ 0744 389 961 ● Mo
Das Restaurant im Residence Fiocchi bietet eine herrliche Sicht über den Parco Fluviale del Nera. La Locanda verwendet ausschließlich regionale Produkte, um getrüffelte Forellen, Risotto mit Flusskrebsen, Wildschweingerichte und Würste aus Wildfleisch zu verarbeiten. Auch Pasta und Desserts werden selbst hergestellt. Ausgezeichnete Weinkarte.

ARRONE: Rossi €€
Traditionell umbrisch **SK** D6
Vocabolo Isola 7, 05031
☎ 0744 388 372 ● Fr, So abends
Hier kann man unter vielen Antipasti wählen, bevor man sich die Pasta und Grillgerichte des Rossi schmecken lässt. Eine südumbrische Spezialität des Hauses ist Kalbsbraten mit Knusperkruste. Das Lokal liegt nahe der Cascata delle Marmore.

Rustikaler Speiseraum des Ottavius in Bevagna

Vis-à-Vis-Tipp

BASCHI: Vissani €€€
Gourmet **SK** B6
Strada Statale 448, km 606, Todi – Baschi, 05020
☎ 0744 950 206 ● Mo u. Do mittags; Mi; So abends
Die dunkle Eichenmöblierung des Vissani wird von warmem Orange kontrastiert. Besitzer Gianfranco Vissani, ein in ganz Italien bekannter Fernsehkoch, zeichnet für die exzellenten südumbrischen Wild- und Fleischgerichte verantwortlich.

BEVAGNA: Enoteca Onofri €€
Traditionell umbrisch **SK** D4
Piazza Onofri 2, 06031
☎ 0742 361 926 ● Mi
Die Trattoria in einem Gebäude aus dem 12. Jahrhundert mit Gewölbedecken und offenem Kamin hat sich der Pasta verschrieben. Hier gibt es fabelhafte Weine mit über 500 Labels im Keller.

BEVAGNA:
Il Poggio dei Pettirossi €€
Traditionell umbrisch **SK** D4
Via del Poggio 1, 06031
☎ 0742 361 744 ● Di
Das elegante Lokal zieht eine treue Gästeschar an, die hier beispielsweise *cinghiale alla cacciatora* (Wildschweinbraten in Wein-Kräuter-Sauce) genießt. Der Wein stammt aus Montefalco. Schöner Blick über die umbrische Landschaft.

BEVAGNA:
Osteria del Podestà €€
Traditionell umbrisch **SK** D4
Corso Giacomo Matteotti 67, 06031
☎ 0742 360 222 ● Di
Das populäre, mit Antikmöbeln eingerichtete Lokal serviert traditionell Umbrisches. Beliebtestes Gericht sind die *gnocchi al Sagrantino* (in Sagrantino-Sauce).

BEVAGNA: Ottavius €€
Traditionell umbrisch **SK** D4
Via del Gonfalone 1, 06031
☎ 0742 360 555 ● Mo
Die Speisekarte des rustiaklen Lokals wechselt saisonal. Zu den Spezialitäten zählen Trüffelgerichte sowie die hausgemachten Gnocchi. Gute Weinauswahl.

BEVAGNA: Redibis €€€
Gourmet **SK** D4
Via dell'Anfiteatro, 06031
☎ 0742 360 130 ● Di
Das Lokal ist beim römischen Theater angesiedelt und eines der wenigen Lokale in Umbrien, in denen nach sehr alten Rezepten gekocht wird. Solche »alten Klassiker« sind etwa das in Montefalco-Wein geschmorte Kalbsfleisch oder Innereien.

Vis-à-Vis-Tipp

CAMPELLO SUL CLITUNNO:
Fonti del Clitunno €
International **SK** D5
Via Flaminia 7, Località Fonti del Clitunno, 06042
☎ 0743 275 057 ● Di
Das Lokal bei den Fonti del Clitunno bietet fast täglich wechselnde Fleisch-, Fisch- und vegetarische Gerichte. Hier gibt es die typischen Wurstplatten als ersten Gang, danach etwa Tagliatelle mit Forelle und Lammbraten mit Wacholderbeeren. Gute Weinkarte sowie Terrasse.

Restaurantkategorien *siehe Seite 153* **Preiskategorien** *siehe Seite 156*

CAMPELLO SUL CLITUNNO: Trattoria Pettino €€
Traditionell umbrisch **SK** D5
Frazione Pettino 31, S. P. 458 (Strada Provinciale), km 15,5, 06042
074 327 6021 Di
Die einladende Trattoria in den Hügeln ist ausgesprochen beliebt. Die Karte wechselt täglich, doch bestimmte Gerichte, etwa Pasta-Gerichte oder *agnello al tartufo* (Lamm mit Trüffeln), findet man immer darauf.

Vis-à-Vis-Tipp

CAMPELLO SUL CLITUNNO: Camesena €€€
Gourmet **SK** D5
Via del Castello 3, 06042
0743 520 340
Mo (im Winter auch Di)
Das stilvolle Lokal im Dorf Lizori, in der Nähe der Fonti del Clitunno, ist für seine sorgfältig zubereiteten Kreationen aus frischen regionalen Produkten bekannt. Empfehlenswert: die Pasta-Gerichte mit fantasievollen Saucen, Waldtaube am Spieß oder mit Trüffeln gespickter Kalbsbraten. Zum süßen Abschluss gibt es Zitronensoufflé oder Tiramisu. Exzellente Weine.

CANNARA: Perbacco €€
Traditionell umbrisch **SK** D4
Via Umberto I 16, 06033
0742 720 492 So abends
Cannara ist wegen seiner roten Zwiebelsorte bekannt, die verschwenderisch in einigen herzhaften Gerichten im Perbacco, einer typischen traditionellen Trattoria, eingesetzt wird.

CIVITELLA DEL LAGO: Trippini €€€
Fisch/Seafood **SK** C5
Via Italia 14, 05023
0744 950 316 So abends
Die Speisekarte des attraktiven Lokals wechselt saisonal, je nachdem, welche frischen regionalen Produkte gerade erhältlich sind. Spezialität des Hauses ist der Kalbsbraten mit Minze-Basilikum-Gnocchi.

FABRO: La Bettola del Buttero Fabro €€
Traditionell umbrisch **SK** B5
Via dei Pini 2, 05015
0763 832 063 So abends
Im Restaurant dieses idyllischen Landhotels dominiert die große offene Feuerstelle auf der mit regionalen Kräutern aromatisiertes Fleisch, aber auch Kartoffeln und Zwiebeln gebraten werden. Im Sommer kann man schön im Freien sitzen.

FERENTILLO: Il Cantico €€
Pizza & Pasta **SK** D6
Via Macenano 4, 06034
0744 780 005
Mo; Di mittags
Die traditionell eingerichtete Dorftrattoria gehört zu einem Hotel in den Gebäuden einer ehemaligen Benediktinerabtei. Hier gibt es jede Menge Pasta und Pizza sowie die klassischen umbrischen Gerichte mit Trüffeln.

Vis-à-Vis-Tipp

FERENTILLO: Piermarini €€
Traditionell umbrisch **SK** D6
Vosso Ancaiano 23, 05034
0744 780 714
So abends, Mo
Die schöne Lage des Piermarini im Parco Fluviale del Nera, nicht weit von den Cascata delle Marmore entfernt, sowie sein Landhausstil begeistern die Gäste. Die Speisekarte listet viele umbrische Klassiker auf, die sorgfältig aus regionalen und aus Produkten vom eigenen Hof, darunter Trüffeln und Olivenöl, zubereitet werden. Das Essen kann man drinnen oder auf der Terrasse mit Panoramablick genießen.

FOLIGNO: Basilicò €
Pizza & Pasta **SK** D4
Via Gramsci 60, Foligno, 06034
0742 770 248 So, Mo
Die helle und fröhliche Pizzeria zaubert herrliche Beläge auf die Pizzas – von Käse über Tomatensauce bis zu Seafood und Peperoni. Besonders gut: die Pizza Margherita.

Vis-à-Vis-Tipp

FOLIGNO: Ristorante Via del Forno €€
Gourmet **SK** D4
Piazza Matteotti/Via Colombia Antonietti, 06034
0742 350 412
Das Hotel-Restaurant liegt etwas versteckt hinter Folignos imposantem Palazzo Comunale. Es besitzt einen altehrwürdigen schönen Speisesaal. Serviert werden Pasta-Gerichte, verschiedene Braten, Rührei mit Trüffeln, Lammfleisch vom Colfiorito-Lamm (vom nahen Naturpark), herzhafter Schweinebraten, Zwiebel-Tarte mit Cannara-Zwiebeln (eine rote Sorte aus Umbrien) und andere Spezialitäten der gehobenen regionalen Küche. Die Digestifs mit Walnuss- und Lakritzegeschmack sollte man probieren.

FOLIGNO: La Spagnola €€
Traditionell umbrisch **SK** D4
Via Rinaldi 14, 06034
0742 351 281
Das elegante Lokal in Gewölben aus dem 16. Jahrhundert bietet umbrische Klassiker wie *gnocchi al sagrantino*, Wildschweinmedaillons, Lamm in Wacholdersauce, Pizzas und frischen Fisch. Aufgrund der spanischen Wurzeln des Kochs findet man auch *paella alla valenciana* und *crema catalana* auf der Karte.

FOLIGNO: Villa Roncalli €€€
Gourmet **SK** D4
Via Roma 25, 06034 Foligno
0742 391 091
Mo; Di–Sa mittags
In dem gehobenen Lokal in einem Palazzo aus dem 17. Jahrhundert kommen selbst hergestelltes Brot sowie Eier aus Eigenproduktion und frisches Gemüse aus dem Garten auf den Tisch. Die Rindfleischgerichte stammen vom regionalen Chianina-Rind.

Vis-à-Vis-Tipp

MONTEFALCO: Coccorone €€
Traditionell umbrisch **SK** D4
Largo Tempesti 11, Vicolo Fabbri 7, 06036
0742 379 535 Mi
In dem charmanten Restaurant wird nach fast vergessenen Rezepten gekocht, die allerdings eine modernen Touch erhalten. Auf der Karte stehen hausgemachte Strangozzi und Gnocchi, über Holzkohle gebratene Fleischgerichte oder auch lokale Klassiker wie *cinghiale in umido con fagioli* (Wildschwein mit Bohnen). Dazu passen die Montefalco-Weine.

Risotto mit Hummer, Erbsen und Zitronen

MONTEFALCO:
Villa Pambuffetti **€€€**
Gourmet **SK** D4
Via della Vittoria 20, Montefalco, 06036
0742 379 417 Mo
Hier kocht man mit Olivenöl aus eigener Herstellung, Gemüse vom eigenen Hof und Montefalco-Weinen. Das auch bei Promis beliebte Pambuffetti liegt in einem Landsitz (19. Jh.).

NARNI: Cavallino **€**
Traditionell umbrisch **SK** C6
Via Flaminia Romana 220, Località Testaccio, 05035
0744 761 020 Di
Die traditionelle Trattoria bereitet Pasta, Wild, Fleisch und Fisch nach alten umbrischen Rezepten zu. In der Küche werden nur saisonale Produkte aus der Region verwendet.

NARNI: Il Feudo **€€**
Pizza & Pasta **SK** C6
Via del Forno 10, Montoro, 05035
0744 735 168
Mo; Di mittags
Das cremefarbene Dekor und die massiven Holzbalken des Lokals wirken einladend. Auf der Karte finden sich gute Pasta- und Pizza-Optionen, aber auch Gerichte wie *scaloppine al limone* (Kalbsschnitzelchen).

NARNI: Il Gattamelata **€€**
International **SK** C6
Via Pozzo della Comunità 4, 05035
0744 717 245
So abends, Mo
Das anheimelnde Lokal beim Duomo feiert die regionale Küche mit *carpaccio d'anatra* (Enten-Carpaccio) oder *tagliata di manzo di pura razza* (edles Rinderfilet). Gute Weinkarte.

NORCIA: Dal Francese **€**
Traditionell umbrisch **SK** F5
Via Riguardati 16, 06046 Norcia
0743 816 290 Mi
Die lokale Spezialität *beccacce alla norcina* (mit Würsten, Kräutern und Trüffeln gefüllte Waldschnepfe) gehört zu den Gerichten des *menù degustazione* (Probiermenü) der Trattoria.

NORCIA:
La Cucina del Casale **€€**
Traditionell umbrisch **SK** F5
Vocabolo Fontevena 8, 06046
0743 816 481 So abends
Bio-Gemüse und Bio-Fleisch vom eigenen Hof werden in diesem *agriturismo* bei Norcia nach alten Familienrezepten zu pikanten Gerichten verarbeitet. Trüffeln und Käse stammen von den Gourmetgeschäften vor Ort. Probieren Sie *coniglio alla cacciatora* (geschmortes Kaninchen). Der Speiseraum beeindruckt mit seinen massiven Holzbalken.

Vis-à-Vis-Tipp

NORCIA:
Taverna de' Massari **€€**
Traditionell umbrisch **SK** F5
Via Roma 13, 06046
0743 816 218 Di
Carpaccio di cinghiale del parco tartufato (Wildschwein-Carpaccio mit Pilzen und Trüffeln) und *gnocchetti alla Norcina tartufato* (getrüffelte Gnocchi in Sahnesauce) – das sind nur zwei der appetitlichen Gerichte, die in der alten Taverne serviert werden. Unter dem Speiseraum befindet sich ein mittelalterlicher Keller, in dem edle Tropfen gelagert werden. Im Sommer kann man auf der Terrasse speisen.

NORCIA:
Il Granaro del Monte **€€€**
Traditionell umbrisch **SK** F5
Via Alfieri 6
0743 817 434
Die Entoteca des Hotels Grotta Azzurra gehört zu den ältesten umbrischen Lokalen und serviert Klassiker wie *mazzafegati* (Leberwurst mit Rosinen, Pinienkernen und Orangenschalen). Sehr gute Desserts und Weine. Schön ist der Speisesaal mit seiner großen offenen Feuerstelle.

ORVIETO: Cantina Foresi **€**
Café & Patisserie **SK** B5
Piazza Duomo 2, 05018
0763 341 611
Das trendige Lokal im Bistro-Stil bietet 110 Weinsorten aus Umbrien, der Toskana und Latium an. Man genießt die edlen Tropfen zu Käse und Wurst, die man in Olivenöl dippt. Erheben Sie Ihr Glas auf den wundervollen Duomo der Stadt.

ORVIETO: Charlie Pizzeria **€**
Pizza & Pasta **SK** B5
Via Loggia dei Mercanti, 14, 05018
0763 344 766
Das für seine guten Pizzas bekannte Lokal bietet auch selbst gemachte Pasta und herzhafte Fleischgerichte. Dazu gibt es eine Auswahl an regionalen Weinen und Biere von Kleinbrauereien. Die Böden der Pizzas bestehen aus Sauerteig. Für die Beläge werden frische Zutaten, etwa Waldpilze, verwendet. Das zentral gelegene Lokal ist bei Besuchern und Einheimischen gleichermaßen beliebt. Der hübsche Innenhof trägt dazu bei.

ORVIETO: Duca di Orvieto **€€**
Traditionell umbrisch **SK** B5
Via della Pace 5, 05018
0763 344 663 Mi, So
Das Lokal will die Esskultur Umbriens auf die Teller bringen und verwendet dazu alte Rezepte aus Orvieto. Probieren Sie die Zucchini mit Ricotta und anschließend Fettuccine mit Grappa und Gorgonzola.

Vis-à-Vis-Tipp

ORVIETO: I Sette Consoli **€€**
Traditionell umbrisch **SK** B5
Piazza Sant'Angelo 1a, 05018
076 334 3911
Mi, So abends
Im I Sette Consoli werden nur beste frische Zutaten (auch von außerhalb der Region) verarbeitet. Spezialitäten des Hauses sind *ravioli di anatra* (Ravioli mit Entenfleischfüllung), schottischer Lachs und Waldtaube in Marsalasauce. Man kann im hübschen Speisesaal im Landhausstil oder auf der überdachten Terrasse speisen. Im Weinkeller des Restaurants lagern über 800 Labels aus aller Welt und 100 verschiedene Spirituosen.

Weinkeller im Cottage-Stil – das I Sette Consoli bietet über 800 Labels

ORVIETO:
Le Grotte del Funaro €€
International **SK** B5
Via Ripa Serancia 41, 05018
0763 343 276
Das kellerartige Restaurant in der einstigen Werkstatt eines *funaro* (Seilers) aus dem 12. Jahrhundert serviert guten Rinderbraten mit Trüffeln und Steinpilzen sowie Wildgerichte. Hinzu kommen Fisch- und Pasta-Gerichte und Pizzas aus dem Holzkohlenofen. Sehr gute Weinkarte.

ORVIETO:
Trattoria del Moro Aronne €€
Traditionell umbrisch **SK** B5
Via San Leonardo 7, 05018
0763 342 763 Di
Die anziehende Trattoria liegt ganz in der Nähe des Duomo und bietet umbrische Hausmacherkost. Probieren Sie unbedingt *nidi di rondine, pecorino e miele caldo* (»Teignest« mit Pecorino und warmem Honig). Da das Lokal sehr populär ist, sollte man rechtzeitig reservieren.

ORVIETO: Altarocca €€€
Gourmet **SK** B5
Località Rocca Ripesena 62, 05010
0763 344 210
Das Restaurant des luxuriösen Resorts bietet edel gedeckte Tische und Terrassen mit Blick auf die Weinberge und Olivenhaine. Es ist für seine Gourmetqualität bekannt. Sehr gute Fischgerichte mit Fisch aus den Seen, Schmorbraten und grandiose Desserts.

Vis-à-Vis-Tipp

ORVIETO: La Badia €€€
Gourmet **SK** B5
Località Badia 8, 05019
0763 301959
Mo, Di mittags
Das romantische Restaurant in einer imposanten einstigen Abtei (6. Jh.) serviert die umbrischen Klassiker in Gourmetqualität. Alle Gerichte werden sehr schön arrangiert. Empfehlenswert: Tagliolini mit schwarzen Trüffeln und in Wacholder marinierte Fleischgerichte. Umfangreiche Weinkarte mit edlen italienischen Tropfen.

ORVIETO: Villa Ciconia €€€
Gourmet **SK** B6
Via dei Tigli 69, 05018
0763 305 582 Mi
Das Hotel-Restaurant in einem Palazzo aus dem 15. Jahrhundert liegt auf einem Gelände mit altem Baumbestand. Der ansehnliche Speisesaal mit Holzdecke besitzt eine riesige offene Feuerstelle. Sehen lassen kann sich auch die Speisekarte mit hochwertigen Fleisch- und Fischgerichten sowie Pizzas der gehobenen Art. Gut sortierter Weinkeller.

Das elegante Villa Ciconia in einem Palazzo aus dem 15. Jahrhundert

PORANO:
Il Boccone del Prete €€
Traditionell umbrisch **SK** B5
Via Eugenio Bellini 12, 05010
0763 374 772
Die Trattoria im Dorf Porano bei Orvieto serviert traditionelle Gerichte wie *zuppa di fave con finocchio* (Bohnensuppe mit Fenchel) und natürlich Strangozzi. Im Keller lagern über 300 Weinsorten. Der Speisesaal besteht aus einer Reihe von alten etruskischen Grotten. Es gibt auch einen Essbereich im Freien.

Vis-à-Vis-Tipp

PRECI: Al Porcello Felice €€
Pizza & Pasta **SK** E5
Frazione Castelvecchio, 06047
0743 939 005
Das Restaurant gehört zu einem *agriturismo* im umbrischen Hügelland. Für die Hausmacherkost werden Gemüse und Kräuter aus dem Garten verwendet. Öl und Obst kommen von den Oliven- und Obsthainen, das Fleisch stammt ebenfalls vom Hof. Alles hat hier Bio-Qualität. Gut sind die Pasta-Gerichte mit fantasievollen Saucen und die Pizzas. In der Hauptsaison sollte man vorab reservieren.

SAN GEMINI: Il Colle €€
Pizza & Pasta **SK** D6
Viale Garibaldi 6, 05029
0744 630 428
Auf der Terrasse des Lokals auf einem Hügel über San Gemini werden Pizzas mit Pfiff serviert, aber auch Fisch- und Fleischgerichte. Guter Weinkeller. Beliebt für Festveranstaltungen.

SCHEGGINO: Del Ponte €€
Fisch/Seafood **SK** E5
Via di Borgo 11, 06040
0743 612 53
Das Hotel-Restaurant bietet Spezialitäten aus der Valnerina an. Der Schwerpunkt liegt auf Fischgerichten, etwa Forelle in einer Mandelsauce (von Mandeln der Region). Zudem dreht sich in dem in dritter Generation geführten Lokal vieles um den *tartufo nero di Norcia*. Schwarze Trüffeln gibt es u.a. zur Tagliatelle oder als Crostini-Belag.

Vis-à-Vis-Tipp

SPELLO: Il Molino €€
Traditionell umbrisch **SK** D4
Hotel Palazzo Bocci, Piazza Giacomo Matteotti 6, 06038
0742 651305 Di
Das Restaurant des Hotels Palazzo Bocci liegt in einer beeindruckenden ehemaligen Olivenmühle (14. Jh.), die sorgfältig und unter Erhaltung der alten Strukturen renoviert wurde. Der romantische Ort zelebriert die umbrische Küche. Auf der Speisekarte dominieren Wild, Trüffel, Steinpilze, wilder Spargel und regionale Kräuter. Im Sommer ist ein Tisch auf der Terrasse bei den Gästen begehrt.

SPELLO: La Bastiglia €€€
Gourmet **SK** D4
Via Salnitraria 1, 06049
0742 651 823
Das elegante Hotel-Restaurant hat sich mit seiner modernen hochwertigen Küche und der exzellenten Weinauswahl einen Namen bei den Gourmets der Gegend gemacht. Das Lokal liegt in einer ehemaligen Mühle aus dem 17. Jahrhundert und ist voller Antiquitäten. Für die Gerichte wird das selbst produzierte Olivenöl verwendet.

Stilvolles Ambiente im Freien: Le Casaline in Spoleto

SPOLETO: Il Panciolle €
Traditionell umbrisch **SK** D5
Vicolo degli Ebri, Via del Duomo 3, 06049
0743 456 77
Die attraktive Trattoria besitzt eine schattige Terrasse mit Blick über die Stadt. Hier verfeinern Trüffeln die Gerichte – sowohl die Pasta als auch den Fisch. Probieren Sie die beliebten Linguine mit Paprikasauce.

SPOLETO: Al Palazzaccio da Piero €€
Traditionell umbrisch **SK** D5
Località Palazzaccio 33, Poreta, 06049
0743 520 168 ● Mo
Gnocchi al Sagrantino (in Sagrantino-Sauce) gehören zu den delikaten Gerichten auf der Speisekarte dieses familiengeführten Lokals. Es liegt in einem Steinhaus in Poreta, gleich außerhalb von Spoleto. Im Winter speist man bei prasselndem Kaminfeuer, im Sommer draußen auf der Terrasse.

SPOLETO: Il Capanno €€
Traditionell umbrisch **SK** D5
Località Torrecola 6, 06049
0743 541 19 ● Mo
Hier sitzt man im Garten unter alten Bäumen. Il Capanno serviert herzhafte Fleisch- und Wildgerichte. Auch eine Empfehlung wert: die hausgemachte Pasta mit Wildtauben-Sugo.

SPOLETO: Il Tartufo €€
Traditionell umbrisch **SK** D5
Piazza Garibaldi 24, 06049
0743 402 36 ● So abends; Mo
Il Tartufo wurde 1927 eröffnet und ist seither in Familienbesitz. Das Lokal liegt in einem denkmalgeschützten Haus mit römischen Überresten. Es ist bekannt für seine Gerichte mit schwarzen und weißen Trüffeln. Ein Traum: die mit Trüffeln und Käse gefüllten Zucchiniblüten.

Vis-à-Vis-Tipp

SPOLETO: Le Casaline €€
Traditionell umbrisch **SK** D5
Località Poreta di Spoleto, Frazione Casaline, 06142
0743 521 113 ● Mo
Cinghiale alla cacciatora (in Wein geschmortes Wildschwein) ist nur eines von vielen verführerischen Gerichten des eleganten Restaurants in einer einstigen Mühle (18. Jh.). Verwendet werden Gemüse und Olivenöl aus eigenem Anbau sowie Bio-Fleisch, etwa Lamm aus den Campello-Bergen. Fleisch wird über offenem Feuer gebraten. Pasta und Brot werden selbst hergestellt. Gute Auswahl an regionalen Weinen.

SPOLETO: Sabatini €€
Traditionell umbrisch **SK** D5
Corso Mazzini 54, 06049
0743 472 30 ● Mo
Das attraktive Sabatini ist für seine fantasievolle Präsentation umbrischer Gerichte bekannt. Besonders lecker sind die Strangozzi mit Trüffeln sowie die Ravioli mit Ricotta und Pistazien. Gute Weinauswahl.

Vis-à-Vis-Tipp

SPOLETO: San Lorenzo €€
International **SK** D5
Piazza Sordini 6, 06049
0743 221 847
Das Restaurant überzeugt mit seinem cremefarbenen Dekor mit orangen Akzenten, dem edlen Tischleinen und den in Top-Qualität zubereiteten umbrischen Gerichten. Lecker: *tagliata di angus ai lemoni di Sorrento* (Angus-Rind mit Sorrento-Limonen). Die Weinkarte listet über 300 Labels. Das Lokal liegt zentral, unweit der Kirche San Domenico.

SPOLETO: Trattoria del Festival €€
Pizza & Pasta **SK** D5
Via Brignone 8, 06049
0743 220 993
Die behagliche Trattoria befindet sich in einem Gebäude aus dem 16. Jahrhundert. Ihre Wände sind mit alten Fotos geschmückt, auf der Karte stehen Pizza, hausgemachte Pasta und viele Gerichte mit Trüffeln.

SPOLETO: Apollinare €€€
International **SK** D5
Via Santa Agata 14, 06049
0743 223 256 ● Di im Winter
Das Lokal in einem Gebäude, dessen Ursprünge bis in die Römerzeit zurückreichen, serviert regionale wie internationale Küche. Es gibt Probiermenüs. Edle Weine auf der Karte.

Vis-à-Vis-Tipp

SPOLETO: Il Tempio del Gusto €€€
International **SK** D5
Via Arco di Druso 9, 06049
0743 471 21 ● Do
Der »Gourmet-Tempel« steht auf Überresten, die 2000 Jahre alt sind. Im Keller, der noch älter sein soll, lagern Dutzende edler regionaler Weine sowie Sorten aller italienischen Regionen. Auf der fantasievollen Speisekarte des seit drei Generationen in einer Hand befindlichen Lokals stehen Gerichte wie Ravioli mit *fois gras* oder Äpfel und Trüffeln mit Kräutern. Hübsche Terrasse.

TERNI: Gelateria Gustoso €
Café-Patisserie **SK** D6
Via Mazzini 17, 05100
+39 392 627 3853
Die berühmte Gelateria liegt in der Nähe der Kirche San Francesco. Hier gibt es Eis in allen Geschmacksrichtungen, etwa Pistazien, Mandeln oder Ricotta mit Zimt. Einige Sorten sind auch laktosefrei.

TERNI: Lu Somaru €
Pizza & Pasta **SK** D6
Viale Cesare Battisti 106, 05100
0744 304 787
Die nette Pizzeria liegt zentral und ist für ihre guten Pizzas bekannt. Hier gibt es von Margherita bis zu San Domenico (mit Mozzarella) alle Belagvarianten.

TERNI: Oste della Mal'Ora €
Café & Patisserie **SK** D6
Via Tre Archi 5, 05100
0744 406 683 ● So
Das historische, gleichwohl hippe Café ist ein Treff der Einheimi-

schen. Zu essen gibt es pikante kleinere Gerichte, etwa Crostini mit Trüffeln und Suppen wie *vellutata di ceci* (Kichererbsensuppe).

TERNI: Pizzeria The Fox €
Pizza & Pasta **SK** D6
Piazza Briccialdi 2, 05100
☎ +39 339 189 0598
In der beliebten Pizzeria im Zentrum kann man auf der Terrasse speisen oder sein Essen mitnehmen. Das Lokal bietet 30 verschiedene Pizzas sowie einige Pasta-Gerichte.

TERNI: Trattoria da Carlino €
Traditionell umbrisch **SK** D6
Via Piemonte 1, 05100
☎ 0744 420 163
Das Lokal in Bahnhofsnähe ist bei den Einheimischen beliebt. Es gibt die üblichen umbrischen Gerichte von Crostini bis zu Tagliatelle mit Trüffeln.

TERNI: Osteria Garibaldi €€
Traditionell umbrisch **SK** D6
Via Garibaldi 27, 05100
☎ 0744 429 511
Hier genießen die Einheimischen authentische umbrische Küche. Neben der Speisekarte gibt es Tagesgerichte – je nach saisonalem Angebot.

TERNI:
Taverna di Porta Nova €€
Traditionell umbrisch **SK** D6
Via di Porta Nuova 1, Stroncone
☎ 0744 604 96
Das atmosphärische Restaurant liegt in einer einstigen Abtei in Stroncone. Spezialität des Hauses sind die *strangozzi alla montanara* (mit Gemüse und Chilis).

Vis-à-Vis-Tipp

TERNI: Il Ritratto €€€
Gourmet **SK** D6
Via Santa Croce 2, 05100 Terni
☎ 0744 422 966
● mittags, Mi abends, So
Das attraktive Restaurant im Zentrum ist stolz auf seine pikanten, schön präsentierten Gerichte. Auf der Karte stehen delikate Pasta-Variationen, über offenem Feuer gebratene Fleischgerichte und weitere umbrische Klassiker. Empfehlenswert: *scaloppine al limone* (Kalbsschnitzelchen). Fantastische Desserts und gute Weine.

TERNI: Lu Pilottu €€€
Fisch/Seafood **SK** D6
Strada delle Grazie 5, 05100
☎ 0744 274 412
● So abends, Mo

Der Schwerpunkt des familiengeführten Restaurants liegt auf Pasta, Fisch und Gebäck. Traumhaft: die Tonnarelli mit Seafood oder Wildschwein-Sugo.

TERNI: Nascostoposto €€€
International **SK** D6
Via di Portanuova 8, Stroncone
☎ 0744 608 309
● So abends; Mo
Das ultrahippe Dekor des Restaurants spiegelt sich in der zeitgenössisch akzentuierten Speisekarte wider. Lecker: Ravioli mit Muscheln und Seespargel (Queller) und Hummer mit Gazpacho.

TODI: Dige's Pizza €
Pizza & Pasta **SK** C5
Piazza Jacopone 7, 06059
☎ 075 894 2307 ● Mi
Ideal für einen schnellen Imbiss oder Essen zum Mitnehmen. Es gibt Pizzas und Focaccias mit verschiedenen Belägen, Paninis, Gebäck und viele Obstkuchen.

TODI: La Mulinella €
Traditionell umbrisch **SK** C5
Località Pontenaia 29, 06059
☎ 075 894 4779 ● So
Das Bauernhaus im schicken Landhausstil serviert frisches Brot aus dem Holzkohlenofen, hausgemachte Pasta und saftige Schmorbraten.

Vis-à-Vis-Tipp

TODI: Le Roi de la Crêpe €
Café-Patisserie **SK** C5
Corso Cavour 37, 06059
☎ 075 894 5297 ● Di
Hier werden Snacks auf Bestellung frisch zubereitet. Man kann sie an der Theke essen oder mitnehmen. Zur Wahl stehen süße und pikante Crêpes sowie Paninis und Hamburger. Es gibt auch Wein.

La Vecchia Posta in Trevi – mit einer guten Auswahl umbrischer Weine

TODI: Pizzeria Pozzo Beccaro €
Pizza & Pasta **SK** C5
Via Menecali Abdon 6, 06059
☎ 075 894 8473 ● Mi
Die Spezialität der beliebten Pizzeria ist *lingua di bue* (Ochsenzunge). Man findet sie überall, etwa in der Pasta oder auf Belägen für Pizzas.

TODI:
Antica Osteria della Valle €€
Traditionell umbrisch **SK** C5
Via Ciuffelli 19, 06059
☎ 075 894 4848 ● Mo
Die freundlich einladende Osteria liegt in der Nähe des Duomo und ist für ihre herzhaften, qualitativen Gerichte bekannt, insbesondere für die hausgemachte Pasta. Probieren Sie die Ravioli mit Trüffeln. Die Desserts des Hauses sind kleine Kunstwerke.

TODI: Pane e Vino €€
Traditionell umbrisch **SK** C5
Via Augusto Ciuffelli 33, Todi, 06059
☎ 075 894 5448 ● Mi
Als Antipasti gibt es hier großzügige Portionen an kaltem Aufschnitt, gefolgt von einem Pasta- und einem über offenem Feuer zubereiteten Fleischgericht, etwa *regina in porchetta* (Spanferkel). Nette Weinbar.

TODI: Ristorante Umbria €€
Traditionell umbrisch **SK** C5
Via San Bonaventura 13, 06059
☎ 075 894 2737 ● Di
Der 500 Jahre alte Herrensitz mit Balkendecken und schöner Ausstattung ist das Setting für dieses Restaurant. Von der Terrasse genießt man einen Panoramablick.

Vis-à-Vis-Tipp

TODI: Bramante €€€
Gourmet **SK** C5
Via Orvietana 48, 06059
☎ 075 894 8381
Das Restaurant des Hotels Bramante liegt in einem renovierten Kloster aus dem 12. Jahrhundert und besitzt eine riesige Terrasse. Die Karte listet nicht nur Gourmetgerichte, sondern bietet auch vegetarische, vegane und glutenfreie Optionen. Exzellenter Weinkeller.

TREVI: La Vecchia Posta €€
Traditionell umbrisch **SK** D5
Piazza Mazzini 14, 06039
☎ 0742 381 690 ● abends
Die nette familiengeführte Osteria serviert etwa mit Trüffeln gefüllte Cappelletti oder Wildschwein in Sagrantino-Sauce. Im La Vecchia Posta gibt es zudem exzellente umbrische Weine.

Shopping

Die kleinen Läden in den engen Straßen umbrischer Städte und die Werkstätten, die man in den Dörfern sieht, machen die Region zu einem Einkaufsparadies. Sie sollten allerdings Ihre Suche nicht nur auf antike Möbel, Keramiken oder Stoffe beschränken. Man findet auch Werkstätten, die neue und moderne Interpretationen uralter Handwerkskunst bieten, geschaffen von wahren Meistern ihrer Zunft. Ihr Ruf ist so gut, dass es in Umbrien viele Kunsthandwerksschulen gibt, die von Studenten aus der ganzen Welt besucht werden. Auf den täglichen oder wöchentlichen Märkten kann man neben allen möglichen Alltagsutensilien oft sehr gutes Kunsthandwerk finden. Die Läden sind im Allgemeinen vormittags von 9 bis 13 und nachmittags von 15 bis 20 Uhr geöffnet. In touristischen Zentren wie Perugia und Assisi haben die Geschäfte oft auch sonntags geöffnet.

Töpferladen in Deruta, das für seine Keramiken berühmt ist

Keramik

Die Töpferkunst ist eines der traditionsreichsten umbrischen Handwerke. Sie wurde schon von den Etruskern ausgeübt und im Mittelalter wiederbelebt. Die Keramiken aus Deruta zählen wegen ihrer hohen Qualität und der leuchtenden Farben zu den berühmtesten Umbriens. Die Entwicklung neuer Stile und Designs hat eine neue Generation von Keramikkünstlern hervorgebracht, deren Arbeiten man in Perugia, Orvieto, Deruta, Gubbio und Umbertide sehen kann.

Holz

Die Holzhandwerker Umbriens sind nicht bloß Schreiner oder Restauratoren. Umbrische Kunsttischler sind für ihre soliden, traditionellen Möbel bekannt, haben aber auch einige neue, ganz eigene Produktionen in Gang gesetzt, etwa den Holzmodellbau (Perugia), die Bildhauerei (Orvieto) und moderne Möbel (Assisi). Die meisten Tischlerwerkstätten sind bereit, individuelle Möbel für ihre Kunden herzustellen. Diese Einzelanfertigungen können allerdings sehr teuer sein.

Stoffe und Stickereien

Seit einigen Jahren kann man in Umbrien wieder handgewebte Stoffe erhalten, wobei Methoden und Muster zum Einsatz kommen, die bis ins Mittelalter zurückreichen. Teppiche, Tagesdecken sowie Tisch- und Bettwäsche mit einem antiken Touch sind mittlerweile in vielen umbrischen Läden zu finden. Eine andere berühmte Tradition ist der »punto Assisi«, Stickerei aus Assisi. Weniger verbreitet, aber ebenso kostbar sind die Tüllstickereien aus Panicale, südlich des Lago Trasimeno.

Am Handwebstuhl werden die typischen umbrischen Stoffe hergestellt

Antiquitäten

Traditioneller umbrischer Geschmack, Sinn für die Vergangenheit und wachsende Besucherzahlen haben zu einer Blüte von Antiquitätenläden und Galerien geführt. Gehandelt wird mit alten Büchern, Statuen, Möbeln, Schmuck, Teppichen und sogar mit Ikonen. Auch auf den Antiquitätenmessen, beispielsweise den Messen in Assisi, Todi und Perugia, findet man viele schöne Stücke.

Wein und Olivenöl

Die umbrischen Weingüter sind unterschiedlich groß, den kleinen Winzer gibt es neben industriellen Anlagen. Wein wird hier sehr ernst genommen, die Qualität umbrischer Weine ist den besten der Welt ebenbürtig. Viele Kellereien kann man besichtigen, die angebotenen Weine probieren und direkt kaufen. Eine Weinprobe, bei der oft auch Käse und Salami angeboten werden, kostet bisweilen Eintritt und muss vorab gebucht werden. Neben den traditionellen Weingenossenschaften kann man auch einige der berühmtesten Kellereien besichtigen, darunter Lungarotti in Torgiano, Antinori unweit Orvietos

Mehrwertsteuer in Italien: 22 Prozent, ermäßigt 10 bzw. 4 Prozent

und Decugnano dei Barbi nahe Corbara.

Die Produktion von Olivenöl ist eine altehrwürdige Tradition. Ein Gutteil des umbrischen Öls besitzt das Qualitätssiegel DOP (Denominazione di Origine Protetta – geschützte Herkunftsbezeichnung), das die Herkunft der Oliven und die Art der Pressung garantiert. Am besten kauft man das Öl direkt vor Ort bei den Ölpressen *(frantoi)*. Man sollte sie im November und Dezember besuchen. Dann kann man miterleben, wie aus den Oliven in wenigen Stunden Öl gemacht wird. Solche Öle vom Hersteller kosten mindestens doppelt so viel wie ein gängiges Olio extravergine im Laden.

Vor allem Trevi ist für hochwertiges Olivenöl bekannt. Das **Museo della Civiltà dell'Ulivo**, das hiesige Olivenölmuseum, lohnt einen Besuch. Trevi feiert zudem die Olivenernte im Herbst mit einem wunderbaren Fest, der Festa dell'Olio Nuovo.

Delikatessengeschäft in Norcia mit typischen regionalen Produkten

Delikatessen

Beliebte Mitbringsel aus Umbrien sind die traditionellen Erzeugnisse der Region. Vor allem Fleischwaren aus Norcia gehören zu den begehrtesten Delikatessen. Die Vielfalt an Würsten und Schinken, luftgetrocknet und frisch, ist beeindruckend. Gemüse in Öl oder Essig sind, wie hausgemachte Marmeladen, fast überall zu haben. Focaccia mit Käse (ein traditionelles Ostergebäck) ist in Südumbrien besonders gut, die umbrischen Schafmilchkäse, gereift oder frisch, sind ebenfalls von hervorragender Qualität.

Getreide und Gemüse sind weitere wichtige und beliebte umbrische Erzeugnisse und oft von Bio-Qualität. Suchen Sie nach Linsen aus Castelluccio, nach Dinkel *(farro)* und Saat-Platterbsen *(cicerchia)*.

Auf einen Blick

Kunsthandwerk

L'Antica Deruta (Keramik)
SS E45, Deruta.
W anticaderuta.com

Artigianato Ferro Artistico (Schmiedeeisen)
Via Baldassini 22, Gubbio.

Bottega del Legno di Gualverio Michelangeli (Holzarbeiten)
Via Michelangeli 3, Orvieto.
W mich.it

Ceramiche Artigianali (Keramik)
Via Storelli 42, Gualdo Tadino.

Ceramiche Rometti (Keramik)
Via Canavelle 5, Umbertide.

Duca di Montefeltro (Keramik)
Via dei Consoli 33, Gubbio.

La Fucina (Metallarbeiten)
Via dei Muratori, Orvieto.

Laboratorio Tela Umbra (Stoffe)
Via Sant'Antonio 3, Città di Castello.
W telaumbra.it

Mastri Cartai Editori (Papier)
Via dei Priori 77, Perugia.

Officina Libris (in Leder gebundene Bücher)
Via dei Consoli 39, Gubbio.

La Spola (Handwerk allgemein)
Via Garibaldi 66, Torgiano.

Tele Umbre (Teppiche)
Via Piccotti 1, Gubbio.

Tessuto Artistico Umbro (Stoffe)
Piazza del Comune 1, Montefalco.

Antiquitäten

Assisi Antiquariato
Centro Umbriafiere Bastia Umbria.
Ende Apr/Mai.
W assisiantiquariato.it

Rassegna Antiquaria
Rocca Paolina, Perugia.
Ende Okt/Anfang Nov.

Rassegna Antiquaria d'Italia
Palazzo Vignola, Todi.
Mitte – Ende Apr.

Delikatessen

L'Agricola Goretti
Strada Pino 4, Pila.

Bartolini (Steinpilze, Trüffeln, Öl etc.)
Via XX Settembre 33, Gubbio.

Bottega Barbanera
Piazza della Repubblica 34, Foligno.

Cantina Terre de' Trinci
Via Fiamenga 57, Foligno.

Fratelli Ansuini (Wurstwaren)
Viale della Stazione, Norcia.

Giò Arte e Vini (Wein)
Via Ruggero d'Andreotto 19, Perugia.

Macelleria Giulietti (Wurstwaren)
Corso Cavour 13, Città di Castello.

Pasticceria Muzzi (Kuchen und Kekse)
Via Roma 38, Foligno.

Pasticceria Sandri (Gebäck und Schokolade)
Corso Vannucci 32, Perugia.

La Spezieria Bavicchi (Gewürze)
Piazza Matteotti 37, Perugia.

Urbani Tartufi (Trüffeln)
SS Valnerina, 31,3 km, Santa Anatolia di Narco.

Souvenirs

Töpfer bei der Arbeit

Vielfältiges Kunsthandwerk, das aus der Tradition schöpft, aber dennoch offen für neue Ideen ist, findet man in Läden und in den Werkstätten. Da stehen alte Keramiken neben Werken heutiger Künstler wie Cagli und Leonardi. Antike Stoffe, liebevoll auf Handwebstühlen geschaffen, stapeln sich neben modischen Strickwaren aus umbrischen Fabriken. Auch die köstlichen Delikatessen der Region sind nicht zu übersehen – Salami natürlich, aber auch Eingemachtes, Linsen, schwarze Trüffeln und Schokolade. Sie machen es dem Gast leicht, etwas von Umbriens Aromen nach Hause mitzunehmen.

Keramik

Bei der Keramikproduktion, deren Zentrum Deruta ist, leben Techniken und Formen einer jahrhundertealten Tradition weiter. Interessanterweise haben seit einigen Jahren auch viele jüngere Künstler mit modernen Arbeiten Erfolg, die sie ihrer eigenen Fantasie und der Beschäftigung mit neuen Produktionsmethoden verdanken.

Pfeife aus Ficulle

Vasen und Krüge aus bemalter Keramik

Traditioneller Korb mit Deckel

Obstkorb

Körbe

Das Schilf, das um den Lago Trasimeno wächst, wird heute so geerntet wie schon vor Jahrhunderten. Aus dem robusten, aber flexiblen Material werden alle möglichen Dinge hergestellt. Körbe, Matten und Reusen für den Fischfang im See erhält man in Passignano, Castiglione del Lago und Tuoro.

Stoffe und Stickereien

In Perugia und einigen anderen Städten kann man noch Tischwäsche, Stoffe und Teppiche finden, die nach alter Art mit der Hand gewebt werden. Umbrische Stickereien und Spitzen (aus Assisi, Panicale und Orvieto) sind fast überall zu haben.

Detail eines alten Stoffs

Kaschmirwolle wird für hochwertige Kleidung verwandt. Die berühmteste Firma ist die von Brunello Cucinelli.

Ars panicalensis wird die Kunst der Tüllstickerei genannt, die in Panicale entstand und heute in ganz Umbrien praktiziert wird. Die Stücke sind so zart und fein wie Spitze.

Strickwaren

In Umbrien gibt es eine Reihe kleiner, aber engagierter Strickwarenfirmen, die Kleidung aus verschiedenen Wollarten herstellen. Kleidung aus Kaschmirwolle trägt sich besonders angenehm.

Buchbinderkunst

Die alten Gewerbe Buchhandel, Buchbinderei und Buchrestaurierung sind in Umbrien keineswegs ausgestorben. Exlibris, Tagebücher und Alben werden aus Papieren hergestellt, die Farben und Muster der Renaissance nachbilden, eine Tradition, die seinerzeit bei den Jüngern des hl. Franz ihren Anfang nahm.

Exlibris

Holz

Ein Mann namens Michelangeli begann in Orvieto, gute Holzarbeiten herzustellen. Jetzt gibt es hier einen kleinen, aber blühenden Handel mit Holzstatuen und -tieren für Haus und Garten. Plastiken aus Olivenholz finden inzwischen in Assisi reißenden Absatz.

In Handarbeit hergestelltes Holzflugzeug

Schweinswürste und Salami

Fleisch und Salami aus Norcia sind ganz hervorragend: Schinken (von Schwein oder Wildschwein), frische Würste, luftgetrocknete Schweinswürste, *capocollo* (Schweinenacken), Wildschweinsalami und viele andere Delikatessen. Gute Salamisorten kleiner Produzenten findet man überall in der Region.

Delikatessengeschäft voller Schinken, frischer Würste und Salami

Begehrte schwarze Trüffeln

Seltene weiße Trüffeln

Trüffeln

Die begehrte schwarze Trüffel *(tartufo nero)* wächst in der Valnerina, vor allem um Norcia herum, und wird von November bis März von Trüffelhunden aufgespürt. Die weiße Trüffel (von Oktober bis Dezember) ist selten und wesentlich teurer.

Schokolade und Süßigkeiten

Die Schokoladenproduktion begann Anfang des 20. Jahrhunderts in Perugia. Hier findet jeden Oktober ein Schokoladenfestival statt. Traditionelle Süßigkeiten erhält man in ganz Umbrien.

Perugina

Die Baci Perugina, einzeln eingepacktes Haselnusskonfekt, sind das beliebteste Erzeugnis einer 1907 gegründeten Firma. Sie begründeten eine neue Wertschätzung italienischer Süßigkeiten. *Baci* bedeutet Küsse, und jede Konfekthülle enthält in vier Sprachen ein kleines Zitat über die Liebe. Historische Perugina-Reklamen sind im Museo Storico in Perugia ausgestellt.

PERUGINA

GRUND-INFORMATIONEN

Praktische Hinweise

Neben der außergewöhnlichen Vielfalt an Landschaften, Museen und Orten von historischem und künstlerischem Interesse bietet Umbrien ein weites Spektrum an Dienstleistungen. Die Distanzen sind nicht groß, was die Region für Erkundungen ideal macht. Die Museen und Sammlungen sind in der Regel modern, gut geführt und leicht erreichbar (eine wachsende Anzahl hat mittlerweile Einrichtungen für Behinderte). Die Regionalbehörde Regione Umbria bietet über die verschiedenen Tourismusinformationen eine Vielzahl an Infos, Kartenmaterial und Veranstaltungskalendern an. Banken und medizinische Dienste sind überall in der Region verfügbar.

Mountainbiker in den Wäldern bei Gubbio

Reisezeit

Umbrien ist mit Natur und Kunst reich gesegnet. Wegen der traditionellen, kulturellen und religiösen Events kommen mittlerweile zwischen Mai und September immer mehr Besucher hierher. Besonders attraktiv ist ein Besuch im Mai/Juni oder September/Oktober, da es in den Sommermonaten sehr heiß werden kann. Im Winter, wenn in den Bergen Schnee fällt, sind die Temperaturen niedrig und die Winde kalt.

Einreise und Zoll

Italien wendet das Schengen-Abkommen an, Grenzkontrollen bei Bürgern der EU und der Schweiz werden nur noch gelegentlich durchgeführt. Dennoch muss man für die Einreise und für einen Aufenthalt bis zu drei Monaten einen Personalausweis oder Pass mitführen. Auch Kinder jeden Alters benötigen ein eigenes Reisedokument.

Waren für den persönlichen Bedarf sind zollfrei. Bargeldmengen über 10 000 Euro müssen deklariert werden. Für mitgebrachte Haustiere benötigen Sie einen EU-Heimtierausweis.

Fremdenverkehrsamt (APT)

Information

Die beiden Provinzen Umbriens – Perugia und Terni – haben jeweils ihre eigene **Azienda di Promozione Turistica (APT)**, die sich der Förderung des Fremdenverkehrs widmet. Ein *ufficio turistico* gibt es in vielen Orten. In zwölf umbrischen Städten (Amelia, Assisi, Cascia, Castiglione del Lago, Città di Castello, Foligno, Gubbio, Orvieto, Perugia, Spoleto, Terni, Todi) befinden sich **IAT**-Büros (Uffici Informazioni e di Accoglienza Turistica), in kleineren Orten oder Dörfern bieten bisweilen die Büros von Pro Loco Informationen.

In einigen Städten gibt es auch Spezialführungen. Zudem finden sich zahlreiche Vereine und Organisationen, die sich mit allen möglichen sportlichen Ereignissen und Aktivitäten befassen *(siehe S. 26f)*.

Für alle, die Fahrradferien oder Mountainbiketouren planen, hält Regione Umbria einen Prospekt mit dem Titel *Umbria in bicicletta* (»Umbrien per Fahrrad«) bereit.

Informagiovani der Comune di Perugia richtet sich an junge Menschen und bietet Infos zu Kulturevents, Musik, Sport, Naturschutz, Ferien, Arbeitsmöglichkeiten, Jugendverbänden und Freizeit an.

Öffnungszeiten

Die staatlichen Museen öffnen in der Regel von 9 bis 19 Uhr und sind montags und am Sonntagnachmittag geschlossen. Die Winteröffnungszeiten sind meist kürzer. Städtische Museen sind variabler, allerdings oft über Mittag geschlossen. Blitzlicht und Stativ sind in den meisten Museen verboten.

Die Öffnungszeiten von Kirchen sind unterschiedlich, viele schließen zwischen 12 und 15 oder 16 Uhr. Achten Sie in Kirchen auf angemessene Kleidung. Während Gottesdiensten sollten Sie von Besichtigungen Abstand nehmen. Bei besonderen Kirchenfesten kann eine Besichtigung ganz untersagt werden.

Post

Die italienische Post (Poste Italiane S.p.A.) ist ist nach wie vor hauptsächlich staatlich (Infos auf www.poste.it). Postämter gibt es in fast allen Orten. Die Hauptpostämter haben im Allgemeinen montags bis samstags von 8.30 bis 19.30 Uhr ge-

Logo der Telecom Italia

◄ **Blick auf den Piano Grande beim Monte Palazzo Borghese, Nationalpark Monti Sibillini** *(siehe S. 112f)*

Nützliche Nummern

- Beim Anruf einer Nummer innerhalb Italiens muss die drei- bzw. vierstellige Vorwahlnummer (inklusive der Anfangsnull) grundsätzlich mitgewählt werden, dies gilt auch für Ortsgespräche.
- Internationale Vorwahlnummer bei Anrufen *nach* Italien: 00 39.
  Nach Deutschland: 00 49.
  In die Schweiz: 00 41.
  Nach Liechtenstein: 00 423.
  Nach Österreich: 00 43.
- Telefonauskunft Inland: 12.
- Telefonauskunft Ausland: 176.
- Deutschland Direkt: 800 172 490.

öffnet. Kleinere Postämter öffnen dagegen oft nur vormittags von 8.30 bis 13.30 Uhr, samstags und am letzten Tag des Monats schließen sie um 12 Uhr mittags. Hauptpostämter bieten auch einen Service für postlagernde Sendungen *(fermo posta)*.

Briefmarken *(francobolli)* für Postkarten und Standardbriefe bekommt man auf Postämtern und in Tabakläden *(tabacchi)*.

Ein Brief à 20 Gramm ins europäische Ausland *(nur noch als posta prioritaria)* kostet derzeit 0,95 Euro Porto, die Zustellung dauert etwa drei Tage. Die italienischen Briefkästen sind meist rot und haben zwei Schlitze: *per la città* (lokale Post) und *tutte le altre destinazioni* (alle anderen Bestimmungsorte). Teilweise finden sich daneben blaue Briefkästen für *posta prioritaria*.

Öffentliche und Mobiltelefone

Die Zahl der öffentlichen Telefone ist stark zurückgegangen. Sie funktionieren fast nur noch mit Telefonkarten *(schede telefoniche)*, die in Internet-Cafés, Tabakläden und an Kiosken erhältlich sind. Mit einer internationalen Telefonkarte *(scheda telefonica internazionale)* kann man günstig internationale Gespräche führen.

Mobiltelefonierer haben in Italien fast überall beste Netzversorgung. Dies gilt für alle Mobiltelefone und Smartphones. Seit 2007 begrenzt die EU die Roaming-Gebühren in ihren Mitgliedsstaaten kontinuierlich. Die Gebühren sollen 2016 teilweise entfallen (aktuelle Infos finden Sie auf www.eu-verbraucher.de).

Mehrwertsteuer

Die Mehrwertsteuer (IVA) beträgt 22 Prozent, ermäßigt 10 bzw. 4 Prozent. Nicht-EU-Bürger können bei einem Einkauf von über 155 Euro die Mehrwertsteuer zurückerhalten.

Studenten

Mit einem internationalen Studentenausweis (ISIC) kann man Ermäßigungen auf Tickets für viele Museen und Sehenswürdigkeiten erhalten. Zu Reiseermäßigungen erteilt jedes **Centro Turistico Studentesco (CTS)** Auskunft.

Strom

Die Wechselspannung in Italien beträgt wie überall in Europa 230 Volt/50 Hz. Zweipolige flache Stecker passen überall.

Auf einen Blick

Italienische Fremdenverkehrsämter im Ausland

ENIT Deutschland
Barckhausstraße 10, 60325 Frankfurt am Main.
☎ + 49 69 23 74 34.
W **enit-italia.de**

ENIT Österreich
Mariahilfer Straße 1b, 1060 Wien.
☎ +43 1 50 51 63 014.

Tourismusbüros in Umbrien

Agenzia di Promozione Turistica dell'Umbria (APT)
Via Mazzini 21, Perugia.
☎ 075 575 951.
W **lamiaumbria.it**

IAT di Assisi
Piazza del Comune 22, Assisi. ☎ 075 813 8680.
W **regionumbria.eu**

IAT di Orvieto
Piazza Duomo 24, Orvieto.
☎ 0763 341 772.

IAT di Perugia
Piazza Matteotti 18, Perugia. ☎ 075 573 6458.

IAT di Spoleto
Piazza della Libertà 7, Spoleto. ☎ 0743 218 621.

Lago Trasimeno
☎ 075 965 2484.
W **visitlagotrasimeno.it**

Spezielle Informationen

Associazione Guide Turistiche
Via Dono Doni 18b, Assisi.
☎ 075 815 228.
W **assoguide.it**

Centro Turistico Studentesco (CTS)
Viale Sempione 6, Città di Castello.
☎ 075 855 3353.
W **cts.it**

Informagiovani
Piazza del Melo, Perugia.
☎ 075 577 2496.
W **comune.perugia.it/informagiovani**

Botschaften in Italien

Deutschland
Via San Martino della Battaglia 4, 00185 Roma.
☎ +39 06 49 21 32 08.
W **rom.diplo.de**

Österreich
Via Pergolesi 3, 00198 Roma.
☎ +39 06 84 40 14-1.
W **bmeia.gv.at/botschaft/rom.html**

Schweiz
Via Barnaba Oriani 61, 00197 Roma.
☎ +39 06 809 571.
W **eda.admin.ch/roma**

Websites

Regione Umbria
W **regioneumbria.eu**
W **italia.it**
W **bellaumbria.net**

Notrufnummern

Euro-Notruf
☎ 112.

Polizei
☎ 112 oder 113.

Carabinieri
☎ 112.

Feuerwehr
☎ 112 oder 115.

Pannendienst
☎ 116.

Notarzt
☎ 112 oder 118.

Krankenhaus
Via Bonacci Brunamonti 51, Perugia.
☎ 075 57 81.

Sicherheit und Gesundheit

Umbrien ist eine der sichersten und ruhigsten italienischen Regionen. Doch es gelten auch hier die Sicherheitsvorkehrungen, die auf Reisen üblich sind. Die medizinische Versorgung in den Städten ist gut.

Polizeiauto, das als Geländewagen ausgerüstet ist

Fahrzeug der Feuerwehr für kleinere Einsätze

Krankenhäuser und Apotheken

Apothekenzeichen

Apotheken haben montags bis freitags von 9 bis 13 Uhr und von 16 bis 20 Uhr geöffnet, samstags nur vormittags. Jede umbrische Stadt hat ein Krankenhaus. In Notfällen gehen Sie zum *pronto soccorso* (Notaufnahme), oder Sie rufen telefonisch Hilfe. Bürger der EU haben in Italien Anspruch auf kostenlose medizinische Behandlung mit der Europäischen Krankenversicherungskarte (EHIC) der gesetzlichen Krankenversicherung.

Polizei

In Italien ist die Polizei in *Carabinieri* und *Polizia* unterteilt, in Städten gibt es zudem die städtische Polizei einschließlich der Verkehrspolizei *(vigili urbani)*. Die Verkehrspolizei ist auch für kleinere Angelegenheiten zuständig, kann Auskünfte geben und in Notfällen tätig werden. Alle Polizisten tragen im Winter dunkle und im Sommer helle Uniformen, auf deren Tasche das Stadtwappen zu sehen ist. *Carabinieri* sind für die öffentliche Ordnung verantwortlich. Sie tragen schwarze Hosen mit einem roten Streifen an der Seite und einen weißen Gurt quer über den Oberkörper. Sie patrouillieren oft auf den Straßen. Die *Polizia* hat weit reichende Pflichten und ist für Ermittlungen zuständig. Ihre Uniform ist blau mit weißem Gürtel und Helm. Einen Diebstahl oder ein anderes ernstes Problem melden Sie dem nächsten Polizeirevier oder telefonisch unter 112.

Carabinieri **in der typischen Uniform mit roten Längsstreifen**

Städtischer Polizist

Feuerwehr

Einer so waldreichen Region wie Umbrien droht ständig die Gefahr von Bränden, auch wenn das recht feuchte Klima und die wenigen Winde ihre Ausbreitung nicht fördern. Beachten Sie bitte, vor allem wenn Sie ein Picknick planen, die üblichen Brandschutzvorschriften: Kein Feuer außerhalb der gekennzeichneten Areale, Zigaretten müssen vollständig gelöscht sein, ehe man sie wegwirft.

Überall in der Region gibt es Feuerwehrstationen, Löschzüge reagieren schnell auf Alarm. Die Feuerwehr ist auch für andere Notfälle zuständig (Notrufnummern *siehe S. 175*).

Persönliche Sicherheit

Gesunder Menschenverstand ist immer wichtig. Tragen Sie nicht viel Bargeld mit sich herum, und lassen Sie Wertsachen möglichst im Hotelsafe. Taschendiebe lieben das Gedränge auf Bahnhöfen, bei Sehenswürdigkeiten und auf Plätzen. Schließen Sie Ihr Auto ab, und lassen Sie darin nichts Wertvolles sichtbar liegen.

Auch der Abschluss einer guten Reiseversicherung ist ratsam. Fertigen Sie Fotokopien Ihrer Ausweise an, im Fall eines Diebstahls geht dann die Wiederbeschaffung schneller.

In Umbrien gibt es weder in der Stadt noch auf dem Land Gegenden, die man meiden sollte. Abends und selbst spät nachts kann man in den Städten ohne Gefahr spazieren gehen. Allein reisende Frauen haben hier keine Unannehmlichkeiten zu erwarten.

Banken und Währung

Seit Einführung des Euro entfällt für viele europäische Besucher ein Geldumtausch. Mit Kredit- oder Debitkarte kann man fast überall bezahlen. Wer Geld wechseln muss, bekommt bei Banken die besseren Kurse.

Geldautomat – hier gibt es Bares

Banken

Banken haben in der Regel montags bis freitags von 8.30 bis 13.30 Uhr und von 15 bis 16 Uhr geöffnet – das kann von Ort zu Ort variieren. Am Tag vor einem Feiertag schließen sie oft früh. Die Öffnungszeiten von Wechselstuben sind variabler, die Kurse jedoch schlechter als bei Banken.

In fast allen Orten gibt es Bargeldautomaten *(bancomat)*, bei denen Sie mit Ihrer Kredit- oder Debitkarte und einer PIN-Nummer Geld erhalten.

Kredit- und Debitkarten

In Umbrien akzeptieren die meisten Läden **MasterCard** und **Visa**. **American Express** und **Diners Club** sind etwas weniger verbreitet. Auch die **girocard** (V-Pay- oder Maestro-Logo) können Sie meist problemlos benutzen. Einige Restaurants und Cafés akzeptieren Kreditkartenzahlung erst ab einem bestimmten Mindestbetrag. Bei Verlust einer Kreditkarte oder der girocard müssen Sie diese unverzüglich sperren lassen *(siehe Kasten oben)*.

Logo der Banca dell'Umbria

Währung

Italiens Währung ist der Euro (€). Die europäische Gemeinschaftswährung gilt in 19 EU-Staaten: Belgien, Deutschland, Estland, Finnland, Frankreich, Griechenland, Irland, Italien, Lettland, Litauen, Luxemburg, Malta, Niederlande, Österreich, Portugal, Slowakei, Slowenien, Spanien und Republik Zypern. Alte italienische Lira-Scheine und -Münzen sind ungültig.

Die Euro-Scheine sind einheitlich gestaltet, bei den Münzen prägt jedes Land eigene Rückseiten.

Kartenverlust

Allgem. Notrufnummer
0049 116 116.
116116.eu

American Express
0049 69 97 97 20 00.

Diners Club
800 39 39 39.

MasterCard
800 87 08 66.

Visa
800 81 90 14.

girocard
0049 69 740 987.

Euro-Banknoten und -Münzen

Die Banknoten wurden vom Österreicher Robert Kalina (1. Serie ab 2002) und dem Deutschen Reinhold Gerstetter (2. Serie ab 2013) entworfen und zeigen Architekturelemente und Baustile, Europakarte und EU-Flagge. Die einheitlichen Vorderseiten der Münzen entwarf der Belgier Luc Luycx.

5-Euro-Schein
(Baustil: Klassik)

10-Euro-Schein
(Baustil: Romanik)

Alter 20-Euro-Schein
(Baustil: Gotik)

50-Euro-Schein
(Baustil: Renaissance)

100-Euro-Schein
(Baustil: Barock & Rokoko)

200-Euro-Schein
(Eisen- und Glasarchitektur)

500-Euro-Schein (Moderne Architektur des 20. Jh.)

2-Euro-Münze

1-Euro-Münze

50-Cent-Münze

20-Cent-Münze

10-Cent-Münze

50-Cent-Münze

2-Cent-Münze

1-Cent-Münze

Reiseinformationen

Umbrien liegt geografisch in der Mitte Italiens. Trotz der hügeligen Landschaft und der Berge des Apennin ist die Straßen- und Schieneninfrastruktur gut. Dies und die vergleichsweise geringe Ausdehnung der Region machen es leicht und unkompliziert, von einem Ort zum anderen zu kommen. Straßenschilder und Touristenhinweise sind hilfreich und auf dem neuesten Stand. In Städten kann Autofahren und Parken schwierig werden, doch es gibt viele Busse und Taxis. Die meisten Orte sind klein genug, um mühelos zu Fuß erkundet zu werden. Das Eisenbahnnetz ist nicht sehr verzweigt, es gibt jedoch viele zuverlässige Buslinien dort, wo keine Züge verkehren. Schnelle und sichere Fähren verbinden die Dörfer um den Lago Trasimeno sowie die Inseln im See miteinander.

Ein Mietwagen ist praktisch und bequem für eine Fahrt durch Umbrien

Mit dem Flugzeug

Der **Aeroporto Internazionale dell'Umbria – Perugia »San Francesco d'Assisi«** in Sant'Egidio liegt zwölf Kilometer sowohl von Perugia als auch von Assisi entfernt. Hier landen Maschinen der Alitalia aus Mailand Malpensa und Rom, einige Charterflüge sowie Ryanair. Seit Mai 2015 fliegt Lufthansa von München nach Perugia. Busse vom Flughafen ins Stadtzentrum stehen bei der Ankunft jedes Linienflugs bereit. Am Flughafen findet man auch Taxis, desgleichen Mietwagen. Die großen Firmen bieten Flug-Mietwagen-Arrangements an.

Man kann auch nach Rom, Ancona oder Pisa fliegen und von dort mit dem Zug oder Auto weiterfahren. Von Rom nach Perugia dauert die Autofahrt etwa zwei Stunden.

Mit dem Auto

Die Autostrada del Sole (A1) von Mailand über Florenz streift Umbrien an der Grenze zur Toskana und führt weiter nach Rom. Ab der Ausfahrt Val di Chiana verläuft die SS75bis in östlicher Richtung nach Perugia. Andere nützliche Ausfahrten sind Chiusi Chianciano, Orvieto und Orte, von wo eine Schnellstraße nach Terni führt und in die Via Flaminia mündet. Diese verläuft von Norden nach Süden und ist die wichtigste Staatsstraße Umbriens. Der Zustand der Straßen ist gut, nur im Apennin ist das Fahren schwieriger. Mit dem Auto erkundet man Umbrien am besten, so gelangt man in die entlegensten Dörfer und kann zudem mehr von der Landschaft genießen.

Mietwagen sind teuer und sollten vorab gebucht werden. Fahrer müssen über 21 Jahre alt sein und mindestens seit einem Jahr den Führerschein haben. Nicht-EU-Bürger brauchen einen internationalen Führerschein. Autobahnen *(autostrade)* kosten Maut. Tankstellen können über Mittag geschlossen sein und haben selten spät geöffnet. Das Mitführen einer Warnweste ist obligatorisch.

Mit dem Zug

In Umbrien verkehren zwei Eisenbahnlinien: die staatliche **Ferrovie dello Stato (FS)** und die private **Ferrovia Centrale Umbra (FCU)**. FS operiert auf den Hauptstrecken, die Bahnhöfe verkaufen auch keine FCU-Tickets.

Auf der FS-Strecke Mailand – Rom hat man Halt in Orte, Orvieto und dem Knotenpunkt Terontola. Von hier führt eine weitere FS-Strecke nach Perugia und Foligno mit Halt in einigen Orten am Lago Trasimeno – dicht an Assisi vorbei. Zwei Eurostar-Züge und vier Regionalzüge fahren täglich direkt von Rom nach Perugia. Weitere Strecken verbinden Florenz mit Perugia sowie Rom mit Ancona (mit Halt in Terni, Foligno, Spoleto und Orte).

Die FCU-Strecke Terni – Perugia führt nach Todi und weiter nach Città di Castello und Sansepolcro (Toskana). Perugia besitzt zwei Bahnhöfe: Sant'Anna (nur FCU-Züge) und San Giovanni (FCU- und FS-Züge).

Man sollte immer bedenken, dass Bahnhöfe im hügeligen Umbrien in einiger Entfernung von dem Ort liegen können, nach dem sie benannt sind.

Tickets kauft man am besten vor der Abfahrt. Stempeln Sie

Ein Zug der staatlichen Eisenbahn Ferrovie dello Stato

diese vor Abfahrt in den Entwertern an den Bahnsteigen. Geldbußen bei Nichtbeachtung sind recht hoch. Überprüfen Sie stets, ob der Zug auch dort hält, wo Sie hinwollen: InterCity- und Eurostar-Züge halten nur in größeren Orten. Bei vielen InterCity- und allen Eurostar-Zügen ist Sitzplatzreservierung obligatorisch.

Italiens Bahnpreise gehören immer noch zu den niedrigsten Europas, erkundigen Sie sich jedoch auch nach günstigen Bahnpässen (z. B. Interrail). Bei **Umbria Mobilità** erhalten Sie Infos zu Zügen und Bussen.

Mit dem Bus

Busreisen können mitunter schneller als Zugreisen sein. Perugia ist das Zentrum vieler Busdienste, die die Stadt mit mehreren italienischen Großstädten verbinden – mit Stopps in verschiedenen umbrischen Städten. Einmal täglich fährt ein Bus von Roma Tiburtina, dem Hauptbusbahnhof Roms, über Todi, Assisi und Deruta nach Perugia. Täglich verkehren zudem Busse zwischen Rom und Gubbio, Città di Castello und Norcia. Auch von Florenz kommt man mit dem Bus nach Perugia. Viele Busse stoppen in Città di Castello (via Arezzo).

Busse von Perugia nach Assisi fahren sechs- oder siebenmal täglich, nach Todi fünfmal und nach Gubbio zehnmal pro Tag. An den Wochenenden, vor allem sonntags, fahren weniger Busse. Beachten Sie die Unterschiede zwischen Sommer- und Winterfahrplan.

Stadtbusse

Die Azienda Perugina di Mobilità betreibt Buslinien in Perugia und in die Vororte der Stadt, darunter auch Verbindungen zwischen Bahnhof und Busbahnhof. Die Fahrkarten gelten je nach Strecke unterschiedlich lange, die Preise variieren entsprechend. Busfahrkarten bekommt man an Zeitungskiosken und in *tabacchi*. Es gibt auch Pässe, darunter Touristentickets, die 24 oder 48 Stunden lang gelten.

In Assisi verbinden regelmäßig verkehrende Busse den fünf Kilometer entfernten Bahnhof in Santa Maria degli Angeli mit dem Zentrum. Auch in Todi verkehrt ein Bus zwischen Bahnhof und Stadt. In Terni fahren die Busse der **Azienda Trasporti Pubblici (ATC)**. Sie verkehren bis zur Cascata delle Marmore.

Fähren-Logo

Taxis

Besteigen Sie ein Taxi nur an einem Taxistand, oder bestellen Sie eines telefonisch. In letzterem Fall läuft die Uhr ab Ihrem Anruf. Extra berechnet werden die Gepäckstücke im Kofferraum, Fahrten bei Nacht, sonn- und feiertags sowie Fahrten zum Flughafen (der Preis sollte vorab vereinbart werden).

Fähren

Auf dem Lago Trasimeno verbinden Fähren Castiglione del Lago mit den Inseln Isola Polvese, Isola Maggiore und Isola Minore sowie mit Tuoro sul Trasimeno und Passignano sul Trasimeno.

Eine der Fähren, die Inseln und Orte des Lago Trasimeno verbinden

Auf einen Blick

Flughafen

Flughafen Perugia
Aeroporto Internazionale dell'Umbria – Perugia »San Francesco d'Assisi«.
☎ 075 592 141.
W **airport.umbria.it**

Pannendienst

ADAC
☎ +49 89 22 22 22.
W **adac.de**

Züge

Umbria Mobilità
☎ 075 963 7637.
W **umbriamobilita.it**

Ferrovia Centrale Umbra (FCU)
☎ 075 963 7637.
W **umbriamobilita.it**

Ferrovie dello Stato (FS)
☎ 892 021. W **trenitalia.com**

Interrail
☎ 0180 6 99 66 33.
W **bahn.de**

Busse

Società Umbro Laziale Gestione Autolinee
☎ 075 500 9641. W **sulga.it**

Nahverkehr

ATC Terni
☎ 0744 492 711. W **atcterni.it**

Umbria Mobilità
☎ 075 963 7637.
W **umbriamobilita.it**.

Mietwagen

Avis (Perugia)
☎ 075 500 0395. W **avis.com**

Europcar (Perugia)
☎ 075 501 8115. W **europcar.it**

Hertz (Perugia)
☎ 075 592 8115. W **hertz.com**

Taxis

Assisi	☎ 075 813 100.
Foligno	☎ 0742 344 280.
Orvieto	☎ 0763 301 903.
Perugia	☎ 075 500 4888.
Spoleto	☎ 0743 220 489.
Terni	☎ 0744 425 768.
Todi	☎ 075 894 2525.

Textregister

Seitenzahlen in **Fettdruck** beziehen sich auf Haupteinträge.

A

B

C

D

E

F

L

N

O

P

Q

R

Danksagung und Bildnachweis

Dorling Kindersley bedankt sich bei allen Personen und Institutionen, durch deren Arbeit und Unterstützung dieses Buch möglich wurde.

Besonderer Dank
Unser besonderer Dank geht an Archivio Electa-Milano, Assessorato del Turismo Regione Umbria, APT di Perugia, APT di Assisi, APT di Foligno, APT di Spoleto, Consorzio del Parco del Lago Trasimeno, Consorzio del Parco del Monte Cucco, Ente Parco dei Monti Sibillini, Guido Stecchi für Hilfe bei den Seiten 154f und an alle Firmen, die mit ihren Produkten einen Beitrag geleistet haben.

Fotografie
Ghigo Roli (Modena)

Übersetzung
Fiona Wild

Redaktion
Emily Hatchwell

Weitere Mitarbeit
Ashwin Raju Adimari, Beverley Ager, Marta Bescos Sanchez, Uma Bhattacharya, Gadi Farfour, Anna Freiberger, Carole French, Vinod Harish, Mohammad Hassan, Jasneet Kaur, Vincent Kurien, Sarah Lane, Leonie Loudon, Tanya Mahendru, Sam Merrell, Rebecca Milner, Deepak Mittal, Helen Partington, Sangita Patel, Gillian Price, Rada Radojicic, Ellen Root, Sands Publishing Solutions, Collette Sadler, Azeem Siddiqui, Ellie Smith, Susana Smith, Nikky Tywman, Conrad Van Dyk, Vinita Venugopal.

Ergänzende Fotografie
John Heseltine, Ian O'Leary, Helena Smith, Christine Webb, Kate Whitaker.

Fotografiererlaubnis
Dorling Kindersley hat sich bemüht, alle Urheber von Fotos ausfindig zu machen. Sollte uns das in einigen Fällen nicht gelungen sein, bitten wir dies zu entschuldigen und uns zu benachrichtigen. In der nächsten Auflage werden wir versäumte Nennungen nachholen.

Bildnachweis
o = oben, u = unten, m = Mitte, r = rechts, l = links, (d) = Detail.

Alamy Images: Bildagentur-online/Moreno 14o; Tibor Bognar 1m; Cubo Images srl/Enrico Caracciolo 155m; Domenico Farone 100; Norma Joseph 154ml, 155ol; Chuck Pefley 15om; Unlisted Images, Inc. 11ur; Christine Webb 13mr.
Fabrizio Ardito (Rom): 20ol, 37ul, 65ol, 65mr, 73om, 75or, 90ur, 93mlu, 96or, 96ul, 135mr, 138ml, 139om, 141mr.
The Art Archive: Galleria Nazionale dell'Umbria Perugia/Dagli Orti 92or; Palazzo Trinci Foligno/Dagli Orti 106m.
AWL Images: Peter Adams 2–3, Francesco Lacobelli 18.

Adriano Bacchella (Mailand): 20ml.
Bosone Garden: 158or.
The Bridgeman Art Library: Galleria Nazionale dell'Umbria, Perugia: *Madonna col Bambino e Angeli*, Polyptychon des hl. Antonius, Guidalotti-Polyptychon (aus San Domenico) 92ml.

David Capasso (Modena): 46ul, 107ml, 108ol, 109mr.
Corbis: Elio Ciol 21u, Paul Harcourt Davies 172–173, JAI/Peter Adams 144–145.

Dreamstime.com: Eugene Bochkarev 163ur, Claudio Giovanni Colombo 11mru, Steven Corton 12ul, Deniskelly 12om, Flaviano Fabrizi 15ur, Gkuna 10um, Milla74 11ol, minnystock 13o, Patronestaff 10ml, Stevanzz 50–51.

Ferrovie dello Stato: 178ur.
Fondazione Festival dei Due Mondi: 49um.
Giovanni Francesio (Mantua): 59mlo, 59mr, 60 (alle), 61 (alle), 67um, 67ur, 68 (alle), 69 (alle), 70or, 70ul, 71ol, 71mr, 71u, 86m, 86ur, 87ml, 87mto, 98 (alle).

Getty Images: DEA / J. Ciganovic 128–129; Photodisc/Buena Vista Images 49mu.

I Sette Consoli: 164ur.

Tim Jepson: 19u.

L'Antico Forziere: 156ul.
L'Orto degli Angeli: 151um.
La Costa: 159ur.
La Locanda del Cardinale: 157or.
La Vecchia Posta: 167um.
Le Casaline: 166ol.
Le Tre Vaselle: 150ol, 161ol.

Marco Mandibola (Mailand): 55u, 65um, 82m, 104ul, 106ol, 109ul, 134u.
Guido Mannucci (Florenz): 37mr, 95mlu.
Marka (Mailand): D. Donadoni 153ur, R. Gropozzo 153ol.

Peter Noble: 176u.

Ottavius: 162or.

Relais Il: 149or.
Ristorante Le Mura: 152m.
Robert Harding Picture Library: T. Gervis 20ur.

Anna Serrano (Rom): 22or, 22mru, 23ul, 36mr.
Guido Stecchi (Mailand): 154mro, 154ul.
SuperStock: Tips Images 54.

Hotel Vannucci: 148ur.
Villa Ciconia: 165or.

Vordere Umschlaginnenseiten: **Alamy Images:** Domenico Farone ul; **SuperStock:** Tips Images or.

Umschlag
Vorderseite: **Photolibrary Travel:** Photolibrary trav-00000782-001 (Hauptbild).
Buchrücken: **Photolibrary Travel:** Photolibrary trav-00000782-001 o.

Sprachführer Italienisch

Notfälle

Hilfe!	**Aiuto!**	[a'iu:to]
Stopp!	**Fermate!**	[fer'ma:te]
Rufen Sie einen Arzt!	**Chiami un medico!**	['kia:mi un 'mɛ:diko]
Rufen Sie einen Krankenwagen!	**Chiami un ambulanza!**	['kia:mi un ambu'lantsa]
Rufen Sie die Polizei!	**Chiami la policia!**	['kia:mi la polit'tsi:a]
Rufen Sie die Feuerwehr!	**Chiami i pompieri!**	['kia:mi i pom'piɛ:ri]
Wo ist das Telefon?	**Dov'è il telefono?**	['do:vɛ il te'lɛ:fono]
Wo ist das Krankenhaus?	**Dov'è l'ospedale?**	['do:vɛ lospe'da:le]

Grundwortschatz

Ja/Nein	**Si/No**	[si/nɔ]
Bitte	**Per favore**	[per fa'vo:re]
Danke	**Grazie**	['grattsie]
Entschuldigung!	**Mi scusi!**	[mi 'sku:zi]
Guten Tag	**Buon giorno**	[buɔn 'dʒorno]
Auf Wiedersehen	**Arrivederci**	[arrive'dertʃi]
Guten Abend	**Buona sera**	[buona 'se:ra]
Vormittag	**la mattina**	[mat'ti:na]
Nachmittag	**il pomeriggio**	[pome'riddʒo]
Abend	**la sera**	['se:ra]
gestern	**ieri**	['iɛ:ri]
heute	**oggi**	['ɔddʒi]
morgen	**domani**	[do'ma:ni]
hier	**qui**	[kui]
dort	**la**	[la]
Welche ...?	**Quale ...?**	['kua:le]
Wann?	**Quando?**	['kuando]
Warum?	**Perchè?**	[per'ke]
Wo?	**Dove?**	['do:ve]

Nützliche Redewendungen

Wie geht es?	**Come sta?**	['co:me sta]
Sehr gut, danke.	**Molto bene, grazie.**	['molto 'bɛ:ne, 'grattsie]
Freut mich, Sie kennenzulernen.	**Piacere di conoscerla.**	[pia'tʃe:re di ko'noʃʃerla]
Bis bald.	**A più tardi.**	[a piu 'tardi]
In Ordnung.	**Va bene.**	[va 'bɛ:ne]
Wo ist/Wo sind ...?	**Dov'è/ Dove sono ...?**	['do:vɛ/ 'do:ve 'so:no]
Sprechen Sie Deutsch?	**Parla tedesco?**	['parla te'desko]
Ich verstehe nicht.	**Non capisco.**	[non ka'pisko]
Tut mir leid!	**Mi dispiace!**	[mi dis'piatʃe]

Nützliche Wörter

groß	**grande**	['grande]
klein	**piccolo**	['pikkolo]
heiß	**caldo**	['kaldo]
kalt	**freddo**	['freddo]
gut (Adjektiv)	**buono**	['buɔ:no]
schlecht	**cattivo**	[kat'ti:vo]
genug	**basta**	['basta]
gut (Adverb)	**bene**	['bɛ:ne]
offen	**aperto**	[a'pɛrto]
geschlossen	**chiuso**	['kiu:so]
links	**a sinistra**	[a si'nistra]
rechts	**a destra**	[a 'dɛstra]
geradeaus	**sempre diritto**	['sɛmpre di'ritto]
nah	**vicino**	[vi'tʃi:no]
fern	**lontano**	[lon'ta:no]
auf	**su**	[su]
über	**giù**	[dʒu]
früh	**presto**	['prɛsto]
spät	**tardi**	['tardi]
Eingang	**entrata**	[en'tra:ta]
Ausgang	**uscita**	[uʃ'ʃi:ta]
Toilette	**il gabinetto**	[il gabi'netto]
frei	**libero**	['li:bero]
gratis	**gratuito**	[gra'tu:ito]

Shopping

Wie viel kostet das?	**Quant'è?**	['kuantɛ]
Ich hätte gern ...	**Vorrei ...**	[vor'rɛi]
Haben Sie ...?	**Avete ...?**	[a've:te]
Ich sehe mich nur um.	**Sto soltanto guardando.**	[stɔ sol'tanto guar'dando]
Kreditkarte	**carta di credito**	['karta di 'kre:dito]
Wann öffnen/ schließen Sie?	**A che ora apre/ chiude?**	[a ke 'o:ra 'apre/'kiu:de]
das hier	**questo**	["kuesto]
das da	**quello**	['kuello]
teuer	**caro**	['ka:ro]
billig	**a buon prezzo**	[a buɔn 'prɛttso]
Kleidergröße	**la taglia**	['taʎʎa]
Schuhgröße	**il numero**	['nu:mero]
weiß	**bianco**	['biaŋko]
schwarz	**nero**	['ne:ro]
rot	**rosso**	['rosso]
gelb	**giallo**	['dʒallo]
grün	**verde**	['verde]
blau	**blu**	[blu]

Läden

Antiquitätenladen	**l'antiquariato**	[antikua'ria:to]
Apotheke	**la farmacia**	[farma'tʃi:a]
Bäckerei	**la panetteria**	[panette'ri:a]
Bank	**la banca**	[baŋka]
Blumenladen	**il fioraio**	[fio'ra:io]
Buchhandlung	**la libreria**	[libre'ri:a]
Delikatessen	**la salumeria**	[salume'ri:a]
Eisdiele	**la gelateria**	[dʒelate'ri:a]
Fischhändler	**la pescheria**	[peske'ri:a]
Friseur	**il parrucchiere**	[parruk'kiɛ:re]
Gemüsehändler	**il fruttivendolo**	[frutti'vendolo]
Konditorei	**la pasticceria**	[pastittʃe'ri:a]
Lebensmittelladen	**alimentari**	[alimen'ta:ri]
Markt	**il mercato**	[mer'ka:to]
Metzgerei	**la macelleria**	[maʃelle'ri:a]
Postamt	**l'ufficio postale**	[uf'fi:tʃo pos'ta:le]
Reisebüro	**l'agenzia di viaggi**	[adʒen'tsi:a di vi'addʒi]
Schuhgeschäft	**il negozio di scarpe**	[ne'gɔttsio di 'skarpe]
Supermarkt	**il supermercato**	[supermer'ka:to]
Tabakladen	**il tabaccaio**	[tabak'ka:io]
Zeitungsstand	**l'edicola**	[e'di:kola]

Sightseeing

Informationsbüro	**l'ufficio turistico**	[uf'fi:tʃo tu'ristico]
Bahnhof	**la stazione**	[stat'tsio:ne]
Bibliothek	**la biblioteca**	[biblio'tɛ:ka]
Bushaltestelle	**la fermata dell'autobus**	[fer'ma:ta dell 'a:utobus]
Garten	**il giardino**	[dʒar'di:no]
Kirche	**la chiesa, la basilica**	['kiɛ:za, ba'zi:lika]
Kunstmuseum	**la pinacoteca**	[pinako'tɛ:ka]
Museum	**il museo**	[mu'zɛ:o]
Wegen Feiertag geschlossen.	**Chiuso per la festa.**	['kiu:so per la 'fɛsta]

Im Hotel

Haben Sie Zimmer frei?	**Avete camere libere?**	[a've:te 'ka:mere 'li:bere]
Einzelzimmer	**una camera singola**	['ka:mera 'siŋgola]

Doppelzimmer	**una camera doppia**	['ka:mera 'doppia]
Bad/Dusche	**bagno/doccia**	['baɲɲo/'dottʃa]
Gepäckträger	**il facchino**	[fak'ki:no]
Schlüssel	**la chiave**	['kia:ve]
Reservierung	**prenotazione**	[prenotat'tsio:ne]

Im Restaurant

Haben Sie einen Tisch für ...?	**Avete un tavolo per ...?**	[a've:te un 'ta:volo per]
Ich möchte einen Tisch reservieren.	**Vorrei riservare un tavolo.**	[vor'rεi riser'va:re un 'ta:volo]
Frühstück	**la colazione**	[kolat'tsio:ne]
Mittagessen	**il pranzo**	['prandzo]
Abendessen	**la cena**	['tʃe:na]
Rechnung	**il conto**	['konto]
Vegetarier	**vegetariano**	[vedʒeta'ria:no]
Kellner	**cameriere**	['kame'riε:re]
Tagesmenü	**il menù a prezzo fisso**	[me'nu a 'prεttso 'fisso]
Tagesgericht	**il piatto del giorno**	['piatto del 'dʒorno]
Vorspeise	**l'antipasto**	[anti'pasto]
Erster Gang	**il primo**	['pri:mo]
Hauptgang	**il secondo**	[se'kondo]
Beilagen	**il contorno**	[kon'torno]
Dessert	**il dolce**	['doltʃe]
Gedeck	**il coperto**	[ko'pεrto]
Weinkarte	**la lista dei vini**	['lista dei 'vi:ni]
blutig	**al sangue**	[al 'saŋgue]
halb durch(-gebraten)	**al puntino**	[al pun'ti:no]
durch(-gebraten)	**ben cotto**	[bεn 'kɔtto]
Glas	**il bicchiere**	[bik'kiε:re]
Flasche	**la bottiglia**	[bot'tiλλa]
Teller	**il piatto**	['piatto]
Serviette	**la tovaglia**	[to'vaλλa]
Besteck	**le posate**	[po'sa:te]
Messer	**il coltello**	[kol'tεllo]
Gabel	**la forchetta**	[for'ketta]
Löffel	**il cucchiaio**	[kuk'kia:io]

Speisekarte

l'abbacchio	[ab'bakkio]	Lamm
l'aceto	[a'tʃe:to]	Essig
l'acqua minerale gasata/naturale	['akkua mine'ra:le ga'sa:ta/natu'ra:le]	Mineralwasser mit/ohne Kohlensäure
l'aglio	['aλλo]	Knoblauch
al forno	[al 'forno]	gebacken
alla griglia	['alla 'griλλa]	gegrillt
l'anatra	['a:natra]	Ente
l'aragosta	[ara'gosta]	Languste
l'arancia	[a'rantʃa]	Orange
arrosto	[ar'rɔsto]	gebraten
la birra	['birra]	Bier
la bistecca	[bis'tekka]	Steak
il burro	['burro]	Butter
il caffè	[kaf'fε]	Kaffee, Espresso
il carciofo	[kar'tʃɔ:fo]	Artischocke
la carne	['karne]	Fleisch
carne di maiale	['karne di ma'ia:le]	Schwein
il cinghiale	[tʃiŋ'gia:le]	Wildschwein
la cipolla	[tʃi'polla]	Zwiebel
il coniglio	[ko'niλλo]	Kaninchen
i fagioli	[fa'dʒɔ:li]	Bohnen
il formaggio	[for'maddʒo]	Käse
le fragole	['fra:gole]	Erdbeeren
la frutta fresca	['frutta 'freska]	frisches Obst
i frutti di mare	['frutti di 'ma:re]	Meeresfrüchte
i funghi	['fuŋgi]	Pilze
i gamberi	['gamberi]	Krebse
il gelato	[dʒe'la:to]	Eiscreme
l'insalata	[insa'la:ta]	Salat
il latte	['latte]	Milch
i legumi	[le'gu:mi]	Gemüse
lesso	['lesso]	gekocht
il manzo	['mandzo]	Rind
la mela	['me:la]	Apfel
la melanzana	[melan'dza:na]	Aubergine
la minestra	[mi'nεstra]	Suppe
l'olio	['ɔ:lio]	Öl
l'oliva	[o'li:va]	Olive
il pane	['pa:ne]	Brot
il panino	[pa'ni:no]	Brötchen
le patate	[pa'ta:te]	Kartoffeln
patatine fritte	[pata'ti:ne 'fritte]	Pommes frites
il pepe	['pe:pe]	Pfeffer
la pesca	['pεska]	Pfirsich
il pesce	['peʃʃe]	Fisch
i piselli	[pi'sεlli]	Erbsen
il pollo	['pollo]	Huhn
il pomodoro	[pomo'dɔ:ro]	Tomate
il prosciutto	[proʃ'ʃutto]	Schinken
il riso	['ri:so]	Reis
il sale	['sa:le]	Salz
la salsiccia	[sal'sittʃa]	Wurst
il succo	['sukko]	Saft
il tè	[tε]	Tee
il tonno	['tonno]	Thunfisch
la torta	['tɔrta]	Kuchen
l'uovo	['uɔ:vo]	Ei
l'uva	['u:va]	Traube
il vino	['vi:no]	Wein
il vitello	[vi'tεllo]	Kalb
le vongole	['voŋgole]	Muscheln
lo zucchero	['tsukkero]	Zucker
gli zucchini	[tsuk'ki:ni]	Zucchini
la zuppa	['tsuppa]	Suppe

Zahlen

1	**uno**	['u:no]
2	**due**	['du:e]
3	**tre**	[tre]
4	**quattro**	['kuattro]
5	**cinque**	['tʃiŋkue]
6	**sei**	['sε:i]
7	**sette**	['sεtte]
8	**otto**	['ɔtto]
9	**nove**	['nɔ:ve]
10	**dieci**	['diε:tʃi]
11	**undici**	['unditʃi]
12	**dodici**	['do:ditʃi]
13	**tredici**	['tre:ditʃi]
14	**quattordici**	[kuat'torditʃi]
15	**quindici**	['kuinditʃi]
16	**sedici**	['se:ditʃi]
17	**diciassette**	[ditʃas'sεtte]
18	**diciotto**	[di'tʃɔtto]
19	**diciannove**	[ditʃan'nove]
20	**venti**	['venti]
30	**trenta**	['trenta]
40	**quaranta**	[kua'ranta]
50	**cinquanta**	[tʃiŋ'kuanta]
60	**sessanta**	[ses'santa]
70	**settanta**	[set'tanta]
80	**ottanta**	[ot'tanta]
90	**novanta**	[no'vanta]
100	**cento**	['tʃεnto]
1000	**mille**	['mille]

Zeit

Minute	**un minuto**	[mi'nu:to]
Stunde	**un'ora**	['o:ra]
Tag	**un giorno**	['dʒorno]
Woche	**una settimana**	[setti'ma:na]
Monat	**un mese**	['me:se]
Jahr	**un anno**	['anno]
Montag	**lunedì**	[lune'di]
Dienstag	**martedì**	[marte'di]
Mittwoch	**mercoledì**	[merkole'di]
Donnerstag	**giovedì**	[dʒove'di]
Freitag	**venerdì**	[vener'di]
Samstag	**sabato**	['sa:bato]
Sonntag	**domenica**	[do'me:nika]

Straßenkarte Umbrien